社会工作研究丛书

教育部人文社会科学研究一般项目"社会工作职业化推进与发展型社会工作建构研究"（项目编号：15YJA840008）研究成果

SHEHUI GONGZUO ZHIYEHUA YU
FAZHANXING SHEHUI GONGZUO JIANGOU

社会工作职业化与发展型社会工作建构

李棉管　王　皎　陆雪玉　著

·广州·

版权所有　翻印必究

图书在版编目（CIP）数据

社会工作职业化与发展型社会工作建构/李棉管，王皎，陆雪玉 著. —广州：中山大学出版社，2020.5
(社会工作研究丛书)
ISBN 978-7-306-06872-9

Ⅰ.①社…　Ⅱ.①李…②王…③陆…　Ⅲ.①社会工作—研究—中国　Ⅳ.①D632

中国版本图书馆 CIP 数据核字（2020）第 076181 号

出 版 人：	王天琪
策划编辑：	王延红
责任编辑：	麦晓慧
封面设计：	曾　斌
责任校对：	王　燕
责任技编：	何雅涛
出版发行：	中山大学出版社
电　　话：	编辑部 020-84110771，84113349，84111997，84110779
	发行部 020-84111998，84111981，84111160
地　　址：	广州市新港西路 135 号
邮　　编：	510275　　传　真：020-84036565
网　　址：	http://www.zsup.com.cn　E-mail: zdcbs@mail.sysu.edu.cn
印 刷 者：	广州一龙印刷有限公司
规　　格：	787mm×1092mm　1/16　13 印张　210 千字
版次印次：	2020 年 5 月第 1 版　2020 年 5 月第 1 次印刷
定　　价：	48.00 元

如发现本书因印装质量影响阅读，请与出版社发行部联系调换

自　　序

早就想写一本集中讨论中国社会工作职业化的书，这一想法最初萌发于朴素的个人体验和情怀。2015 年，我以社会工作职业化为主题申报了教育部人文社会科学研究项目并获得立项资助，使我有了更强的动力来开展这项研究。本书便是本人主持的教育部人文社会科学研究一般项目"社会工作职业化推进与发展型社会工作建构研究"（项目批准号：15YJA840008）的最终成果。

尽管长期从事社会工作方面的教学工作，但我的研究方向从 10 年前便已经转向社会福利和贫困治理，这一"无心插柳"的研究转向却为我分析中国社会工作职业化问题找到了新的突破口。当前，对中国社会工作职业化困境的分析已经形成了内部和外部两大视角。内部视角集中讨论社会工作教育和社会工作专业本身对职业化的影响。大量的研究论证了社会工作教育中实践能力培育的低效甚至无效，以及中国社会工作的发展尚不足以形成不可替代的专业化水平。研究者认为，正是这些原因导致了中国社会工作职业化的困境。外部视角则更强调体制环境，尤其是行政体制环境对中国社会工作职业化的影响，于是社会工作的行政化、依附性发展及专业扭曲等话题常常成为外部视角的主要议题。本研究无意否定上述两种视角，而是试图提出解读中国社会工作职业化的第三种视角：社会工作与社会福利体制的关系。在反思"社会福利从属于社会工作"这一"常识"的基础上，本研究以"社会福利体制影响和决定社会工作类型"为基本论点阐释社会工作职业化发展过程中社会福利体制的重要影响。社会福利体制从服务对象界定、资源支持和服务方式等方面为社会工作的发展设定了基本框架，因此，在不同的社会福利体制中不同类型的社会工作有不同的发展境遇。抽象的、统一界定的"社会工作"往往存在于"导论"或"概论"性课程中，而实际存在的却是具体的、分化的社会工作类型。在统一的社会工作学科内部，我们可以观察到微观层面补救性的、治疗性的社会工作与宏观层面赋权性的、发展性的社会工作截然不同，这些不同类型的社会工作没有绝对的对错好坏之分，但是不同的社会福利体制确实决定了不同类型社会工作的发展境遇。我们需要思考的是：中国社会福利体制的属性是什么？在这种社会福利体制下适合发展什么类型的社会工作？这便是本书试图寻找的新突破口。

在此，我郑重地声明本书是集体合作的成果。浙江师范大学的李院林老师、朱凯老师和蒋秀玲老师不但在课题申报时就参与了论证，而且在项目的实施过程中持续参与了讨论，保证了项目的稳步推进。我的多位研究生全程参与了课题研究和实务服务，他们是项目开展的重要力量。我坚持认为，引导学生在科研项目和实务项目中开展反思性研究是培养学生的最好途径。因此，从他们一入学，我便引导他们进入我的课题研究，在取得共识的基础上让他们参与课题框架的某一具体侧面的研究，也为他们之后的毕业论文写作奠定了基础。本书中收录的部分研究生的成果都是本课题研究的阶段性成果。当然，这绝不意味着导师可以"侵占"学生的科研成果，因此，即使在本书相应的章节我已经明确标明了成果责任人，在这里我仍然要指出他们对本研究的最终成果做出的具体贡献。本书第三章是我与姚媛合作的成果，第四章是在陆雪玉的硕士毕业论文基础上修改而来的，第五章是我与岳鹏燕合作的作品，第八章是由王皎的硕士毕业论文修改而来的。作为课题组的重要成员，我的其他硕士研究生的成果虽然并未直接被收录进本书，但是他们参与了课题的讨论，也分享了自己的见解和体验，这些讨论和分享推进和深化了本课题的研究。"教学相长"并不是一句空话，在浙江师范大学工作的 13 年里，这批聪慧、勤奋的研究生是我最宝贵的财富。因此，我需要对以下学生表达我诚挚的谢意：王潇、安佳乐、滕丽娟、高文翠、郑夏楠、包露、王雅丽、章丹晓、孙程洁、金津艳、蒋康丽、艾克、付聪、李峰、陈冰心、李青、刘哲灏、张妙妙、肖志刚、阮体妹、林祥海、李柯昀、房孟雅、徐敬一、单妙妙、顾强强、卢玲君、吴洁、熊兰兰、冯桂鑫。

社会工作职业化和社会福利体制分析是一个跨越宏观与微观的选题，因此，本研究采用了混合的研究方法来落实研究设计。本书所收录的成果中，既有问卷调查和统计分析，也有行动研究，还有通过访谈法和参与观察法所取得的研究成果。我本人非常享受不同研究方法聚焦于同一主题带来的对话乐趣，也希望这种混合的研究方法不会给读者带来碎片感和凌乱感。

  研究一个宏大的主题并不是一件容易的事，提出一些新的观点也必然意味着要接受读者的检视。由于本人及课题组成员的知识和能力有限，故本研究不可避免地存在疏漏之处，敬请方家指正。

李棉管
于中山大学
2019 年 12 月

目　录

第一部分　分析框架的建构

第一章　导　言 …………………………………………………… 2
第二章　社会工作职业化：一个分析框架 …………………… 12

第二部分　中国社会工作的职业化：三个维度的考察

第三章　中国社会工作的职业空间 …………………………… 22
第四章　专业自主性：社会工作与街区权力的关系 ………… 39
第五章　专业认同与职业选择——以专业实习为例 ………… 65

第三部分　社会福利与社会工作的关系：建构发展型社会工作

第六章　社会福利与社会工作的关系：一个反思性追问 …… 84
第七章　当代中国福利体制及发展型社会工作的建构 ……… 97
第八章　散居孤儿社会救助中的政策与家庭
　　　　——发展型社会工作的视角 ……………………… 122
第九章　贫困地区留守儿童学业表现以及发展型社会工作的介入 …… 166
第十章　乡村振兴战略与农村老年人服务的新议题
　　　　——发展型社会工作的视角 ……………………… 187

第一部分

分析框架的建构

第一章 导　言

一、从"个人体验"到"社会关切"

　　近些年来为本科生和研究生开设和讲授"论文写作"的课程，促使我①对研究选题问题进行了更深入的反思性探索。在一般意义上，几乎所有社会研究方法的教材和课程都对研究选题的科学性、创新性和可行性等各种要求进行了明确的规定，但是，无论是研究者本人还是接受训练的学生，在面对这些指导性框架的时候几乎都无从下手。几乎所有的研究者都反对"无病呻吟"的选题，但对于如何避免"无病呻吟"，每一个人都有自己的看法。在我看来，"无病呻吟"的对立面是"切肤之痛"。日常生活中所观察到的悖论、文献阅读中所获得的矛盾，以及实际社会参与中所感受到的困境，都可能构成实实在在的"切肤之痛"。"切肤之痛"当然可以作为研究的最初起点，但是如何实现从"个体体验"到"社会关切"的转变，是考察一个研究课题社会价值的关键。本研究的选题便是一次从"个体体验"到"社会关切"的尝试。

　　在接到大学录取通知书的时候，我还是一个18岁的农村娃。尽管当时对大学和专业还一无所知，但是招生目录上对社会工作专业的介绍引发了我对未来职业的美好想象。至今仍然记得，在一张简陋的凉床上，我指点江山式地对几位录取到其他专业的同窗好友说："将来你们的工作我都得管，因为所有的工作都是'社会中的工作'。"我无法确切地知道"社会工作的春天就要来临了"这一说法最初是什么时候提出的，但我非常确定我在21世纪开启的第一年便听到了这句话。但是很显然，较早一批

---

① 本章的"我"指作者李棉管。

接受社会工作专业训练的学生,直到毕业也没能等来"社会工作的春天"。当时的社会工作专业的毕业生甚至还来不及"嫌弃"社会工作者的福利待遇问题,因为劳动力市场中根本就没有专业社会工作者的职业空间。在等待研究生复试通知的几个月间,我已经暂时入职北京某家具公司从事销售了。事实证明,我确实没有销售的潜能;但事实同样证明,我似乎也没有其他更多的选择。幸好研究生录取通知书将我暂时"解救"出来。那一段窘迫的求职经历实在给我留下了太过深刻的心理烙印,这便是"切肤之痛"的最初体验。当时的窘迫还是一种个体式体验,只是在四处碰壁中感叹"命运不公",还没有能够上升到社会工作职业化这一主题。但是,今天想来,我之所以对中国社会工作职业化主题抱有持续的兴趣,是因为这颗萌发于个体体验的种子早就在近20年前就种下了。

尽管我硕士和博士阶段的学习已经转向社会学和社会政策,但工作以后的教学任务仍然集中在社会工作领域。这也恰好反映了中国社会工作发展历程中的一个悖论现象:尽管社会工作职业发展还面临种种问题,但社会工作教育发展率先走上了快车道。出于上述的个体体验,我在教学过程中尽量不触及"社会工作的春天"这一话题,但有意思的是,有关社会工作的"春天的故事"总是从学生那里反馈到我这里,想必其他老师仍然在重复这一故事。遗憾的是,无论是情怀还是期待,总是要在4年之后遭遇现实。一届又一届毕业生在职业选择过程中所表现出来的迷茫、无奈和焦躁,与我当初的窘迫如出一辙,以至于每到毕业季,我甚至会对自己的工作价值产生怀疑。事实上,随着招生和培养方式的改变(如先录取,再转专业;或先大类招生,再专业分流),学生们"用脚投票"的方式已经让部分社会工作专业教师产生了职业危机感。我真正担忧的并不是社会工作职业化的滞后对千辛万苦建立起来的社会工作教育体系的"反噬",但是,我确实对专业社会工作资源的"闲置"感到遗憾:原本可以在社会服务、社会福利和社会治理方面发挥积极作用的专业社会工作,却由于社会工作职业化的滞后而导致了低效率。

作为提升社会福利和促进社会发展的重要途径之一的专业社会工作,可以在社会生活和社会治理的很多领域发挥积极作用。这里仅以社会工作参与精准扶贫为例进行简要的说明。①

基于对原有扶贫政策的反思,中国政府已将精准扶贫列为扶贫工作的重要模式。精准扶贫反思的并不是扶贫资源总量不足的问题,也不是扶贫措施过于单一的问题,精准扶贫的要义在"精准"二字,要解决的核心问题是过往扶贫经验中的"资源漏出"和"应保未保"等"瞄准偏差"问题。

在国内外现有的研究中,对于"瞄准偏差"产生的原因,研究者主要从三种视角进行解释,即技术视角、组织视角和文化视角。技术视角认为各种传统的扶贫瞄准手段或瞄准机制在贫困者识别方面都存在一定的技术缺陷,无论是个体瞄准机制、类型瞄准机制还是区域瞄准机制,都难以在复杂的社会情境中完全无误地识别出贫困者。组织视角强调在扶贫资源的传递路径中,如果不能很好地克服信息不对称问题,就可能出现部分扶贫资源被投放到非贫困区县,基层社会治理者有可能将社会救助或扶贫资源用于社会管理,导致"瞄准偏差"的出现。文化视角认为,如果扶贫或社会救助政策不能很好地处理政策与地方文化的关系,就可能导致福利污名化问题的产生,而福利污名化则使部分真正的贫困群体主动放弃扶贫或社会救助项目。②

实现"精准扶贫"的路径有很多,其中专业社会工作的力量不容忽视。专业社会工作自重新引入中国以来,已历时30年。从扶贫济困起步,专业社会工作发展至今仍然以为弱势群体服务为己任。随着其专业性的不断成长,专业社会工作在很多方面具有传统社会管理和社会服务无法具备的优势。就精准扶贫而言,专业社会工作的参与至少可以从以下四个方面对"瞄准偏差"进行有针对性的"纠偏"。

第一,专业社会工作与贫困识别。个案管理是专业社会工作的基本方法之一,它强调专业社会工作者以一种贯穿全程的综合服务方法来满足服务对象的需要,在贫困识别方面具备先天的优势。在一位专业社会工作者为少数几户家庭提供跟踪服务的过程中,他所获得的对这些家庭的判断就

---

① 李棉管. 调动专业社会工作的力量,推进"精准扶贫"的落实 [EB/OL]. (2017-03-24). http://gmw.cn/xueshu/2017-03/24/content 24047887.htm. 收录时稍有改动。

② 李棉管. 技术难题、政治过程与文化结果:"瞄准偏差"的三种研究视角及其对中国"精准扶贫"的启示 [J]. 社会学研究,2017 (1):217-241,246.

不仅仅来自数字的统计，而还有类似于"共同生活"的体验。这在很大程度上化解了贫困识别过程中由农业生产的不确定性产出和非正规就业的不稳定收入带来的识别困难。

第二，专业社会工作与贫困监测。专业社会工作机构作为社会组织的重要类型，是第三部门的重要组成部分，在化解由信息控制导致的信息不对称问题上优势明显。一方面，作为第三方的社会工作机构能够为贫困评估提供更强的公信力；另一方面，拥有扎实的社会科学研究方法训练的社会工作者能够在调查和统计方面提供更专业的服务。因此，引入专业社会工作参与特定地区的贫困评估和监测能够提高贫困监测的效率。

第三，专业社会工作与污名化化解。在如何化解福利污名化方面，专业社会工作者有其非常明显的专业特性。首先，如果专业社会工作者的专业工作报告能够得到扶贫执行部门的承认并作为贫困识别的重要依据，那么，这种对原有工作程序（如张榜公示）的修改就会在一定程度上削弱贫困者的羞耻感和污名化。其次，专业社会工作者所擅长的正是意识和价值培育，通过专业社会工作者多种形式的心理建设，贫困者或许能够通过福利意识的成长而在自身层面上去除污名化。

第四，专业社会工作与精准脱贫。专业社会工作者倡导"助人自助"，强调通过对服务对象能力的培育来持续性地解决问题和实现需求，这对贫困者的持续脱贫来说是非常重要的一个环节。大量的社会工作实务研究也表明，专业社会工作者所开展的能力建设是贫困者持续摆脱贫困的关键助力。

与前面关于"瞄准偏差"三个方面的原因对照起来，专业社会工作在解决"瞄准偏差"问题方面十分具有针对性，专业社会工作在精准扶贫总体战略中应该有其发挥作用的空间。当然，专业社会工作的应用并不是实现精准扶贫的唯一路径，它需要在原有的扶贫体制中与其他相关专业领域展开合作。

尽管专业社会工作在精准扶贫领域有发挥积极作用的潜力，但是由于中国社会工作职业化的滞后状况，专业社会工作仅在少数地区得到了有限利用（如参与贫困调查）。就全国范围而言，专业社会工作参与精准扶贫还停留在学术界的"倡导"状态。①

事实上,不仅在精准扶贫或反贫困领域,在其他很多社会治理和社会福利领域,尽管专业社会工作无论在学理上还是在有限实践上,都已经被证明是一种更有效、更具针对性的社会服务方法,但是始终难以得到实质性的推广和广泛的应用,这显然是社会工作职业化滞后所带来的消极后果。比如,在老年人服务领域,专业社会工作所倡导的"积极老龄化"比传统的依附性"老年照料"模式显然更具积极意义,它不但能满足老年人的照料需求,而且倡导一种融入式的、参与式的老年服务。但是,由于社会工作职业化的滞后,尽管"积极老龄化"的理念很容易得到认同,实际的"积极老龄化"服务却难以得到实践。

综上所述,中国社会工作的发展呈现出明显的悖论现象:社会工作教育培养了大批专业人才,而且专业社会工作在有限的实践中已经被证明是有效的专业服务方法,但是,社会工作的职业化推进始终相当缓慢。这种状况不但反过来导致了社会工作教育的困境,而且也导致了社会服务和社会治理资源的闲置和浪费。这不得不让研究者思考导致中国社会工作职业化困境的深层次原因。

二、中国社会工作职业化困境的深层次根源

讨论中国社会工作职业化,除了上述表现以外,还有一个重要的背景值得重视:一方面,各级政府在积极推进;另一方面,中国社会工作职业化的现实进展始终缓慢。在政府强动员能力的现实条件下,如果政府强力推动一个职业领域的发展,那么它应该是可以得到迅速推进的。但是,这一定理在中国社会工作职业化这一领域似乎没有得到很好的体现,它构成了中国社会工作职业化的另一个突出悖论。

围绕社会工作职业化困境问题,学术界已经形成了几种具有影响力的竞争性解释:专业性视角、文化论视角和体制性视角。

---

① 李迎生,郭燕. 推动社会工作精准介入反贫困实践 [J]. 中国人民大学学报,2018 (5):92-103;钱宁,卜文虎. 以内源发展的社会政策思维助力"精准扶贫":兼论农村社会工作的策略与方法 [J]. 湖南师范大学社会科学学报,2017 (3):123-129;李迎生,徐向文. 社会工作助力精准扶贫:功能定位与实践探索 [J]. 学海,2016 (4):114-123.

从专业性视角来看，中国社会工作职业化发展缓慢的根源在于中国社会工作的专业性还处于成长过程中，与其他解决社会问题、提供社会福利的途径和手段相比，中国社会工作的比较优势还没能得到充分的证明，自然削弱了社会工作专业的不可替代性，并进一步影响其社会认同。研究者指出，中国社会工作的"教育先行、职业滞后"[①]的特殊发展路径给社会工作的专业教育带来了消极影响。一方面，中国社会工作教育在匆忙中上马，且扩张迅速，导致社会工作教育力量严重不足，尽管有少量地区的社会工作教育得到了中国香港地区与海外经验的指导，但大多数的社会工作教育机构不得不"土法上马"[②]，甚至许多高校的社会工作师资完全来自其他专业的临时转行。另一方面，社会工作是一个强调实务的应用性专业，在知识传授的过程中，教师自身的实务经验对学生培养质量起到至关重要的作用。然而，中国社会工作教育者自身往往并没有参与实务的经验，在课堂教学和实务教学中难以满足提升专业化水平的要求。[③] 以上两点导致社会工作的人才培养难以体现出专业优势，无论是政府还是社会，都难以形成对社会工作专业的深度认同，自然影响到社会工作职业化的推进。[④] 从专业性视角来看，推进中国社会工作职业化的关键是改善社会工作人才培养的机制和环境，通过专业化水平的提升来彰显社会工作的专业优势，以此获取政府和社会的认同。[⑤] 专业性视角的核心观点是中国社会工作的专业性不足影响了其职业化水平，这一观点用来解释中国社会工作重新引入初期的状况无疑是有效的，但是经过30年的发展，社会工作教

[①] 熊跃根. 论中国社会工作本土化发展过程中的实践逻辑与体制嵌入：中国社会工作专业教育10年的经验反思[M]//王思斌. 社会工作专业化及本土化实践：中国社会工作教育协会2003—2004论文集. 北京：社会科学文献出版社，2006：14.

[②] 林卡. 论中国社会工作职业化发展的社会环境及其面临的问题[J]. 社会科学，2009(4)：62-70，188-189；文军. 当代中国社会工作发展面临的十大挑战[J]. 社会科学，2009(7)：66-70，189.

[③] 文军. 当代中国社会工作发展面临的十大挑战[J]. 社会科学，2009(7)：66-70，189.

[④] 李迎生. 我国社会工作职业化的推进策略[J]. 社会科学研究，2008(5)：109-114.

[⑤] 何雪松. 重构社会工作的知识框架：本土思想资源的可能贡献[J]. 社会科学，2009(7)：76-78，189；何雪松. 迈向中国的社会工作理论建设[J]. 江海学刊，2012(4)：140-144；李迎生. 我国社会工作职业化的推进策略[J]. 社会科学研究，2008(5)：109-114；王思斌. 走向承认：中国专业社会工作的发展方向[J]. 河北学刊，2013(6)：108-113.

育和人才培养的专业化水平在不断改善。① 当然，社会工作职业化进展与专业化推进之间的不同步问题还是很突出的。

与专业性视角强调社会工作专业性不足迥异，文化论视角更强调社会工作专业与本土文化的关系对社会工作职业化的影响。文化是一个相对抽象的概念，社会工作研究者对影响社会工作职业化的若干文化要素进行了分析。中国传统文化中的求助观念和"求—助"关系得到了较多的关注。在传统文化的主导下，当社会成员遇到生活困境时，优先选择向家人、亲人和熟人社会求助，向政府尤其是相关的社会组织求助往往缺乏充分的社会认知。② 这种状况影响了社会工作实务的开展，进而影响到社会工作专业优势的发挥。由于缺乏充分的社会认同，社会工作职业化遇到了一定的障碍。对于专业社会工作与地方性文化之间关系的研究，古学斌、张和清和杨锡聪的一项行动研究提供了精彩的经验分析。由于缺乏必要的文化敏感性，因此专业社会工作在地方实践中面临工作形式、时间、公平观念等各种冲突和障碍。③ 面对这一困境，研究者提出了两种截然不同的解决思路。第一种思路是坚持社会工作的专业性。这种观点认为，将民间求助关系移植到专业关系当中是一种"错置"，社会工作的职业化发展需要以坚实的专业性为基础。④ 第二种思路是倡导专业融入文化的路径，在坚持社会工作基本价值理念的基础上对社会工作的具体工作方法进行改造，从文化上走向中国社会工作的本土化。⑤

体制性视角强调从专业社会工作与行政体制之间的关系角度分析中国社会工作职业化问题。专业社会工作是一套解决社会问题的新体系，它的引入、发展和职业化拓展必然与原有的解决社会问题的行政体制之间发生

---

① 王思斌. 高校教师领办社会工作服务机构的跨域实践 [J]. 江苏社会科学, 2013 (5): 114-119; 史柏年. 从项目嵌入到本土植入: 希望社工发展之路 [J]. 中国社会工作, 2011 (13): 37.

② 王思斌. 中国社会的求—助关系: 制度与文化的视角 [J]. 社会学研究, 2001 (4): 1-10; 王伟进. 城乡困难家庭的求助网络及其政策启示 [J]. 人口与经济, 2016 (3): 115-125.

③ 古学斌, 张和清, 杨锡聪. 专业限制与文化识盲: 农村社会工作实践中的文化问题 [J]. 社会学研究, 2007 (6): 161-179, 244-245.

④ 马志强. 从熟人关系到专业关系: 社会工作求助模式的转向 [J]. 西北师大学报 (社会科学版), 2014 (1): 140-144.

⑤ 刘玉兰, 彭华民. 嵌入文化的流动儿童社会工作服务: 理论与实践反思 [J]. 华东理工大学学报 (社会科学版), 2014 (3): 15-22.

关联，两者之间的关系对社会工作职业化拓展具有重要影响。事实上，在专业社会工作引入中国并发挥作用以前，中国长期以来采用一套行政性方法来解决社会问题和满足民众的福利需求，王思斌称之为"本土社会工作实践"①。尽管"本土社会工作实践"与"专业社会工作"在理念、模式和方法上都存在重大区别，但也确实曾在缓解社会问题、提升民众福利方面起到了作用，更重要的是形成了稳定的组织结构和利益需求。② 专业社会工作要想在已有的体制和结构中获得并拓展生存空间，就必须要处理好与原有行政体制之间的关系。于是，研究者们分别从体制嵌入、结构嵌入等角度提出了中国社会工作的嵌入式发展命题。③ 但是，由于社会福利政策在公共政策中的弱势地位④，以及社会工作在社会福利体系中的弱势地位⑤，因此专业社会工作的嵌入式发展似乎也并非一帆风顺。

尽管关于中国社会工作职业化困境的分析已经形成了多种竞争性解释，并且学术界对行政体制与专业社会工作的关系展开了讨论，但有一个重要视角始终没有得到足够的重视，那就是社会福利体制视角。在中国学术界，关于社会工作与社会福利的关系在统一的预设下几乎没有了讨论空间，这一统一预设就是：社会工作分为微观社会工作和宏观社会工作，而社会福利是宏观社会工作或间接社会工作的一种形式，因此，社会福利从属于社会工作。从学科范围拓展的意义来说，上述观点可能具有积极意义，但是这一观点并非不可置疑。詹姆斯·米奇利（James Midgley）明确地指出，社会工作是实现社会福利、促进社会发展的手段之一⑥，从这个意义上说，不是社会福利从属于社会工作，而是社会工作服从于社会福

---

① 王思斌. 中国本土社会工作实践片论[J]. 江苏社会科学，2011（1）：12-17.
② 李棉管，姚媛. 回报递增、体制锁定与中国社会工作职业化：一个历史制度主义的分析框架[J]. 社会工作，2017（1）：25-35，109.
③ 王思斌. 中国社会工作的嵌入性发展[J]. 社会科学战线，2011（2）：206-222；徐永祥. 建构式社会工作与灾后社会重建：核心理念与服务模式：基于上海社工服务团赴川援助的实践经验分析[J]. 华东理工大学学报（社会科学版），2009（1）：1-3，115；熊跃根. 论中国社会工作本土化发展过程中的实践逻辑与体制嵌入[M]//王思斌. 社会工作专业化及本土化实践：中国社会工作教育协会2003—2004论文集. 北京：社会科学文献出版社，2006：14.
④ 王思斌. 我国社会政策的弱势性及其转变[J]. 学海，2006（6）：25-30.
⑤ 李棉管，姚媛. 回报递增、体制锁定与中国社会工作职业化：一个历史制度主义的分析框架[J]. 社会工作，2017（1）：25-35，109.
⑥ 米奇利. 社会发展：社会福利视角下的发展观[M]. 苗正民，译. 上海：格致出版社，2009：18.

利。也正因为如此，一个国家的社会福利发展状况，尤其是社会福利体制，决定了一国的社会工作发展状况，有什么样的主导性福利体制便会培育出什么样的主导性社会工作类型。① 如果不顾及一个国家社会福利体制的特征而强行移植某一种社会工作类型，该社会工作类型的发展或许就会出现"水土不服"的困境。本研究将秉持最后一种研究视角，从社会工作与福利体制的关系角度分析中国社会工作职业化问题。

三、本书的基本结构

本书共分为三个部分，并按照逻辑推进的顺序展开。

第一部分为"分析框架的建构"。这一部分通过建构一个整体性的分析框架为后文的分析提供一个总的纲领。这部分由两章构成。第一章为"导言"。这一章除了以"从'个人体验'到'社会关切'"为题交代本研究总的问题意识以外，还着重分析了目前学术界关于中国社会工作职业化困境理论研究的几种解释视角，算是一个粗略的文献回顾。在此基础上，这一章非常简略地表明了本研究将要采取的分析视角（后面的章节会对此专门进行展开）。第二章为"社会工作职业化：一个分析框架"。从职业化、社会工作职业化的理论分析入手，在对西方国家社会工作职业化发展历史梳理的基础上，提出一个"福利体制约束下社会工作职业化的分析框架"，为后文的分析奠定理论基础。这一分析框架大体由以下内容构成：一方面，社会工作的发展受制于特定的福利体制，只有适应特定福利体制的社会工作类型才能在特定福利体制下获得良性的发展。另一方面，社会工作职业化分析的内在要素包括职业空间、专业自主性和专业技术三个维度，而这三个维度可以用来分析社会工作职业化的具体状况。

第二部分为"中国社会工作的职业化：三个维度的考察"。这一部分的核心主旨是采用第二章中所建构的社会工作职业化内在要素的三个维度，来分析中国社会工作职业化的现状。根据本研究所建构的基本分析框架，这一部分将分成三章展开。第三章着重分析职业空间，从历史制度主义的角度探讨专业社会工作在现有的行政管理体制和资源配置结构中的发

---

① 殷妙仲. 专业、科学、本土化：中国社会工作十年的三个迷思 [J]. 社会科学，2011（1）：63 – 71.

展空间问题。第四章以案例研究的形式对专业社会工作的专业自主性问题展开讨论。对该案例的行动研究揭示,尽管社会工作者在实务服务中具有明确的专业自主性理念,但现实的行政结构和制度环境在很大程度上约束了其专业自主性的发挥。第五章讨论社会工作实习教育对社会工作职业化的影响。社会工作实习对社会工作职业化具有直接而紧迫的影响,它既是教育的延续,又是职业选择的关键阶段,通过对社会工作实习教育的考察,能非常直观地分析中国社会工作职业化问题。

第三部分是"社会福利与社会工作的关系:建构发展型社会工作"。本部分将集中讨论社会工作与社会福利体制的关系,并在此基础上提出建构中国本土社会工作类型的对策建议。本部分共由五章构成。第六章为"社会福利与社会工作的关系:一个反思性追问"。这一章对学术界相对忽视的社会福利与社会工作的关系展开讨论,试图论证社会福利体制对社会工作发展的约束作用,一个国家或地区的社会工作发展必须要适应该国或地区的社会福利体制。第七章分析中国的福利体制。通过历史分析和数据统计试图证明,中国的福利体制虽然持续在转型,但发展型国家体制的属性仍然显著。因此,中国社会工作的发展需要适应发展型国家福利体制的要求,在事关国家和社会发展的核心领域和主流领域有更多的参与。也就是说,建构发展型社会工作是中国社会工作职业化未来发展的重要方向。接下来的三章将从发展型社会工作的具体案例中展开分析,虽不能呈现发展型社会工作的全貌,却也能从中窥见发展型社会工作与传统治疗性社会工作的不同。第八章呈现的是一个有关散居孤儿社会工作服务的行动研究,以儿童为中心的社会工作帮扶毫无疑问应当具有发展取向。第九章在问卷调查和深度访谈的基础上,以优势视角理论出发,挖掘有助于促进贫困地区留守儿童学业表现的资源、优势和潜能。第十章则在乡村振兴的大背景下重新反思过往社会工作助老服务的得失,在此基础上提出干预农村老年人生产生活满意度的发展型社会工作设想。

第二章 社会工作职业化:一个分析框架

一、职业与职业化

"职业"在成为一个学术概念以前,就是一个社会生活事实。在最初的相关研究中,研究者往往从职业要素的角度来试图给职业下定义,比如格林伍德认为,职业需要满足五个基本条件:理论体系、专业权威、专业认可、专业价值和专业文化。[1] 但是,在日常生活的层面上界定职业是一件非常困难的事情,因为从不同的职业类型中提取共同特征总难以应对其模糊性带来的挑战,也正因为如此,早期的职业研究所归纳的不同职业的特征列举常常出现矛盾和本质性分歧。在英语世界中,职业(profession)一词的词义与宣誓或宣称(professing)直接相关,它最初是与"专业知识"直接联系在一起的。比如,研究者指出,从事某一职业的人总是宣称自己拥有比外行人更专业的知识,尤其是相对于其服务对象或客户来说,职业从业者所拥有的专业知识是其安身立命的根本。在西方职业社会学研究范畴中,医生、律师等代表性职业之所以得到更多的关注,一个重要的原因在于这些职业的专业知识具有不可替代性。[2]

尽管专业知识在职业建构中起到了非常重要的作用,但是知识与职业毕竟不能画等号。暂不论早期社会,即便在知识迅速发展和高度分化的今天,一个人所拥有的知识与其所从事的职业之间的分离仍然是一个较为普遍的现象。也正因为如此,20世纪60年代以后的职业社会学研究逐渐从职业的要素分析转向职业与社会的关系分析,于是职业化(professional-

---

[1] GREENWOOD E. Attributes of a profession [J]. Social Work, 1957, 2 (3): 45 – 55.
[2] 刘思达. 职业自主性与国家干预:西方职业社会学研究述评 [J]. 社会学研究, 2006 (1): 197 – 221.

ization）成为职业社会学研究的核心关切，它代表了职业研究的外部视角。职业化的研究焦点在于分析社会环境如何接纳和允许某一个职业团体对某些专业技能、服务领域的合法垄断，并对这一垄断状况进行监控。因此，尽管职业社会学在发展过程中形成了诸如功能学派、结构学派、垄断学派和文化学派等多个流派，但其核心关注点始终是职业自主性及其合法性问题①，也就是国家与职业的关系问题②。

弗莱德森指出，将一个职业与其他行业区分开来的唯一标准在于自主性的事实，即一个职业对某一个服务领域的合法控制状态，这种控制状态意味着关于职业正确做法的判断只应限于职业团体内部而不受到任何外部因素的干扰。③ 也就是说，在弗莱德森看来，一个职业从业者所采纳的知识、技术和手段只能由本职业团队内部做出评价，任何外在的组织，包括国家也不能在技术层面上进行干预。因此，在弗莱德森的早期理论视野中，职业自主性更严格地指向知识自主性或技术自主性。尽管由于弗莱德森的创造性贡献，职业自主性已经成为职业社会学研究的核心概念，但是他在早期对技术自主性或知识自主性的片面强调还是让很多的后续研究者认为有较大的推进空间。尽管弗莱德森的职业自主性概念建立在职业内部与职业外部的边界划定的基础之上，但是其对知识制度化或技术自主性的内部控制的特殊强调，使他的理论又回归了内部视角。④ 大量的研究证明，职业自主空间的获得不是从业者自我宣称就能完成的，它是从业者自我倡导和社会外部授权的共同结果。⑤ 事实上，国家和社会在职业塑造过程中是不可或缺的角色。在部分研究中，国家被视为职业自主性的消极力量或障碍，但是约翰逊对此观点进行了明确的驳斥，他认为，职业社会学研究应该摆脱"被干预/自主性"二分法的局限，重新认识国家和社会力

---

① 刘思达. 职业自主性与国家干预：西方职业社会学研究述评［J］. 社会学研究，2006（1）：197 - 221.

② 姚泽麟. 近代以来中国医生职业与国家关系的演变：一种职业社会学的解释［J］. 社会学研究，2015（03）：46 - 68.

③ FREIDSON E. Profession of medicine: a case study of the sociology of applied knowledge［M］. New York: Dodd Mead, 1970: 82.

④ 刘思达. 职业自主性与国家干预：西方职业社会学研究述评［J］. 社会学研究，2006（1）：197 - 221.

⑤ HOFFMAN L W. Professional autonomy reconsidered: the case of Czech medicine under state socialism［J］. Comparative Studiesin Society and History, 1997, 39（2）：346 - 372.

量在职业建构中的角色。① 在此基础上，霍夫曼提出了法团自主性和临床自主性两种自主性②，以期对职业自主性展开重新讨论。

法团自主性是指"组织起来的职业群体定义有关自身工作的社会和经济条件的政治权力"；而临床自主性则是指"对工作场所决策的控制权力"。③ 从定义上看，临床自主性与弗莱德森所强调的技术自主性或知识制度化高度相似，但是法团自主性概念却将职业自主性的分析拓展到更广阔的视野：一个职业团体有多大的自由行动空间，在很大程度上是国家（政府）授权和社会认同的结果。

结合以上职业社会学研究的成果，我们认为对职业化展开较为全面的考察，需要关注三个方面。

第一，职业空间。职业空间是指一个职业类型对某一个生产或服务领域的合法控制状态，这种状态不是来自从业者的自我宣称，而是来自国家授权或社会认同。在最直观层面上，职业空间表现为国家通过立法及公共政策所界定的工作岗位，或社会文化所承认的工作岗位的集合。岗位不仅仅是指一个个具体的位置，它还包含丰富的政治、经济和社会含义。在政治层面，是国家和社会文化为某一领域的职业化提供了合法化空间，而合法性是职业生存的前提条件。在经济层次，岗位内在地包含了从业者的经济来源。与兼职或临时性行动不同，任何一个职业要想成为专职岗位，从业者的经济回报是国家和社会在进行岗位设置时必须考虑的因素。当国家、市场或社会对某一领域的资源投入严重不足时，该服务领域的职业化将面临重大障碍。④ 在社会层面上，岗位还包括从业者的社会声望和社会评价。社会认同的成长是一个过程，这在许多领域的职业化过程中都得到了体现。社会对某一领域的高度认同会使这一领域的从业者获得较高的社会声望，从而激励更多的社会成员进入某一领域，并进一步促进该服务领

---

① 刘思达. 职业自立性与国家干预：西方职业社会学科研究述评 [J]. 社会学研究，2006 (1)：197 – 221.

② HOFFMAN L W. Professional autonomy reconsidered: the case of Czech medicine under state socialism [J]. Comparative Studiesin Society and History, 1997, 39 (2)：346 – 372.

③ HOFFMAN L W. Professional autonomy reconsidered: the case of Czech medicine under state socialism [J]. Comparative Studies in Society and History, 1997, 39 (2)：346 – 372.

④ HOFFMAN L W. Professional autonomy reconsidered: the case of Czech medicine under state socialism [J]. Comparative Studies in Society and History, 1997, 39 (2)：346 – 372.

第二章 社会工作职业化：一个分析框架

域的专业化和精细化。

第二，专业自主性。当一个生产或服务领域被划定时，行业内与行业外的边界便也一同被划定。职业化意味着某一领域的从业者对如何行动有着自己的判断标准，而且这种内部判断和选择在较大程度上免受外部力量的干扰。专业自主性是指职业从业者根据自己的专业性判断来选择自己的行动策略，并且，对该行动选择的评判也只能依据专业知识和技术，任何外部力量不得强加干预。比如，医生的诊疗行动不应受到行政力量的过度干预，即便是对诊疗行为的正误评判，也只能根据内部规范来进行。弗莱德森的"技术自主性"和霍夫曼的"临床自主性"对此都进行了强调，它构成职业化的必要条件之一。但是，正如霍夫曼同时指出的那样，法团自主性和临床自主性虽然是两种不同形式的自主性，但是存在着密不可分的关联，两者之间的相互作用值得关注。① 霍夫曼指出，如果法团自主性严重丧失，即某一个职业的职业空间被严重压缩，将会导致投入该领域的资源较为有限，而有限的资源则会进一步限制专业自主性的发挥。反过来，专业自主性的发挥结果和状况也在很大程度上影响了政府和社会对某一职业的认知和认同，而政府和社会的认知又进一步决定了该领域的职业空间，即它是一个强势职业还是弱势职业，甚至能否成为一个职业。

第三，专业技术。专业自主性严重依赖某一个职业的知识和技术条件，只有一个行业的从业者拥有区别于其他行业的知识和技术，该行业才能真正完成职业化。尤其是当一个行业拥有别的行业不可替代的专业技术的时候，该行业的职业化过程才能实现排他性的内部控制。这套"知识制度化"不仅是指临床技术，而且包括理论体系、专业伦理、职业规范和操作技巧等诸要素在内的一整套知识体系。② 只有完成这一系列的专业建构，一个行业的从业者才能有底气地实现专业自主性，才能坚守住通过国家授权或社会承认的职业空间。

总体来看，对职业化展开分析需要结合外部视角和内部视角，在以上三个方面中，职业空间代表了外部视角分析的关注焦点，而专业自主性和专业技术则显示了内部视角在职业化分析中仍然具有其意义。因此，以上

---

① HOFFMAN L W. Professional autonomy reconsidered: the case of Czech medicine under state socialism [J]. Comparative Studies in Society and History, 1997, 39 (2): 346 – 372.
② GREENWOOD E. Attributes of a profession [J]. Social Work, 1957, 2 (3): 45 – 55.

三个方面构成本书分析社会工作职业化的基本框架,本研究将着重从职业空间、专业自主性和专业技术三个方面对西方和中国社会工作职业化的现状、问题和原因展开分析。

二、西方国家的社会工作职业化

关于西方社会工作职业化的起点,目前学术界还存在着一定的争论。但是,无论是将1915年弗莱克斯纳关于社会工作职业属性的设问作为起点,还是将1917年玛丽·里士满(Mary Richmond)发表《社会诊断》一书作为起点,都忽视了社会工作职业是从社会服务实践中逐步成长起来的这一事实。因此,分析西方社会工作职业化的进程,对这一职业化的准备阶段进行考察是非常有必要的。

西方社会工作职业的萌芽是自下而上的社会需求和自上而下的国家干预共同建构的结果①,"工业主义逻辑"常被用来解释社会工作的最初萌芽。工业革命带来了系统性的社会变迁,在生产出大量财富的同时也产生了突出的社会问题。贫困、失业和底层阶级等问题不仅给贫民本身带来了苦难,而且成为社会秩序的重大挑战,这两方面的结果促使贫困治理不仅是贫民的需要,也是国家治理者的需要。这种社会共识使社会工作的产生具有了社会合法性。事实上,在波兰尼的理论视野中,正是工业化和市场化进程中的劳动力、土地和货币的商品化导致了大量的社会问题,试图脱嵌的市场给嵌入的母体——社会——带来了深重的危机。在这一背景下,以去商品化为核心取向的社会保护运动得以兴起,而劳动立法、社会福利和社会服务是社会保护的主要政策工具包。②

1601年的伊丽莎白济贫法首次将济贫的责任从个人负责上升到公共政策,在明确政府和社会济贫责任的基础上,贫困调查员、贫民检查员和贫民监督员岗位的设置使济贫工作被纳入行政体系。尽管这些雇员从事的并非完全是今天学科意义上的社会工作,但是这毕竟成为作为政府雇员的

---

① 赵玉峰.专业化还是职业化:重述社会工作发展史:基于职业社会学视角的考察[J].社会工作,2017(1):13-24,108-109.

② 参见波兰尼.大转型:我们时代的政治与经济起源[M].冯钢,刘阳,译.杭州:浙江人民出版社,2007.

社会工作者的一个源头。济贫法所开创的对贫民的院舍照料模式也成为日后社会工作者重要的从业平台之一。伊丽莎白济贫法既为社会工作职业化提供了政治合法性，又在实质上为社会工作者提供了政府雇佣和院舍雇佣两种就业途径，因此，它可以被视为社会工作职业空间的初次释放。而1834年的新济贫法虽然停止了院外救济，但是同时明确规定了院舍照料者是受薪专职工作者的职业身份。从义务服务的志愿者到受薪专职工作者的转变，这在社会工作者的职业化道路上是一次重大推进。

与国家干预下的职业建构同步进行的，还有民间组织和宗教团体的社会服务实践活动，其中，有两类服务实践对社会工作职业化产生了深刻的影响，并引导社会工作走向两种不同的发展方向。第一种社会服务实践是19世纪后期先后在英国和美国产生的慈善组织会社（the Charity Organization Society）。慈善组织会社的友好访问员制度是其服务开展的核心制度之一。友好访问员对贫民的社会背景和家庭状况开展调查，在调查的基础上开展个别化的援助和帮扶。这种工作方式对个别化的强调成为社会工作中个案工作的重要来源。个体和家庭层面的干预为日后以心理干预为主要内容的微观社会工作的发展奠定了重要基础。第二种社会服务实践是睦邻组织运动（the Settlement Movement）。与慈善组织会社的微观取向不同，睦邻组织运动强调在社区和社会层面动员社会资源，并在社区或地方性社会层面开展社会服务，其中观和宏观取向的特征十分明显。尽管大多数的社会工作发展史研究都对这两种社会服务实践进行了追溯，并将它们共同视为社会工作服务组织化的源头，然而，这两种社会服务实践的内在差异和后续影响还是值得进一步探讨的。从社会工作的后续发展来看，微观社会工作和宏观社会工作、直接社会工作和间接社会工作的分野，其实早在社会工作服务组织化的起点便已埋下了根源。

社会工作服务中的微观与宏观分野在社会工作的专业化阶段体现得尤为明显。在丰富的友好访问员工作经验的基础上，里士满不但编制出版了友好访问员工作手册，而且还以《社会诊断》（1917年）和《什么是社会个案工作》（1922年）为名对社会工作进行了理论和方法的提炼。由于里士满在学科建设上的重大贡献，故大量的社会工作史研究者将其追溯为社会工作专业化的奠基人。但是，里士满所建构的社会工作专业具有明显的微观取向，对个人和家庭的社会工作服务设定科学的方法和程序，并对这些方法和程序进行模式化归纳是里士满的主要旨趣。与里士满的微观取向并行发展的,是简·亚当斯(Jane Addams)所倡导的社区服务和社区干预传统,这一路径根源为睦邻组织运动的社会服务实践。正是睦邻组织运动在社会工作和社会服务发展史上的重大作用,赫尔馆(Hull House)的创始人亚当斯被称为"社会工作之母",并被授予诺贝尔和平奖。[①] 事实上,除了干预层次的差异以外,里士满和亚当斯还分别代表社会工作专业化过程中的两种方法论传统。里士满强调要将社会工作建设成一门助人的科学,其对助人方法的标准化、模式化和程序化的强调反映了其科学化的取向。而亚当斯则认为平等的专业关系比权威的专业关系更能理解和满足服务对象的需要,同时,平等的专业关系还意味着社会工作者需要站在服务对象的立场上而不是社会工作者的立场上去开展服务,理解服务对象并倡导社会公平是这一取向社会工作传统的主要旨趣。正是由于社会工作职业化早期的科学与人文两大传统并存,社会工作专业化和职业化发展始终在"助人的科学"和"助人的艺术"的争论中前行。

西方社会工作职业化的后续发展则清晰地展现了专业、专业团体与国家之间相互作用的图景。作为世界上第一个福利国家,英国在第二次世界大战以后的福利扩张吸纳了大量的社会工作者为福利国家服务。据统计,20世纪70年代后期,90%的社会工作者为落实福利国家的社会服务项目而工作。[②] 因此,"二战"后的20年,既是英国福利国家发展的黄金20年,又是社会工作职业化迅速拓展的20年。此时的英国社会工作发展体现了国家对社会工作强吸纳和强控制的色彩。20世纪70年代末的新自由主义转向为英国社会工作的发展带来了深刻的影响:一方面,国家社会福利项目和支出的大幅度削减,导致政府雇佣的社会工作者数量大量下降,不少社会工作服务不得不走向市场化;另一方面,政府对社会工作职业的干预方式从直接控制转向直接控制和行政监督并存。在后续的发展中,虽然社会工作在公共服务中的重要性时有波动,但政府对社会工作者的直接雇佣和行政监督并存的格局基本定型。社会工作专业团体在促进英国社会工作专业化方面做出了不少的努力,但是在职业空间的争取方面,专业团

[①] 赵玉峰. 专业化还是职业化:重述社会工作发展史:基于职业社会学视角的考察[J]. 社会工作, 2017 (1): 13-24, 108-109.

[②] DICKENS J. Social work in England at a watershed—as always: from the Seebohm report to the social work taskforce [J]. British Journal of Social Work, 2011, 41 (1): 22-39.

体在面对行政力量时所拥有的对话空间较为有限。①

三、社会工作职业化：分析框架的建构

有关职业化的理论分析和西方社会工作专业化的历史进程共同揭示，社会工作职业化是在国家与职业的关系当中展开的。国家对社会服务专业领域所释放出的职业空间是社会工作职业化的前提，这种合法性的赋予是社会工作完成职业化必要的政治和资源条件。而社会工作自身的专业化水平是决定该群体对社会服务专业领域占有状态的技术条件，如果社会工作不能在社会服务领域展现不可替代的优势和作用，社会工作职业化将成为无本之木。职业空间和技术控制的结合形塑了社会工作对社会服务领域占有的实质状态，即学术界投入最多关注的职业自主性。因此，总体来看，社会工作职业化的分析需要从三个核心要素展开：职业空间、专业自主性和专业技术（如图 2-1 所示）。

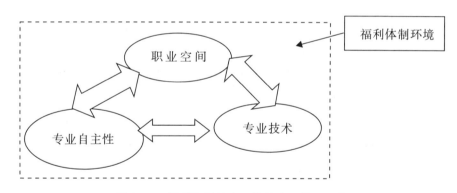

图 2-1 福利体制约束下的社会工作职业化

如图 2-1 所示，就社会工作职业化的内部要素而言，职业空间、专业自主性和专业技术是分析的焦点。值得注意的是，这三者之间并不是孤立的关系，而是相互影响的关系。就职业空间和专业自主性的关系而言，

---

① 柴定红. 英美社会工作专业化模式及其对中国的启示 [D]. 天津：南开大学，2009：92-97；赵玉峰. 专业化还是职业化：重述社会工作发展史：基于职业社会学视角的考察 [J]. 社会工作，2017（1）：13-24，108-109.

一方面，职业空间为专业自主性既提供了政治和社会合法性，也为专业自主性设定了边界；另一方面，专业自主性的发挥状况又可能与职业空间形成互动关系。如果社会工作的专业自主性能够在国家治理中发挥积极作用，社会工作的职业空间就能得以稳固甚至扩大；反之，如果社会工作的专业自主性与特定社会环境下的社会治理诉求不一致，可能会导致社会工作的职业空间被压缩。因此，职业空间与专业自主性是赋予与调整的动态关系。

就职业空间与专业技术之间的关系而言，一方面，专业技术是社会工作行业获取职业空间的必要条件和技术基础，如果社会工作在社会服务中能充分展现其专业优势，职业空间或许能够更有保障；另一方面，职业空间既为社会工作专业技术提供了实践场域，又在检验和实践中对社会工作专业性产生了正面或负面的影响。因此，职业空间与专业技术之间是检验与拓展的关系。

就专业自主性与专业技术之间的关系而言，专业技术水平对专业自主性的基础性作用不言而喻。专业自主性不能只是口号式的"自我宣称"，以专业技术水平为基础的专业优势是社会工作实现职业内部自主性的前提条件。专业自主性是维持社会工作专业性的必要保障，只有社会工作从业者能够相对自主地决定服务内容和服务方法，社会工作的专业性才能得到保持。否则，社会工作在各种外部压力下将不得不走向异化、变通和形式化。因此，专业自主性与专业技术之间是支持与维护的关系。

除此以外，在展开社会工作职业化分析时，除了三个核心要素分析的内部视角以外，我们还需要引入外部视角。福利体制环境对社会工作职业化的影响不可忽视。在米奇利看来，社会工作是实现社会福利的一种方式，因此一个国家或地区的社会福利体制和社会福利状况对该国家或地区的社会工作发展具有约束性作用，有什么样的社会福利形态就会发展出何种类型的社会工作。①

以上述分析框架为指导，本书将在下一部分分别阐述中国社会工作的职业空间、专业自主性和专业技术问题，然后在本书的第三部分集中分析福利体制对社会工作职业化的影响，并尝试回答中国社会工作职业化的方向问题。

---

① 米奇利. 社会发展：社会福利视角下发展观 [M]. 苗正民，译. 上海：格致出版社，2009：21 – 24.

第二部分

中国社会工作的职业化：三个维度的考察

第三章 中国社会工作的职业空间[①]

一、问题的提出

回顾中国社会工作职业化发展的轨迹，我们可以发现一个令人费解的现象：政府一直在强力推进社会工作职业化，但是其现实进展却极为缓慢，为何有了政府的强力支持，"社会工作的春天"却始终没有真正到来？

与西方来自社会需求的渐进式发展不同，社会工作在中国的发展是在党和政府的强有力推动下进行的。2006年，在党的十六届六中全会上，党中央明确提出"造就一支结构合理、素质优良的社会工作人才队伍，是构建社会主义和谐社会的迫切需求"，党中央的这一重大决定首次把对社会工作人才队伍的建设提到了中央决策的高度。2007年7月，民政部下发了《民政部关于确定社会工作人才队伍建设试点地区和单位的通知》。2008年6月，人事部人事考试中心和民政部相关负责机构在全国举办了首届社会工作师、助理社会工作师职业水平考试。2010年6月，经党中央、国务院批准，由新华社授权全文播发了《国家中长期人才发展规划纲要（2010—2020年）》。2011年11月，中央十八部委联合发布了《关于加强社会工作专业人才队伍建设的意见》。2012年6月20日，全国政府购买社会工作服务战略研讨会在浙江嘉兴召开，这是民政部首次组织研究政府购买社会工作服务问题的全国性会议。

---

① 本章部分内容曾以《回报递增、体制锁定与中国社会工作职业化——一个历史制度主义的分析框架》的题名发表在《社会工作》2017年第1期上，作者为李棉管、姚媛。该文得到人大复印资料《社会工作》2017年第7期全文转载及《新华文摘》2017年第14期论点摘编。收入本书时进行了必要的修改。

各级地方政府积极响应上级号召,纷纷出台相关政策文件,鼓励当地社会工作职业化发展。早在2003年,上海就已经出台了《上海市社会工作职业资格认证暂行办法》。2007年,深圳市出台了《深圳市社会工作者职业水平评价实施方案(试行)》《社会工作人才教育培训方案(试行)》《深圳市社会工作专业岗位设置方案(试行)》等多个实施方案,致力于初步实现社会工作的专业化与职业化发展。2009年,北京市民政局发布了《北京市民政局关于贯彻落实民政部〈社会工作者职业水平证书登记办法〉的实施意见》。此外,在浙江、福建、湖北、山西、内蒙古、重庆等地,近年来也出台了相应的社会工作人才队伍建设政策。

然而,现实情况是除了京、沪、粤三地以外,社会工作职业化在中国其他地区的发展却始终很缓慢,不能达到政府预期的水准。尽管相关的政策文件时有出台,但是社会工作职业化的实际进程却跟不上这些政策文件的步伐,社会工作职业化的实际成效滞后于政策进程的现象较为明显。政府的强力推动和社会工作职业化的滞后现状所形成的落差给研究者提出了极具价值的研究话题:既然政府掌握至关重要的政治合法性和公共资源,为何在政府大力给予相关政策支持的前提下,中国社会工作的职业化发展还会滞后?社会工作职业化的现实状况揭示了怎样的制度变迁路径?

二、文献回顾与分析框架

尽管国内关于社会工作职业化的研究已经不少,但是研究者对"社会工作职业化"的概念界定仍然没有取得共识,多数研究在模糊意义上笼统地使用该词。研究者常常引用格林伍德有关界定职业的五个条件——理论体系、专业权威、专业认可、专业价值和专业文化[1]——作为判断社会工作职业化的标准。另外一些学者认为,"当代中国社会工作的职业化进程大体分为社会工作专业教育及专业组织初步发展、职业化学术讨论逐渐开展、职业认证标准逐渐发展出来等三个阶段"[2]。相比较而言,李迎生从职业化的要素出发所进行的分析更接近"职业化"概念的本质属性,他认为,"社会工作职业化的基本要素包括职业区隔、职业资格、职称体

---

[1] GREENWOOD E. Attributes of a profession [J]. Social Work, 1957, 2 (3): 45-55.
[2] 尹保华. 试论中国社会工作职业化 [J]. 社会主义研究, 2008 (1): 116-118.

系、职业认证、职业保护和监管等。推进社会工作职业化,需要在对社会工作职业(社会工作者)的就业环境、岗位特征、数量规模及结构层次等作出界定的基础上建立健全社会工作职业制度体系"①。因此,"社会工作职业化"实质上指向一种制度变迁:国家建立一种新的职业制度体系,这一制度体系接纳专业社会工作服务作为原来社会管理和社会服务方式的补充或替代。

(一) 文献回顾

从制度分析的角度归纳,学术界关于中国社会工作职业化推进缓慢的原因大体可总结为三种:效率逻辑、社会认同逻辑和路径依赖逻辑。

效率逻辑是理性选择制度主义的核心原理。在理性选择制度主义者看来,一种新的制度之所以会取代旧的制度,关键在于新制度比旧制度更有效率。新制度经济学的代表人物科斯、诺思和威廉姆森等认为,制度变迁的目的在于节约交易成本,交易成本是决定一种政治或经济体制结构的制度基础。将这一原理应用于中国社会工作职业化的研究,不少学者认为,虽然专业社会工作在西方已经被证明是社会管理和社会服务的有效制度安排,但是国内社会工作实践却没能展现这种专业优势。效率机制是制度变迁的根本逻辑。尽管有各级政府的强力推进,但社会工作本身的效率优势并不明显,所以中国社会工作职业化的制度变迁是缓慢的。② 这类研究往往从中国社会工作的专业性和本土化的角度来分析效率低下的原因。研究者强调,中国社会工作教育的"土法上马"和缺乏实务教学已经严重影响了社会工作的专业性,这是导致社会工作实践效率低下的重要原因。③ 另一些学者认为中国社会工作教学和实践过程中的西方移植导致"本土理论供给不足",其结果是社会工作者解决本土社会问题的能力不足和针

---

① 李迎生. 我国社会工作职业化的推进策略 [J]. 社会科学研究, 2008 (5): 109 – 114.
② 童敏. 东西方融合:社会工作服务的专业化和本土化 [J]. 厦门大学学报(哲学社会科学版), 2007 (4): 121 – 128;文军. 当代中国社会工作发展面临的十大挑战 [J]. 社会科学, 2009 (7): 66 – 70, 189.
③ 林卡. 论中国社会工作职业化发展的社会环境及其面临的问题 [J]. 社会科学, 2009 (4): 62 – 70, 188 – 189;文军. 当代中国社会工作发展面临的十大挑战 [J]. 社会科学, 2009 (7): 66 – 70, 189.

对性不强。① 在效率逻辑的支持者看来，只有增强社会工作本身的专业性和本土化水平才能迎合政府对社会工作发展的期待，也唯有如此，才能让社会工作获得社会认同，这是解决中国社会工作职业化问题的关键出路。② 效率机制的解释逻辑提出了一个重要的问题：中国的社会工作是否能够高效而有针对性地解决当前出现的各种社会问题？这无疑是影响中国社会工作发展的重要因素。但是恰恰在这个问题上，研究者表现出了较大的分歧。王思斌指出，一些由高校教师领办的社会工作机构在降低社会管理的行政成本、为服务对象提供专业化的社会服务方面展现出了应有的专业优势，甚至成为一道"城市风景"。③ 史柏年的跟踪研究证明，"希望社工"在三年的灾后重建工作中已经得到服务对象的充分认可。④ 换句话说，专业社会工作在中国应用中的效率问题还存在较大争议，采用"效率低下"这一判断来解释中国社会工作职业化推进缓慢有可能面临"预设有误"的风险。

社会认同逻辑是组织制度学派的核心观点，它指的是"一个社会的文化观念、法律制度可以塑造社会事实，对社会的所有成员产生影响"⑤。鲍威尔和迪马吉奥认为，社会认同机制会通过强制性同形、模仿性同形和规范性同形三种方式进行扩散，导致组织的制度同形，对组织和行动者的制度选择形成强大的约束力。⑥ 一些学者认为中国社会工作的教育和实践无不体现出模仿性同形的特点。中国社会的工业化、城市化和现代化进程中出现了与西方社会工作诞生时类似的社会问题和社会需求，而西方国家采用社会工作这种专业技术有效地回应了这些需求，从而使社会工作被认

---

① 李迎生. 我国社会工作职业化的推进策略 [J]. 社会科学研究, 2008 (5): 109 – 114; 童敏. 东西方融合: 社会工作服务的专业化和本土化 [J]. 厦门大学学报 (哲学社会科学版), 2007 (4): 121 – 128.
② 何雪松. 重构社会工作的知识框架: 本土思想资源的可能贡献 [J]. 社会科学, 2009 (7): 76 – 78, 189; 何雪松. 迈向中国的社会工作理论建设 [J]. 江海学刊, 2012 (4): 140 – 144.
③ 王思斌. 高校教师领办社会工作服务机构的跨域实践 [J]. 江苏社会科学, 2013 (5): 114 – 119.
④ 史柏年. 从项目嵌入到本土植入: 希望社工发展之路 [J]. 中国社会工作, 2011 (13): 37.
⑤ 周雪光. 组织社会学十讲 [M]. 北京: 社会科学文献出版社, 2003: 75.
⑥ DIMAGGIO P J, POWELL W W. The iron cage revisited: institutional isomorphism and collective rationality in organizational fields [J]. American Sociological Review, 1983, 48 (2): 147 – 160.

为是一种先进的社会管理和社会服务制度。① 这就对中国的社会管理者提出了一种社会认同压力：如果不采用社会工作这种制度安排，中国的社会管理制度就会被认为是落后的、不入流的。在这一社会认同压力下，中国政府模仿性地引入社会工作制度安排。② 社会认同逻辑的一个研究优势在于，它不但能够解释制度的实质性扩散，而且能够解释制度的形式性扩散。也就是说，制度搁置现象是社会认同逻辑的重要理论发现。制度搁置是指，各种组织受到社会认同的强大压力而不得不形式性采纳某种制度安排，一旦制度建立，满足形式化需求之后却被束之高阁，这种制度安排不会得到真正的实施。王思斌指出，要想促进中国社会工作的职业化发展，政府必须要从"形式承认"走向"实质承认"，这恰恰是对制度搁置现象的回应。③ 社会认同逻辑的确直接回应了本章的问题：政府的口号很响亮是为了满足社会认同需求，但由于缺乏实质性推进而出现了制度搁置现象，这是导致社会工作职业化缓慢的原因。这一理论视角的重要启示在于，在政策分析中，政策过程比政策文本更为重要。但是这一解释逻辑却没有回答一个重要的问题：为何中国社会工作职业化在推进过程中缺乏实质性政策支持？对这一问题的忽视，使社会认同逻辑的解释显得不彻底。

近年来，"嵌入性"理论被引入社会工作职业化的研究，引发了大量的讨论，这代表了该领域研究的第三种视角——路径依赖（path dependence）逻辑。历史制度主义的研究表明，在制度变迁的过程中，过去的制度安排在随后的决策中会产生持续的建构性影响。换句话说，制度变迁体现了历史的经验。政策制定和制度变迁往往是一种路径依赖的过程。④ 研究者发现，中国社会工作职业化的推进过程无不与过去存在并持续至今的社会服务体系、公共资源分配体制和文化特征高度相关，因此，学术界用"体制嵌入""结构嵌入"或"文化嵌入"等概念描述中国社会工作发展

---

① 林卡. 论中国社会工作职业化发展的社会环境及其面临的问题 [J]. 社会科学, 2009 (4): 62-70, 188-189.

② 肖小霞, 张兴杰. 社工机构的生成路径与运作困境分析 [J]. 江海学刊, 2012 (5): 117-123.

③ 王思斌. 走向承认：中国专业社会工作的发展方向 [J]. 河北学刊, 2013 (6): 108-113.

④ THELEN K, STEINMO S. Structuring politics: historical institutionalism in comparative analysis [M]. New York: Cambridge University Press, 1992: 14-25.

的特殊经验。① 嵌入性发展的一个重要结果是，社会工作不是替代性地挑战原有的社会管理和社会服务制度，而是在原有制度安排内寻求依附式发展，实现一种增量变革。② "嵌入性"这一特殊经验使中国社会工作职业化发展体现出缓慢推进的特点，尤其在职业化初期更是如此。路径依赖逻辑在解释中国社会工作职业化滞后的原因时更具有现实性，事实上它也回应了合法性逻辑所忽视的问题，即中国社会工作职业化之所以缺乏实质性推进政策，根源在于路径依赖。从这个角度说，路径依赖逻辑既比效率逻辑更现实，又比合法性逻辑更深入。但是目前这一解释模式依然存在一定的薄弱点。作为社会科学制度分析的三大流派之一，历史制度主义在20余年里已经致力于将其理论模型系统化，路径依赖的具体机制已经成为历史制度主义必不可少的分析要素，但是国内的相关研究仍然在笼统意义上使用路径依赖等概念，缺乏一个系统的分析框架。本章将致力于将"路径依赖"的整体分析框架应用于中国社会工作职业化的分析，为其建立一个清晰的分析框架。

（二）分析框架

与理性选择制度主义的效率逻辑和社会学制度学派的合法性逻辑相对应，历史制度主义的核心机制是路径依赖逻辑，其基本关注点是制度惯性：制度往往在延续与变迁之间保持一定的平衡，历史中的制度安排会对日后的制度安排产生重大影响。③ 从长时段看，新近的制度与历史上的制度或许存在重大差异，但是这些差异只不过是制度惯性在历史中演变的结果，因此要理解当前的制度需要从历史中寻找解释。

在技术变革史的经济学研究中，路径依赖概念得到了初步阐释。保罗（A. David Paul）指出技术变革中存在着一种正反馈机制（positive feed-

---

① 熊跃根. 论中国社会工作本土化发展过程中的实践逻辑与体制嵌入：中国社会工作专业教育10年的经验反思 [M] //王思斌. 社会工作专业化及本土化实践：中国社会工作教育协会2003—2004论文集. 北京：社会科学文献出版社，2006：14；徐永祥. 建构式社会工作与灾后社会重建：核心理念与服务模式：基于上海社工服务团赴川援助的实践经验分析 [J]. 华东理工大学学报（社会科学版），2009（1）：1－3，15.

② 王思斌. 中国社会工作的嵌入性发展 [J]. 社会科学战线，2011（2）：206－222.

③ 彼得斯. 政治科学中的制度理论："新制度主义" [M]. 王向民，段红伟，译. 上海：上海人民出版社，2011：71；刘圣中. 历史制度主义：制度变迁的比较历史研究 [M]. 上海：上海人民出版社，2010：126.

back),一旦某项技术被市场所采纳,就会沿着固定的轨迹或路径一直演化下去;即使有更具效率的技术出现,既定的演变路径也很难被绝对打破。而后出现的回报递增(increasing return)和锁定(lock-in)两个概念,使路径依赖从假设性理念转变为机制性分析。① 而诺思的经济史分析则将路径依赖从纯粹的技术变革研究拓展到制度变革的研究。在诺思看来,经济制度变革之所以出现路径依赖,其核心原理与技术变革一样仍然是回报递增。②

在社会学的理论脉络中,彼得·霍尔(Peter Hall)、彼得·卡岑斯坦(Peter Katzenstein)和西达·斯考克波(Theda Skocpol)等人的国家理论已经包含历史制度主义的基本内涵。直到西伦、斯坦莫等人创造性地提出"历史制度主义"概念之后,"历史制度主义"才得到学术界的充分认知,并成为制度分析的三大主流学派之一。③ 但是直到2000年,保罗·皮尔逊相对清楚地阐释了回报递增在制度演变中的具体因素和过程,路径依赖的分析方法才得到框架式架构。④

与诺斯的经济史分析一脉相承,皮尔逊认为,回报递增实际上是制度的自我强化机制,而制度的自我强化倾向主要根源于以下几个原因:制度成本、利益群体和观念框架。首先,制度的建立需要巨大的建设成本,而且制度的运行也需要大量的维持成本,因此,随着时间的延长,改变这一制度需要付出的成本更大。其次,制度一旦产生便划分了利益群体,从既有制度中获利的群体有着强烈的维持制度的意愿。更重要的是,利益群体越能熟知和利用既有制度,就越能从制度中获取利益,这具有典型的累积效应。最后,制度是一个体系,它不但提供行动规则,而且通过制度理念提供观念框架。也就是说,一旦行动者接受了一套行动规则,实际上就已经对制度所包含的理念有了一定认知,而这种认识事实上塑造了行动者的观念边界和思维空间。受到观念边界和思维空间的限制,行动者很难在边

---

① 刘和旺. 诺思制度变迁理论的路径依赖理论新发展 [J]. 经济评论, 2006 (2): 64-68.
② 参见诺思. 制度、制度变迁与经济绩效 [M]. 杭行,译. 上海:格致出版社,上海三联书店,上海人民出版社,2008.
③ THELEN K, STEINMO S. Structuring politics: historical institutionalism in comparative analysis [M]. New York: Cambridge University Press, 1992: 14-25.
④ PIERSON P. Increasing returns, path dependence, and the study of politics [J]. American Political Science Review, 2000, 94 (2): 251-267.

界之外寻找到替代性制度变迁方案。

但是，相关的经验研究已经证明，路径依赖之所以会发生，除了"回报递增"机制以外，还有一种机制起着重要的作用：体制锁定。[①] 体制锁定的研究视角从某一项具体制度内部转向制度之间关系的分析。这一视角认为，任何一项制度都不是单独发挥作用的，而是与其他各项制度相互配合，共同构成制度之网，即制度矩阵。制度之间的相互依赖关系会对单项制度的变迁产生重要影响，于是，从某一单项制度开始的变革往往只能是边际变革而非根本性变革，这样就使原有制度在延续与变革之间保持了一定的平衡。体制锁定理论特别强调制度场域的三个特性：一是体制黏性。由于制度矩阵中各项制度之间存在依赖关系，各项制度难以摆脱其他制度实现单独变迁，于是多项制度集合而成的制度场域往往具有稳定性特征，这就是体制黏性。二是场域规制性。各项制度所构成的体制或矩阵是任何一项具体制度生存和运作的环境，但是由于体制黏性的存在，单项制度的变革不得不在体制环境中寻求妥协式变迁。这种制度生存环境对制度变迁的约束被称为场域规制性。三是场域内部的制度地位分化。每项制度规则在制度场域中的位置和地位是不一样的，核心制度的变迁能够激发相关制度发生配合性变迁，边缘制度的变迁则更受制于场域中其他制度（尤其是核心制度）的形态，制度场域中的各项具体制度地位的分化使不同制度的变迁路径具有显著差异。

"回报递增"机制分析了制度运作的社会后果，聚焦于某一项具体制度及其运作，是一种典型的内部视角；"体制锁定"机制集中研究该制度与其他制度的关系，将制度矩阵作为分析的焦点，是一种典型的外部视角。这两种视角的结合为我们研究路径依赖和制度惯性提供了更完整的解释。基于以上分析，本章的分析框架得以建立（如图 3-1 所示）。

---

① 李棉管．"村改居"：制度变迁与路径依赖：广东省佛山市 N 区的个案研究［J］．中国农村观察，2014（1）：13-25．

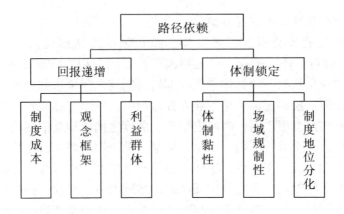

图 3-1 路径依赖的两种机制

资料来源：李棉管."村改居"：制度变迁与路径依赖：广东省佛山市 N 区的个案研究 [J]. 中国农村观察，2014（1）：13-25.

三、回报递增与社会工作职业化困境

社会工作从本质上来说是一套解决社会问题、提供社会福利的理念和方法。从这个角度来说，在西方的专业社会工作被再次引入中国之前，本土性的社会工作就已经存在，因为原有的一套解决社会问题、提供社会福利的方法一直在发挥作用。当前所讨论的社会工作职业化虽然主要指的是专业社会工作的发展，但是对于它的讨论绝不能离开原有的解决社会问题的模式而空谈。① 因此，中国的社会工作制度向来包含两个方面：专业社会工作和本土社会工作。

（一）制度成本、利益群体与变迁难题

虽然在 20 世纪 80 年代末期以前，作为一个专业的社会工作被长期取消了，但是社会问题却不会因为社会工作的取消而消亡，因此政府必须建立一套工作模式来应对社会需求。一种行政性的社会问题解决模式应运而生。与西方专业社会工作概念不同，基于历史、体制和政治的原因，中国的本土社会工作大体被认为是包括思想政治工作、群众工作、民众服务工

---

① 王思斌. 中国社会工作的嵌入性发展 [J]. 社会科学战线，2011（2）：206-222.

作在内的集合体,而这些工作是通过行政化体系而运作的。王思斌认为,"本土性社会工作指的是对某种助人模式(包括理念、过程和方法)的判断和认定,即指那些土生土长的、发挥着有效的助人功能的制度化的行动过程。那些生长于本土的,与其经济、政治和社会制度以及文化传统相适应的,有效的、制度化的助人模式可称为本土性社会工作"[①]。

奠基于计划经济的福利体制,满足民众福利需求,尤其是困难群众的福利需求往往是依托政府系统中比较基层的工作人员来实现的。分布在民政系统、社会保障系统、工会系统和妇联系统的政府工作人员,其重要的职能是有针对性地满足特定对象的福利需求。除此以外,长期以来承担着直接福利职责的城市社区和农村村庄虽然不是严格意义上的行政系统,却是实质意义上的行政系统的延伸。随着社会工作教育在国内的普及,在政府和党委内部也出现了社会工作委员会、社会工作部和社会工作科等直接以社会工作命名的分支部门,但大体上仍然是行政性社会工作在新形势下的流变。行政性非专业社会工作的总体特征是:第一,运用公共资源尤其是财政资源满足福利需求;第二,运用非专业化方法尤其是利用行政手段解决社会问题;第三,作为行政系统的一部分,工作人员不得不承受来自行政系统的考核,因此,"向上负责"是一个普遍现象。

不得不承认,中国政府为探索和建立这一整套行政性社会工作体系付出了巨大的制度成本,在解决社会问题和提供社会福利的同时,也建立起了一个相对庞大的从事社会福利的群体。随着制度的运行,它的成本在不断增加,因为旧的社会问题依然存在而新的社会问题又不断出现,于是行政性福利体系只能"摊大饼"式地拓展以应对新的需求。制度成本已经付出,而新的替代性制度的有效性尚不明确,在变革成本与变革收益的综合比较中,相对保守的"嵌入性"视角往往是比较"稳妥"的选择:将专业社会工作部分地吸纳到原有的福利体系中来。

另一方面,福利体系还在塑造着利益群体,这些直接或间接与福利提供相关的部门系统或从原有的福利体系中获得利益的社会群众都对原有的体系采取维护的态度。高夫(Ian Gough)指出,在一个由政府主导的福利体制中,随着社会福利的扩张,福利体系工作团队的扩张几乎是一件无

[①] 王思斌.试论我国社会工作的本土化[J].浙江学刊,2001(2):56–61.

法避免的事情。① 更为重要的是，在基层政府和地方政府行政人员晋升的"锦标赛体制"② 中，与社会福利相关的行政体系自然要想方设法扩大自己的支配范围，以凸显自身的行政绩效。现在国内较为流行的社会工作岗位性质主要有两种：第一种是在体制内让渡空间，即在不改变现有的政策与制度框架的前提下，在新的政策与制度框架和新的领域推进社会工作职业化发展，比如，在一些政府岗位中缩减旧名额或增加新名额以新招聘一批专业社会工作人员从事相关工作；第二种是在现有的体制内输入社会工作元素，在现有的政策和制度框架内嵌入相关政策、项目与服务，为社会工作争取领域与空间，如政府购买社会工作服务，在政府与社会之间构建起一种新的办事渠道。但是上述两种空间争取方式都必须以不冲击原有福利体系所塑造的利益群体为前提。

因此，专业社会工作在发展的过程中不得不面对原有的行政性非专业社会工作制度所带来的制度成本和利益群体所产生的制度变迁障碍。专业社会工作只能在原有的行政性非专业社会工作所"允许"的范围内寻求一个发展空间。

（二）观念框架与认知限定

观念框架逻辑是指制度制定者身处于一定的主流认知氛围之中，主流思想观念为制度制定者设定了认知框架和变迁边界，行动者只能在此框架内进行策略选择，而根本想象不到观念框架之外的其他选择，即便其他选择可能更有效率，它们也不能进入制度制定者的视野。这样一种逻辑就导致了制度变迁的延续性：尽管制度的具体规则会发生演变，但是制度核心价值依然得到延续。当然，制度巨变也是现实存在的，但是制度巨变的前提是认知范式的巨变。③

深受中国原有制度安排的影响，中国人头脑中有一套固定的求助文化与方式。"差序格局"是中国社会特有的体制特征，熟人圈是中国人的主要求助方式之一。在农村社会，人们基本长期稳定地生活在同一地缘网络

---

① 奥菲. 福利国家的矛盾 [M]. 郭忠华，等译. 长春：吉林人民出版社，2006：9.
② 周飞舟. 锦标赛体制 [J]. 社会学研究，2009（3）：54-77，244.
③ 彼得斯. 政治科学中的制度理论："新制度主义" [M]. 王向民，段红伟，译. 上海：上海人民出版社，2011：71.

中，经过长期互动，能形成相对稳定的、持久的、相互依赖的关系，并能培养出一种亲密和相互信赖的情感。通过对这一情境的反复认知，当他们遇到困难时，首先想到的是从身边熟人网中寻求帮助。而在城市社区，随着现代化的发展，人们在地缘网络中获得的情感联系可能并没有像农村社会那样紧密，但是他们可以从业缘网络中发展出类似的关系，从而获得一定帮助。同时，相比于农村社会，城市人在碰到困难时更善于从中国传统行政部门中寻得帮助。尽管民众对行政部门是否值得信赖也存在一定的质疑，但是与新近出现且不甚熟悉的专业社会工作比较起来，中国人在日常办事中常会对行政部门表现出一种明显的依赖特征。经过对向熟人网络与行政部门求助这些传统方式的长期认知与反复实践后，中国人头脑中形成了一股强劲的黏滞性观念，这股观念限定了他们的思维框架。

事实上，不论是熟人网络还是传统的行政部门，它们之所以能对中国人的思维观念产生深刻影响，是因为这些传统求助方式更具便利性、可信赖性和节约成本的特征；并且，人们早已习得如何更有效率地使用这些求助方式和这套制度，他们或拥有之前成功的体验，或有众多身边人的亲身经验做参考。与此相反，专业社会工作是一种新的制度模式，中国人对其缺乏足够而广泛的认知，会质疑社会工作解决实际问题的有效性。社会工作尚未能真正进入中国人的观念框架之内。

四、体制锁定与社会工作职业化困境

体制锁定视角能帮助研究者跳出某一个制度的局限，从制度矩阵和制度场域中分析一项制度与其他制度的关系，关注制度所生存和运作的环境，这是一种更宏观的制度分析思维。要想运用这一视角分析中国社会工作职业化问题，首先必须对中国的福利体制甚至是经济社会体制有宏观的认知。现有的研究已经越来越清楚地认识到，不是社会工作决定社会福利，而是社会福利体制决定社会工作的形态，有什么样的社会福利体制就会发展出相应的社会工作类型。①

---

① 殷妙仲. 专业、科学、本土化：中国社会工作十年的三个迷思 [J]. 社会科学，2011 (1)：63-71.

(一) 生产主义体制及其延续：体制黏性

对包括中国在内的东亚国家和地区社会福利的个案研究和政策分析早已有之，但是社会福利研究圈的多数学者还是将"东亚福利体制"（East Asia welfare regime）这一研究主题的源头追溯至20世纪90年代初期。20余年以来，关于东亚福利体制形成了多种学术概括，如"家户福利国家"①"儒家福利国家"②和"保守型福利国家"③等，但是"生产主义体制"和"发展型福利体制"得到了较多认同，并引发了大量相关的理论建构和经验检验研究。

霍利迪认为，东亚国家和地区社会福利的典型特征是经济增长的政策目标高于一切，社会政策必须服从于它；社会权利在东亚社会中并不是一个关键要素，并且社会权利的扩展要与生产活动相结合，只有那些被认为有助于促进生产活动的权利诉求才会得到承认；由此导致的直接政策结果是，社会资源高度向生产要素倾斜，社会福利沦为辅助性政策。④霍利迪将上述福利特征归纳为"生产主义体制"（productivist welfare regime），这种体制与艾斯平－安德森所归纳的三种体制都不同："自由世界优先考虑市场，保守世界重视不同的人的社会地位，社会民主主义世界重视福利，而促进生产的世界则一切以经济增长为前提。"⑤高夫也认为，东亚国家和地区社会政策为经济增长和生产发展服务的特征的确与"福利资本主义的三个世界"各不相同，他主张将"生产型福利体系"（productive welfare system）与传统福利国家的三种体制并列。⑥

---

① JONES, C. Hong Kong, Singapore, South Korea and Taiwan: oikonomic welfare state [J]. Government and Opposition, 1990, 25 (4): 446－462.

② CHUNG D, HAYNES A. Confucian welfare philosophy and social change technology: an integnated approach for international social development [J]. International Social Work, 1993, 36 (1): 37－46.

③ ASPALTER C. Introduction [M] //ASPALTER C. Conservative welfare state system in east asia. London: Prager, 2001: 2－5.

④ HOLLIDAY I. Productivist welfare capitalism [J]. Political Studies, 2000, 48 (4): 706－723.

⑤ 刘金婧. 东亚社会政策的特点：促进生产的福利资本主义 [J]. 国外理论动态, 2001 (12): 20－23.

⑥ GOUGH I. Globalization and regional welfare regimes: the East Asian case [J]. Global Social Policy, 2001, 1 (2): 163－189.

尽管不少学者从东亚国家和地区的内部差异出发质疑"东亚福利体制"作为一个总体概念的有效性,但是对"社会政策为经济政策服务"这一总体特征还是达成了基本共识。改革以前的中国福利体制从表面上看似乎是一种平均主义的体制,但是无论从城市内部还是城乡差异的角度来看,当时的福利体制也是一种生产主义体制。在城市内部,政府通过低工资、高福利的制度安排实现一种集体消费,而集体消费的结果则是拉动了工业化生产的需求;而城乡之间的"剪刀差"制度更是直接将农村的资源抽取到城市以支持赶超式的工业化和城市化。① 改革初期的经济体制改革更是将诸多社会福利职责作为经济发展的"包袱"而抛掉,直接强化了生产主义体制。

20世纪90年代中期以来,中国走上了社会福利重建的阶段,不少学者认为通过这场"大转型",中国会走向一个"社会政策时代"②,其中"适度普惠型社会福利"被视为中国福利体制改革的方向而被寄予厚望。然而,制度变迁一定会体现出历史痕迹,福利体制同样会存在体制黏性。更具体地说,虽然在国家层面上已经不再直接提"社会政策为经济政策服务",关于民生保障的话题也已经取得了与经济发展同等重要的话语权,但是生产主义体制以一种更隐蔽的方式得到了延续,中国福利体制的多重分割说明了一个事实:那些被认为更有助于促进经济增长的社会成员更容易得到社会保险和其他社会福利的覆盖。

(二)生产主义体制对社会工作职业化的双重影响:场域规制性和制度地位分化

生产主义体制的存在和延续对中国社会工作职业化产生了双重影响:一方面,传统的社会工作模式极难满足生产主义体制的需求,进一步加剧了社会工作的边缘化,这是场域规制性的直接体现;另一方面,社会福利制度在公共政策中的弱势地位使社会工作的发展较难获得充足的资源,这体现了制度在制度场域中的地位对制度变迁的影响。

---

① 李棉管. 再论"社会政策时代"[J]. 社会科学, 2013 (9): 72 – 80.
② 李培林, 王思斌, 梁祖彬, 等. 构建中国发展型的社会政策:"科学发展观与社会政策"笔谈[J]. 中国社会科学, 2004 (6): 4 – 24, 204; 王绍光. 大转型: 1980年代以来中国的双向运动[J]. 中国社会科学, 2008 (1): 129 – 148, 207; 郁建兴, 何子英. 走向社会政策时代: 从发展主义到发展型社会政策体系建设[J]. 社会科学, 2010 (7): 19 – 26, 187 – 188.

生产主义体制要求经济增长优先，社会服务只有在"是否能促进经济增长"的语境中才能获得讨论空间。因此，生产主义体制对社会工作制度的接纳存在一个预设的前提：社会工作必须直接或间接地为经济增长做出贡献。然而，传统的社会工作实务模式和当前的社会工作人才培养模式都难以满足生产主义体制的这一需求。虽然在社会工作理论中有若干关于"增权模式""优势视角"等发展型社会工作的模型，但是由于在国内实践环境中的操作化难题，这些发展取向的社会工作基本没有得到应用。目前仍处于引介阶段的中国社会工作实务模式，基本上都是参照西方已有的成熟模式，而这些模式又基本以问题解决为导向，总体来看属于关注经济社会发展过程中出现的问题，而没有介入经济社会发展的核心要素中。专业社会工作实务中出现的这一主流取向与当前的社会工作人才培养模式存在重要关系。现有的中国社会工作教育往往将心理学知识作为人才培养的核心内容，这一微观取向无法回应当前社会转型过程中宏大社会变迁所出现的问题意识。

生产主义体制的本质属性在于社会政策从属于经济政策，社会福利依附于经济发展，因此中国的社会政策长期以来在公共政策平台上处于弱势地位。这一弱势地位导致投向社会福利领域的公共财政长期不足。与西方国家相比较，中国专业社会工作发展的特殊性在于它先有专业化后有职业化，这一特殊路径注定了它从一开始便无法获得广泛的社会认同，通过市场化或社会化运作而获取发展所需要的资源变得异常艰难。于是从政府获得公共资源的支持成为中国社会工作发展的重要路径。但是由于社会福利的弱势地位，加上社会福利本身的资源长期有限，故社会工作所能获得的资源自然十分有限。与此相关的另一个问题是，社会工作制度在社会福利制度这一制度矩阵中又处于弱势地位。政府更希望通过社会保险、社会救助等福利计划"一揽子"地解决问题，对强调通过个别化方式来提供服务的社会工作在效率方面有所质疑。这一状况进一步加剧了社会工作的资源困境。所以，虽然全国各地都出现了"政府购买服务"来支持社会工作事业，但是各社会工作机构所获得的资源量仅够维持机构运转，而无法实现社会工作的大规模发展。总之，从制度地位分化的角度来看，一方面，社会政策在公共政策平台上处于相对弱势地位，另一方面，专业社会工作服务又在社会政策和公共服务领域处于相对弱势地位，这样一种"双重弱势"极大地限制了专业社会工作获取更多的资源和扩大其专业性影响。

五、结论与讨论

当社会工作作为一种新的制度被引进中国后,它在中国的推行往往是按照自上而下的路径逐级展开的。研究者指出,"中国的改革是在中央集权的政治体制下进行的……新的制度安排往往就是要在一个相对短的时间内由中央或某一级地方政府'强制'推行下去"①。政府主导式的改革是目前国内主要的制度变迁模式,它是在中国政府主动适应历史发展的要求下形成的制度变迁过程。② 它的特点在于力量集中,推行稳定,能有效地组织和动员社会各方面的资源致力于眼前的改革③,政府作为一个强有力的权威组织,是制度变迁推行的权力后盾④。一般来说,在中国政府强制力的推行下,政策文件的推行与实践应该是较快的。然而采用这一视角来分析中国社会工作职业化的推进过程却发现了一个突出的问题:虽然高层政府一直在致力于倡导和推广社会工作,但社会工作职业化的现实进展却相当缓慢。

本章研究发现,历史制度主义的分析视野对于这一问题可以提供比较充分的解释。中国社会工作职业化推进过程体现了明显的路径依赖现象,它通过两种具体机制而发生:回报递增和体制锁定。就社会工作制度本身而言,回报递增是核心机制。一方面,原有的社会问题解决模式建立了一套本土社会工作制度,行政性社会工作制度的建立和维持都已经付出了巨大的制度成本,由于对新制度效果的确定性存有疑惑,维持原有的制度安排被视为一种"稳妥"的选择。与此同时,本土社会工作制度还塑造了利益群体,他们是原有制度维持的政治基础。另一方面,本土社会工作制度与乡土中国的求助文化相结合塑造了民众的思维框架,在自己的"差序格局"网络中不能解决的问题,民众往往会向行政系统求助,专业服

---

① 刘玉照,田青. 新制度是如何落实的?:作为制度变迁新机制的"通变"[J]. 社会学研究,2009(4):133-156,245.
② 张玉,武玉坤. 论制度变迁与"中国模式"的逻辑路径[J]. 江淮论坛,2010(2):40-45.
③ 王建芹. 体制变革的中国模式[J]. 理论月刊,2009(2):42-45.
④ 张玉,武玉坤. 论制度变迁与"中国模式"的逻辑路径[J]. 江淮论坛,2010(2):40-45.

务机构往往不会进入求助者的思维范围。就社会工作制度所处的制度场域而言，体制锁定是核心机制。包括中国在内的东亚国家和地区的福利体制往往被归纳为生产主义体制，它的突出特点是社会政策为经济增长服务，这一福利体制对中国社会工作职业化产生了深刻影响。由于传统社会工作的特性和当前社会工作教育的现状，目前的社会工作服务较难适应生产主义体制对于发展和增长的需求。此外，社会政策在公共政策中的弱势地位和社会工作在社会福利中的弱势地位这一双重弱势的制度地位，也使社会工作较难获得发展所需要的资源。

第四章　专业自主性：社会工作与街区权力的关系①

专业自主性的高低是社会工作职业化的重要分析维度。弗莱德森的经典理论指出，职业与非职业的核心区别在于从业者是否对某一服务领域拥有专业自主性，即在服务提供的过程中自主性地做出专业判断、自主性地选择服务方法，且这种判断和服务免于外部力量的干预。② 结合中国社会工作依附性发展的现实，关于中国社会工作的专业自主性问题讨论主要围绕专业社会工作与行政权力的关系而展开。近些年来，"社会工作的行政化"已经成为最为热门的讨论话题。在一项案例研究中，朱健刚、陈安娜对专业社会工作的"嵌入式发展"进行了反思，他们指出，当专业社会工作被吸纳到街道的权力网络中后，出现了外部服务行政化、内部治理官僚化和专业建制化等意外后果，进而导致专业社会工作在街区权力体系中逐渐失去了其专业性，也失去了其影响力。③ 研究者指出，社会工作的行政化与不同的职业化发展路径之间存在紧密关系，在"政府购买岗位"模式中，岗位行政化、专业性发挥不足、角色不清等影响专业自主性的现象更容易出现。④ 这一判断与另一项历时性研究形成了呼应，一项对某市社会工作职业化三个阶段、三种模式的比较研究发现，从最初的"购买岗位"，到中期的"购买项目"，再到后来的"整合与统一模式"，社会工

---

① 本章的第一作者为陆雪玉，其写作的硕士毕业论文是本章的基础。陆雪玉全程参与了"社会工作职业化推进和发展型社会工作建构"课题组研究，在实务服务的基础上写就其硕士毕业论文。收入本书时，由李棉管进行了修改，所有修改已征得陆雪玉的同意。
② 参见 FREIDSON E. Profession of medicine: a case study of the sociology of applied knowledge [M]. New York: Dodd Mead, 1970.
③ 朱健刚, 陈安娜. 嵌入中的专业社会工作与街区权力关系: 对一个政府购买服务项目的个案分析 [J]. 社会学研究, 2013 (1): 43–64, 242.
④ 徐子彬, 梁昆. 被抑制的角色: 岗位社工行政化研究: 以 A 市为例 [J]. 社会工作与管理, 2017 (3): 53–60.

作的行政化经历了"强—弱—强"的历史变迁。① 在对相关研究进行理论分析的基础上,徐道稳对中国社会工作行政化进行了理论归纳,他认为中国社会工作行政化发展模式主要包括三个要素:行政化推动、行政化支持和行政化管理。同时他对中国社会工作行政化发展模式进行了谨慎的反思:行政化在推动社会工作发展的同时也可能会对社会工作事业的发展带来消极后果。② 关于社会工作行政化带来的消极后果,葛道顺用"专业性悬空"和"职业性排斥"两个概念进行了精辟的概括。③ 其中,所谓专业性悬空,是指行政力量干预到社会工作服务的实际过程中来,直接干扰甚至决定了社会工作服务的具体方式,削弱了社会工作的专业自主性。

本章便是在上述理论背景下所开展的一项行动研究。在深度参与L街道社会管理创新服务项目的过程中,专业社会工作者与L街道及社区权力的关系经历了重要变迁。在参与的前期,专业社会工作者被L街道和社区视为专业权威,专业社会工作者拥有充分的空间设计和实施体现出专业性的社会工作服务项目,并获得了L街道和社区的积极配合,这一阶段是专业社会工作与街区权力合作的"蜜月期"。但是,随着项目的开展,专业社会工作者与L街道及社区权力之间的关系发生了根本性逆转。在项目开展的中后期,街道和社区权力强力干预到社会工作服务项目的设计和实施中来,专业社会工作者不得不沦为街道和社区的"编外行政人员",承担起街道和社区分配的各种与项目无关的行政任务,社会工作的专业自主性遭到严重侵蚀,走上了学术界所阐述的社会工作的行政化道路,这一阶段是专业社会工作与街区权力貌合神离的"分居期"。

本章将通过对案例的分析来剖析社会工作专业自主性发生关键变迁的具体过程,并尝试对影响社会工作专业自主性的原因展开分析。

一、问题的提出

聚焦专业社会工作与行政权力的关系问题,我们可以发现一个很有意

---

① 杨慧,杨烨煜. 政府购买机制中社工机构与其他社会治理主体的关系变迁:以深圳为例[J]. 国家行政学院学报,2017(5):34-39,144-145.
② 徐道稳. 中国社会工作行政化发展模式及其转型[J]. 社会科学,2017(10):90-97.
③ 葛道顺. 社会工作转向:结构需求与国家策略[J]. 社会发展研究,2015(4):1-23,238.

思的矛盾现象：在专业社会工作重新引入中国之前，中国已经建构起一套解决社会问题和个人问题的办法和机制。通过行政组织、行政指令、公共资源配置、社区组织等各种方式来解决社会问题是在专业社会工作被引入中国之前的主要方式，无论是被冠以"行政性方式"还是"本土社会工作"之名，它总归是一套已经长期运作的社会问题解决机制。① 而之所以要重新引入专业社会工作，一个非常重要的原因是，西方专业社会工作在其发展历史中已经被证明是一种解决社会问题的更专业、更有效的机制。当中国的经济社会发展遇到与西方国家相似的社会问题时，在学术研究的倡导下，无论是政府还是学术界，都对专业社会工作解决社会问题的效率产生了更高的期待。② 因此，重新引入专业社会工作的初衷是为了解决原有行政性办法中的不专业和低效率问题。而专业社会工作之所以有效率，根本原因在于其专业性，而专业性要想发挥出来，就必须要赋予社会工作以专业自主性，这是一个不言而喻的浅显道理。但是，正如本章导言部分所指出的那样，实际运作中的专业社会工作常常陷入行政权力的强制性干预中，陷入社会工作的行政化，专业自主性无从发挥。③ 基于此，本章聚焦的问题是：为何以发挥社会工作专业优势为目标的社会工作服务会陷入低度的专业自主性？

本章是一项案例研究。在本案例中，在项目开展的前期，专业社会工作团队被视为专业权威，在初期服务中拥有较为充分的专业自主性。无论是在社区需求调查、服务项目设计还是项目实施中的资源动员，专业社会工作者都能够按照社会工作的理念、原则、模式和方法开展服务。不是专业社会工作者配合街道和社区工作人员，而是街道和社区工作人员积极配合专业社会工作者。但是，当项目进行到中后期以后，专业社会工作者的专业权威受到严重侵蚀，专业自主性几乎荡然无存。专业社会工作团队在受到行政力量和资源依赖的双重压力下，不得不完成由街道或社区指派的指标化行政任务，哪怕这些任务已经完全偏离了项目的本意。专业社会工

---

① 王思斌. 中国本土社会工作实践片论［J］. 江苏社会科学，2011（1）：12 - 17.
② 卜万红. 是走向社区自治还是建立社区治理结构：关于我国城市社区建设目标定位的思考［J］. 理论与改革，2004（6）：58 - 61.
③ 徐道稳. 中国社会工作行政化发展模式及其转型［J］. 社会科学，2017（10）：90 - 97；杨慧，杨烨煜. 政府购买机制中社工机构与其他社会治理主体的关系变迁：以深圳为例［J］. 国家行政学院学报，2017（5）：34 - 39.

作团队与街区权力的关系也发生了根本性变化,专业社会工作者由最初的专家、指导者的角色蜕化为服从者和编外助手的角色,不再是街道和社区配合专业社会工作者,而是专业社会工作者被动配合街道和社区。由此可见,专业社会工作与街道和社区权力之间关系的变迁对社会工作专业自主性产生了深刻影响。

二、专业社会工作与行政权力关系的三种理想类型

尽管专业社会工作在嵌入行政权力的过程中丧失了专业性和自主性是一个常见的现象,但学术界在理论分析和经验观察中还是归纳出了三种有关两者之间关系的理想类型:专业主导型、行政吸纳型和合作互利型。

(一) 专业主导型

研究者指出,社会工作在社会服务,尤其是社区服务中得到了一定程度的应用,其服务范围已经从简单的"行政助手"拓展到社区居家养老、青少年帮教、社区教育、婚姻家庭服务、残疾人服务、妇女儿童以及流动人口服务等各个方面。① 在这些服务的具体开展过程中,社会工作的专业优势得到了一定程度的呈现,为社会工作谋求了一定的专业地位。早期的社区工作由于自上而下的社会管理体制而呈现出政府主导、居委会单一治理的行政化特点。随着社会治理的提出,完善基层治理、呼吁更多的社区自治成为改革的重点内容。社区建设要走向社区治理就需要联合社区内各类社会组织共同处理社区事务。② 专业社会工作在解决社区民生问题、满足社区服务需求等方面的专业优势得到了广泛认同和肯定。专业社会工作通过提供社会服务得以积极地参与社会治理中。③ 在优势展现的基础上,

---

① 陈伟东,孔娜娜,卢爱国. 多元博弈、多重形态:城市社区权利关系模式 [J]. 社会主义研究,2007 (6): 93 - 95.

② 卜万红. 是走向社区自治还是建立社区治理结构:关于我国城市社区建设目标定位的思考 [J]. 理论与改革,2004 (6): 58 - 61.

③ 李迎生. 对中国城市社区服务发展方向的思考 [J]. 河北学刊,2009 (1): 134 - 138,144.

第四章　专业自主性：社会工作与街区权力的关系

社会工作的专业性也得到了一定的尊重，甚至改变了社区内部的权力结构。① 尤其在涉及社会服务具体项目的设计和实施的时候，专业社会工作有可能发挥主导性作用，成为重要的行动主体。② 一项历时性经验研究表明，以优势视角为指导模式的社会工作服务模式在贫困民族地区的实践，的确挖掘和培育出了地方性社会的"内源性发展能力"，整体而持续地改变了社区的面貌。③ 其他相关的研究也证明，当专业社会工作得到真正发挥且较少受到外部干扰时，社会工作的优势视角、社区为本、能力建设等服务方案的确更容易取得成效。④

（二）行政吸纳型

虽然部分研究者对社会工作的专业性发挥表达出乐观的看法，但是大多数研究者对"行政吸纳专业"现象投入了更多的注意。由于当前中国社会工作服务对行政资源高度依赖，在项目选择和设计阶段，社会工作向行政要求靠拢的现象便已出现，这是社会工作机构以及社会工作获取和拓展生存机会的重要前提。⑤ 在项目的实施和管理过程中，满足项目发包的管理诉求往往会导致社会工作服务走向纯粹的指标化，而忽视服务对象的真正需求。⑥ 行政性压力直接介入社会工作服务的具体实施中，连具体的服务内容和服务方法都体现出行政规定性。在这种背景下，专业社会工作与行政力量之间的矛盾和冲突可能会出现在一些持有专业坚守的机构和社会工作者中。研究者指出，目前专业社会工作介入街区治理时容易出现"两张皮"的情况，两者的工作理念及目标是不一致的，容易产生矛盾和

---

① 陈伟东，孔娜娜，卢爱国. 多元博弈、多重形态：城市社区权利关系模式 [J]. 社会主义研究，2007（6）：93-95.

② 杨荣. 专业服务与项目管理："社区为本"的社会工作发展路径探索：以北京市G社区为例 [J]. 探索，2014（4）：135-139.

③ 张和清，杨锡聪，古学斌. 优势视角下的农村社会工作：以能力建设和资产建立为核心的农村社会工作实践模式 [J]. 社会学研究，2008（6）：174-193，246.

④ 张和清. 社会工作：通向能力建设的助人自助：以广州社工参与灾后恢复重建的行动为例 [J]. 中山大学学报（社会科学版），2010（3）：141-148；闫红红，张和清. 优势视角下农村妇女组织与社区参与的实践探索：以广东省M村妇女社会工作项目为例 [J]. 妇女研究论丛，2019（2）：44-54.

⑤ 李棉管，姚媛. 回报递增、体制锁定与中国社会工作职业化：一个历史制度主义的分析框架 [J]. 社会工作，2017（1）：25-35，109.

⑥ 徐道稳. 中国社会工作行政化发展模式及其转型 [J]. 社会科学，2017（10）：90-97.

冲突。① 由于街道社区与社会组织的权力不对称②，因此为了继续获得进一步合作的合法性，专业社会工作会在一定程度上更优先地去配合完成街道的一些行政化目标，让上级政府满意，这就导致专业社会工作会牺牲一部分的专业自主性去推进项目开展③。

（三）合作互利型

合作互利型指的是专业社会工作在介入街区治理时既保持了其专业自主性，又能获得街区的专业认同，通过协调与沟通，与之建立积极的合作关系。在很多学者看来，政府购买服务体现了政府职能的转移，是对社会治理机制的重要创新。④ 简单来说，就是政府将公共服务打包，引入市场机制，通过合同、委托等方式交由社会组织承担。专业社会工作以政府购买服务的方式介入街区治理，这种举措其实含有两层目标，一是提高政府管理效率并降低财政支出，二是能够比原有的街区治理提供更专业的服务。尤其是专业知识在社区治理中发挥越来越重要的作用。⑤ 社区治理的创新需要政府提供相应制度保障，从而让专业社会工作参与社区发展时能和社区建立起合作互利的关系。侯志阳认为，专业社会工作与街区之间的权力关系在介入过程中会发生转变，主要受到组织资源、目标与能力的影响，经过一段时间的磨合，两者的关系会趋于互利合作。⑥

学术界关于专业社会工作与行政权力之间关系的三种理想类型为我们的研究提供了一个比较性分析框架，本章将通过一个案例研究来呈现两者之间关系的具体形态。

---

① 杨荣．专业服务与项目管理："社区为本"的社会工作发展路径探索：以北京市 G 社区为例 [J]．探索，2014（4）：135－139．

② 陈伟东，孔娜娜，卢爱国．多元博弈、多重形态：城市社区权利关系模式 [J]．社会主义研究，2007（6）：93－95．

③ 朱健刚，陈安娜．嵌入中的专业社会工作与街区权力关系：对一个政府购买服务项目的个案分析 [J]．社会学研究，2013（1）：43－64，242．

④ 杨荣．专业服务与项目管理："社区为本"的社会工作发展路径探索：以北京市 G 社区为例 [J]．探索，2014（4）：135－139．

⑤ 叶淑静，戴利有．社会工作介入社会治理何以可能？[J]．江西师范大学学报（哲学社会科学版），2016（6）：103－110．

⑥ 闫臻．嵌入社区治理中的专业社会工作介入：以天津 KC 社区为例 [J]．华东理工大学学报（社会科学版），2016（1）：46－55，61．

第四章 专业自主性：社会工作与街区权力的关系

三、案例描述与研究设计

L 街道地处 C 市某区，区域面积约 90 平方千米，人口 10 万左右，辖区内有 11 个社区，是该区的政治、经济、文化中心。根据 B 省民政厅关于印发《省级城乡社区治理和服务创新实验区工作方案》的通知和《关于同意将 H 市 G 区等 15 个单位确认为第一批"省级社区治理和服务创新实验区"的批复》等文件相关要求、精神，L 街道成为创建首批省级社区治理和服务创新试验区单位之一，并获得了 100 万元政府财政经费以支持开展相关项目。为推进该项工作，L 街道成立了推进实验区工作领导小组，并由街道行政人员自行撰写了试验区具体工作方案。但由于街区专业能力有限，该项目搁置了一年多迟迟没有启动。传统的街区管理方式是按政策及规章制度办事，而这一次，手握政府资源的街区显然无章可依，也就无法应付上级政府的考核。面对临近期限的中期检查，L 街道所属民政局副局长主动向 B 高校社会工作系寻求帮助，希望能够获得一些专业性的指导去开展试验区工作。然而尽管获得了专业性的指导，街区下属的社区工作人员却依然无从下手，不知道怎么样去开展这个社区治理和服务创新试点项目。

于是 L 街道通过政府购买服务的方式，公开招标，将试验区项目交由 A 社工机构去完成。A 社工机构成立于 2013 年 10 月，是 C 市民政局批准注册的专业社会工作机构，由 Z 大学社会工作专业 8 名专业教师共同创办。机构依托 M 大学社会工作专业、社会学学科等专业力量，在 C 市开展过多个富有影响力的项目，内容涵盖了社会服务多个领域。2017 年 5 月，L 街道所属民政局副局长与 A 社工机构进行协商，并决定购买 A 社工机构的专业服务，由专业社工来指导各个社区开展社区治理与服务创新试验区工作。此次与 L 街道的合作，A 社工机构组织了 1 位项目总干事、1 位项目督导、1 位项目负责人、1 位项目主任（兼任社工）和 6 名社工组成专业社工团队进入社区，推进开展 L 街道社区治理和服务创新项目（以下简称"试验区项目"），承诺用其专业理念和工作方法为 L 街道 11 个社区打造其各自的社区特色品牌。在项目开展初期，L 街道与 A 社工机构在工作会议上决定，试验区项目实行以点带面的方针，首先在 3 个重点社区进行，每个社区配备 2 名专业社工，3 个重点社区的项目落地开展起来以后，再总结模式应用到其他8个社区。可以明确的是，专业社工团队在介入街区治理的过程中是作为独立力量存在的，专业社工进入社区但并不纳入成为社区的工作人员；保持专业独立性是社工的一项重要工作准则。专业社工团队与街区形成合作关系，社区为专业社工团队提供办公场地，提供项目开展所需的物资及人力资源。试验区项目的工作目标是提升社区层面的社区治理和服务创新能力。随着合作关系的深入，专业社工团队实际上成为街区治理的一部分，承担起一部分来自上级政府的要求和工作任务。但在社区层面，专业社工策划的社区活动想要如愿开展并不是一件容易的事情，一方面，作为实际执行者的社区工作人员缺乏专业的社会工作实务技巧和专业素养，他们更多是行政化地做事情，目的是完成上级下达的任务和量化的指标；另一方面，专业社团队这种幕后策划者的身份虽然介入了街区治理的体系之中，但他们缺乏与当地社区居民的实质联系，难以动员起社区居民的参与积极性，最终活动成效并不令人满意，致使项目实施出现目标偏离、活动开展形式化、项目行政化以及专业社会工作力量弱化等现象。

　　试验区项目实际运作已有半年左右的时间，可以看到的是，专业社工团队在介入街区治理中时与社区的合作关系经历了一个明显的变迁过程。简单描述，专业社工团队在进入社区初期时受到热烈欢迎，他们带来了专业的理念、专业的工作方法，解决了社区实验区工作的燃眉之急。此时社区工作人员积极主动地向他们寻求指导和合作。而当有了一定的成果可以展示之后，社区工作人员不再急于去推进试验区项目，这种合作关系便开始弱化，具体表现在专业社工团队被迫性地完成一些指标量化的任务要求，每周的工作例会必须汇报每个社区的各项指标完成进度等，而后续活动的成效则是不被重视的。

　　笔者有幸以社工的身份亲身经历了这一合作关系的变迁，参与观察了项目开展过程中专业社工和街区工作人员的言语行为及其互动过程，积累了大量的实证材料用以叙述专业社会工作介入街区治理时的合作关系变迁过程。查阅相关文献，笔者也注意到，尽管现有的研究向我们描述了专业社会工作在介入街区治理时是如何与街区建立起合作关系的，但并没有关注作为互动主体之一的街区，在这个合作关系形成过程中有着怎样的实践逻辑，这种实践逻辑对专业社会工作的本土化实践产生了何种影响。本章运用半结构访谈和参与观察的方法，以一个政府购买服务的案例为研究内容，希望这些讨论能为专业社会工作的本土化实践提供一些有意义的启示。

本章采用行动研究法,研究者同时也是行动者,行动的过程同时也是研究的过程。本章研究的主要内容是专业社会工作与街区之间的合作关系变迁。笔者集研究者和行动者的双重身份于一体,在参与 C 市 L 街道"我来当家"社区治理与服务创新项目过程中,灵活运用访谈法、观察法以及文献研究法去收集论文相关经验素材,通过对经验素材的整理和分析,深入思考本章的研究问题,即专业社会工作在介入街区治理的过程中面临哪些现实困境,该如何解释专业社会工作通过政府购买服务项目的机制介入街区治理中,发生从前期的权威象征到中期的权威失效再到后期的权威重塑这一系列变化过程。研究的目标在于,通过对专业社会工作介入街区治理这一过程中所发生的合作关系变迁的解读,更好地定位专业社会工作、街道和社区三者之间的关系,提出一些可行性的专业社会工作介入街区治理中的实务发展策略。

四、专业社会工作与街区权力之间关系的变迁

我国在基层治理方面实行的是街居制,而作为管理单位的社区,目前看来,一个显著的特征或者说存在的问题就是它的行政性大于服务性。社区工作人员通常按政策办事,按规章制度工作,做的基本上是行政方面的工作,比如创建国家卫生县城、完成上级政府下达的政策任务等,它很少去回应来自居民各个生活领域的其他诉求。这显然难以达到国家想要建设服务型基层治理政府的目标。为此,街区方面以政府购买服务的方式,积极与专业社会工作建立合作关系,希望能够借此改变传统的社区治理模式,打造"一社一品"的综合特色治理型社区。L 街道的试验区项目是一次改变这种传统基层治理局面的契机,邀请专业社会工作机构共同建设社区,尝试运用专业社会工作方法去开展社区活动,满足居民对精神健康、文化娱乐和养老互助等多方面的需求。该项目具体的做法是引入"时间银行"模式,由专业社工团队打造特色社区活动,引导居民参与社区自治,社区为提供志愿服务或参与社区治理的居民予以爱心积分储存,并创建微公益超市以供爱心积分的支取。专业社工团队带着它的使命进入社区,希望凭借其专业能力让这个项目真正落地,不仅要使社区实现其治理和服务创新的试点创建目标,而且要让社区居民真正当家做主,参与到社

区治理中。下面将回顾试验区项目运作中的一些实例,叙述专业社会工作介入街区治理中的合作关系变迁,并反思批判这种合作关系给专业社会工作实践带来的一些影响。

(一) 合作初期:专业自主性的彰显

在项目启动初期,社区工作人员对于专业社工团队的到来十分欢迎,接受过专业训练的社工团队在他们看来就是权威的象征,他们迫切需要有专业理念、价值和工作方法的专业人士来指导令他们一筹莫展的试验区项目。专业社工团队很快与街区建立起合作关系,第一次街道工作会议决定,LH、QH、QS 3 个社区作为试点社区,先行创建"时间银行",每个社区由 2 名专业社工进行负责,并且安排办公场地以方便专业社工开展日常工作。

1. 社区调研与项目设计中的专业自主性

专业社工初来乍到,进入社区以后做的第一件富有专业色彩的事情便是社区调研。尽管在社区工作人员看来,有多年实地工作经验的他们已经非常了解自己所在社区的基本情况,但他们还是十分配合并且认可专业社工的前期需求调研。

> 我觉得在项目开展初期,我们合作比较顺利,表现在搞活动之前,我们会一同坐下讨论,交谈相互之间的想法,然后折中获得最后的活动方案。他们的不合理之处在于没有站在居民的角度解决问题,而是以解决上面的任务为主。(专业社工)

对此建议,社区工作人员虚心接受,并且很尊重专业社工的工作方法,比如说专业社工需要听取居民的意见,他们就主动替社工联络居民,但他们做事比较行政化,找来的对象都是积极的楼长,帮他们管事、有报酬的居民,导致专业社工收集不到充足有效的信息。之后因为收集的居民信息不够,所以他们也自己去收集。他们只是单纯地问居民想不想参加"时间银行",既不问他们不参加的原因,也不介绍"时间银行",最后他们得出的结论是,居民积极性不高,社区不可能调动起来。

> 我们在社区工作这么多年,我们了解居民的积极性,会参加这个项目

的人不多。但是社工们好像很有信心,他们是有专业技术的,知道怎么动员居民参与。这个项目把我们难倒了将近一年,社工都很专业,他们的想法跟我们不一样,他们有前沿的理论和创新的思路,可以帮助我们去开展项目。(社区工作人员)

为了收集更多有效的居民意见,专业社工不再通过社区工作人员去接触居民,他们自己做调查问卷,还去人多的地方对社区居民进行随机访谈。专业社工扎实做社区调研的做法得到了来自街道的称赞,各个社区书记在工作例会上当即表示试验区项目的开展要结合社区特色,贴近社区居民需求。上述过程中,专业社会工作介入街区治理以后,在街道的支持下,迅速与社区之间建立起了合作关系,并且社区对专业社工表现出高期待与高认同。

通过社区会议等方式,专业社工团队与社区工作人员很快熟悉起来,充分交流了彼此关于"时间银行"的创建理念以及工作筹划。此时,专业社工团队与社区之间达成共同的工作目标,即在社区内创建"时间银行"与微公益超市作为项目开展的起点。对于社区来说,"时间银行"是一个新颖且专业的概念,他们赞成为居民记录志愿服务内容和时间并给予相应爱心积分的做法,却不能理解这种通过微公益超市用积分兑换实物的形式。在他们看来,这种理念无疑是违背志愿服务宗旨的。"志愿服务是无偿的奉献,你要给志愿者东西,他反而会不高兴,他不需要物质奖励。"社区工作人员这么说,并且对这种理念提出了质疑:"微公益超市的物资肯定是要社区投入的,社区哪里来这么多钱?这么做不可行。"对此,专业社工团队的回应是,项目开展最重要的是促进最终目标的实现,创建"时间银行"和微公益超市尽管在前期需要部分的资金投入,但这是引导社区居民参与自治,提升居民积极性的一种手段。街道领导也支持专业社工团队在社区创建"时间银行",社区最终接受了这种专业理念。

其实关于要做什么项目,主要还是听你们的,我们要是知道做什么项目,就不会请你们来了。你们有专业知识,又做了这么扎实的专业调研,肯定能设计出既符合我们需要又有创新性的社区服务项目。你们就放开手去做,我们民政局和街道会全力配合你们,也会要求社区全力配合你们。(民政局负责人)

2. 项目实施初期的专业自主性

双方目标达成一致后，试验区项目开始顺利进行。社区对开展项目的积极性非常高，他们迅速和专业社工团队召开各种工作会议，讨论"时间银行"及微公益超市的筹建工作。从宣传到如何吸引居民在"时间银行"开户，以及前期的项目活动方案策划，专业社工团队很好地展现了他们的专业素养，在社区工作人员面前成功树立起了权威形象。

与此同时，社区之间的竞争也让专业社工团队和社区的合作关系更为紧密。为了突出社区特色，社区工作人员与专业社工团队频频召开工作会议，探讨该如何开展项目。这个过程给了专业社会工作很大的实践空间：一方面，专业社工团队借此可以充分挖掘社区的需求，并将这些需求转化为社区可以提供的服务；另一方面，社区工作人员也更好地接纳了专业社会工作的价值和理念。

> 需要钱的居民，可以进一步了解是工作待遇问题还是正待业在家，这样可以为其进行有针对性的技能培训或链接资源等服务；需要儿媳妇的居民，可能是在发愁孩子们的婚姻问题，可以为其提供心理疏导、婚恋小组等服务。（专业社工）

只有满足这些最朴实的需求，才能展现社区善治的一面，也更能体现社区特色，进而实现社区整体的治理与服务创新。专业社会工作的专业性正是在这些不断推敲的社区活动中得到体现的，专业社会工作与社区之间的合作关系也在这个过程中变得更为紧密。

（二）项目合作的中后期：行政吸纳专业

但是良好的合作关系和拥有充分自主性的专业服务状态在短短2～3个月后发生了重大变化。在取得民政局、街道和社区所需要的初步成果后，尤其是省里专家组中期验收通过之后，专业社会工作和街区权力之间的关系转为"行政吸纳专业"，社会工作服务的专业自主性遭到极大压缩。

1. 理念分歧与目标偏离

随着项目的推进，专业社工团队和社区之间很快出现了分歧，双方之

第四章 专业自主性：社会工作与街区权力的关系

间合作关系的变化显而易见。首先，专业社工团队的意见很多时候并不被社区重视，相反，社区会要求专业社工团队按照他们的要求去完成一些行政性任务。这些任务在专业社工团队看来完全是为了满足社区自身的政绩需求，而不是为了达到项目效果，但为了项目更加顺利地进行，专业社工团队选择调整团队的方案，并适当地去配合社区完成一些街道下达的任务指标，加入更多符合社区短期发展的元素活动，例如各个社区的"门前三包"示范街和示范小区。示范街成果创建起来以后，对于社区来说，就有了具体活动可以做台账资料，也就意味着有了一定的项目成效。如果说项目开展的前期，社区与专业社工团队的关系像是处于"蜜月期"，那么现在他们之间的关系开始变得疏离，社区对专业社工团队不再那么依赖，他们甚至有自己的想法，并不理会专业社工团队所提的一些关于项目开展的实质建议。专业社工团队与社区之间不可避免地在理念上发生了一些争执。

关于理念上的冲突，我举个例子，之前 QH 社区做了环保捐赠活动，我们的意思是有两个渠道：一是捐助，即无偿的；二是积分积累，即捐多少给多少积分。他们说，一是给积分，二是给钱；不然就没有人会来参加。他们有一种根深蒂固的思想：居民都是被动的，只有给物质才能吸引他们。活动设计得再好也不会有人来参加。因为社区工作人员不信任居民，不相信居民会参与自治，所以，就不让居民自治了。他们之前的志愿者队伍都是有补贴的，而他们的志愿者队伍也是为了应付上头检查而建立的。社区工作人员认为，本身开展的活动很无趣，只能用钱吸引居民（即志愿者队伍）参加。社区书记原话是，没有好处他们是不会来的，素质高的只有几个而已。另外，在活动开展上，他们需要的是成果照片，主要展示给领导或者参访者看。所以活动开展得非常随便，拍几张照片，就是开展活动了。而我们需要的是真正的成效。这表明他们对活动理解有误。（专业社工）

长期的本土实践经验让社区工作人员对社区居民和社区活动有一套自己的理解。在他们的观念中，社区居民如果没有物质激励是难以动员的，社区居民要有很高的素质才会参与社工策划的专业活动。而从专业社工团队的角度来说，动员居民主动参与、提升居民参与能力正是该项目需要达到的最终目标成效。理念不同，两者的行事作风也不一样。无论出发点基于何种考虑，社区的做法往往只实现了它对工作绩效的追求，而对于更深层次的专业目标，它既不理解，也不打算多做努力。这一点在项目前期各个社区示范街创建的过程中体现得尤为明显，按照专业社工团队的构想，示范街的创建目标是通过志愿者巡逻服务引导居民和经营户共同参与社区治理。对于经营户来说，如果他们达到"门前三包"要求，则由志愿者为其在"时间银行"中存入积分，积分可以用来兑换微公益超市提供的物品和相关服务。但这一创建目标在后期的实践过程中发生了偏离。首先，这项活动是出自社区对商业街行政管理的要求，尽管专业社工团队在策划方案的时候尽力地融入社会工作理念，但力量式微，示范街的创建最终与整个项目的主题显得并不那么贴切。其次，街道领导提出要以积分兑换荣誉为主，于是社区执行的时候就具体操作为给积分最多的商户授予文明经营户的荣誉称号，这么做显然无法实现专业社工团队让资源与服务流通的设想。专业社工团队就活动开展的专业性进行过抗争，例如他们提出为评上文明经营户的商户提供一些社区便捷服务，以此来体现项目治理与服务创新的理念，但最终社区的做法还是只有评比而无其他。

2. 专业弱化与行政强化

在这个由专业社工团队和社区共同合作开展的试验区项目里，专业社工团队希冀能保持其专业自主性，而社区则有自己的一套行政管理策略，理念上的冲突是双方合作关系发生变化的一个明显表现。除此以外，在很多时候，专业社工团队是不满意社区所开展的一些活动的，认为他们的活动十分形式化，没有真正达到项目成效。最直接的体现在于社区喜欢将项目与社区原有的活动挂钩，比如每个社区都有老年大学，每次老年大学举办相关活动的时候社区就为其标上"时间银行"的名义，再配上文字和活动照片，在社区工作人员看来就可以是项目成果了。这在专业社工团队看来十分形式化，社区工作人员并没有真正组织社区居民开展促进社区治理与服务创新的活动。从以下两个不同阶段的活动中可以清晰看到社会工作的参与力度。

某某社区组织开展闲置物品交换活动，居民带来家中闲置物品，现场还有志愿者为老年人提供义务理发服务，活动后工作人员为参与居民及志愿者储存"时间银行"积分。（活动一）

第四章 专业自主性：社会工作与街区权力的关系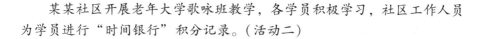

某某社区开展老年大学歌咏班教学，各学员积极学习，社区工作人员为学员进行"时间银行"积分记录。（活动二）

诸如此类的活动进一步加剧了双方合作关系中专业弱化与行政强化的现象。专业社工团队也因此陷入对自身专业性的怀疑中，并开始进行自我反思，意识到他们与街道、社区之间存在诸多问题。尽管社区的这种做法吸纳了很多社区居民参与进项目中来，但在专业社工团队看来，那也只是空有数据罢了，他们希望能够达到的项目成效远不止如此，他们更希望这些被吸纳进项目中的社区志愿者能够真真切切地参与到社区治理中来。总结起来就是，社区工作人员觉得自己已经开展了项目相关活动，但专业社工觉得他们做得空有名义而没有体现社会工作专业性。实际上，有不少社区把与专业社工团队合作的项目当成了一项行政任务。

3. 专业服务项目的行政转向

不止于此，随着项目的进行，有些社区对开展项目的积极性下降得十分明显，接连几周在工作会议上汇报的内容都没有什么进展。在专业社会工作专业性与地方行政力量相博弈的过程中，专业社工团队尽可能去配合社区完成一些行政化的需求，以此寻求双方更好的合作，但社区对于专业社工团队提出的建议和整个项目的理念往往选择性地接受。在推进工作的过程中，有些社区比较积极，有些社区积极度一般，专业社工团队尽量使几个社区的工作进度保持差不多的水平，相互学习和借鉴，同时凸显每个社区独特的部分。有的社区在拥有前期一定的活动基础后便开始懈怠，有停滞不前的趋势，对于专业社工团队所提出的创新意见采取忽视的对待方式。

我已经找过 HS 社区的书记好几次了，打电话跟他说，书记，我把活动方案发给你了，你看一下，如果没什么问题的话，我们这周就按这个开展活动。可是他挂了电话以后根本没看活动方案。工作人员没办法自己去开展活动，他们都得听书记的，书记发话了才能去做。可是我已经跟书记沟通了好几次，他就是不理我，他在忙别的（社区）事情。

他们不来找我们，而我们已经把方案都给他们了，跟他们讲过思路，也建议过怎么开展社区活动。我们的工作已经做了，具体活动是要社区工作人员去开展的。如果他们觉得方案不好，或者有自己的想法，应该主动跟我们团队沟通。我们要负责好几个社区，不是他们社区的工作人员，不可能一直待在他们社区，但社区把我们当作他们的工作人员，一直在等我们去开展活动。（专业社工）

在专业社工团队深感社区做事行政化的时候，社区工作人员对于项目推进的态度愈来愈表现出积极性下降的趋势。专业社工跟社区工作人员讨论完活动方案以后，活动迟迟不开展是常有的事情。这里要提及一下专业社工团队的人事安排，每个专业社工同时要负责3~4个社区的项目运作，这就意味着专业社工每周在一个社区待的时间是有限的，可能只去一次或者两次。于是有的社区书记反过来向机构项目主任指责专业社工去他们社区的次数太少、待的时间太短，对他们社区不够尽心尽力，他们想要专业社工替他们开展活动。于是机构项目主任开始加强对专业社工团队的管理，要求专业社工每天汇报在各个社区的工作内容和进度安排。但这样做并没有起到推进项目的效果，反而引起了专业社工团队的不满。在专业社工看来，他们给社区撰写了活动方案，也一起召开过社区会议，讨论过活动的每个细节，包括活动的特色和理念，社区只需要照着方案开展活动即可。

我们的工作是没有问题的，如果这之间出现了问题，那可能是沟通或者社区出现了问题。有一件事让我很生气，我把活动方案发给DY社区工作人员小陈以后，一直没收到他的反馈意见。我用的是微信，下午还看到他发朋友圈了，这说明他肯定收到了活动方案，但是他假装没看见。如果社区工作人员工作懈怠，我们社工再积极也没有用。（专业社工）

相较于合作前期社区的急功近利，这时候的社区明显积极性下降，并出现了社区工作人员懈怠的问题。这更显得社区与专业社工团队之间貌合神离，大家似乎都在做一件事情，社区觉得自己该做的都做了，专业社工团队则觉得社区做得还不够，活动都不见成效，怎么能说该做的都做了？

综上所述，专业社会工作与社区的合作关系经历了一个明显的变迁现象，通过对两个阶段的特征描述，可以清晰看到专业社会工作与社区在这个合作关系中各自的变化过程。专业社会工作从权威象征到权威失效，它的专业性在项目推进过程中被行政力量抑制。社区的变化过程就更丰富

第四章 专业自主性:社会工作与街区权力的关系

了,质疑专业社会工作、工作积极性下降、行政强化等都是在合作关系中不配合一面的表现。

五、行政发包制与专业自主性变迁

本案例的实践表明,专业社会工作介入社区治理中以后运用其专业能力,在社区引入"时间银行"模式,并以"时间银行"和微公益超市为载体开展社区活动,其最终目标是促使社区居民参与自治。看起来这种做法只是专业社会工作方法的一种应用,它的出发点、理念、技巧等都体现出了浓郁的社会工作专业色彩,但其实专业社会工作的介入在某种程度上挑战了我国长期以来自上而下的行政体系运作逻辑。正如周黎安在讨论国家治理制度特征时所说,普通公民参与国家治理和表达权力诉求的机会有限。[①] 同样的道理,社区工作人员并不相信社区居民可以参与自治。这体现在街区推行项目开展时的一些具体做法和行为中。我们也由此看到,专业社会工作介入街区治理实际上困难重重,面对行政管理体制根深蒂固的街区,专业社工团队的自主性显得如此脆弱。与行政管理力量相博弈的专业社会工作不得不承认自己的弱势地位,将其一部分专业自主性让位于街道和社区对政绩考核的需要。

面对这样的现实困境,专业社工团队和社区都出现了困惑:双方明明一直在积极地寻求合作与配合,为什么在推动项目的时候成效不是很明显?专业社会工作似乎并没有完成它的使命,社区也并没有实现其治理与服务创新的目标,甚至专业社工团队与社区之间的合作关系变成了一种貌合神离的疏离状态?对此,专业社工团队和社区双方都进行过沟通和反思。就项目的运行情况来看,上级政府对试点社区的创建成果是满意的,这说明双方的工作都符合项目考核方的要求,但双方这种疏离的关系并未得到改善。如果不是专业社工团队的工作出现了问题,也不是跟社区存在沟通不良的情况,那么是什么致使在合作关系中专业社会工作权威逐渐失效,而街道的意志占据主导地位呢?我们由此意识到,街道和社区之间的内部互动所构成的街区行政运作体系实际上对专业社会工作与社区之间的合作关系产生了重要影响。

---

① 周黎安. 行政发包制 [J]. 社会,2014 (6):1-38.

周黎安在比较韦伯意义上的科层制和企业理论中的外包制的基础上提出了"行政发包制"理论模型，以解释长期以来我国政府间关系和治理呈现的复杂特征。"行政发包制"作为一个政治领域的分析型概念，它对应的是政府行政治理关系中的发包现象，其基本内涵是，在一个统一的权威之下，在上级行政组织与下级行政组织之间嵌入了内部发包的关系。换句话说，就是在政府组织内部实行发包制，政府事务通过上级政府与下级政府层层发包，最终形成发包方、承包方对应发包制关系。上级政府对下级政府实行行政发包制，是为了在降低治理成本的同时又能控制风险。①

行政发包制的具体特征可以从行政权分配、经济激励和内部控制三个维度来理解。第一，从行政权分配来看，中央政府通过层层发包的方式，将任务目标分解下达给地方政府，这些任务目标的形式通常是一些量化的指标。它表现出来的特点是中央政府拥有对地方政府的控制权，但地方政府也拥有很高的自主性去实施上级政府制定的任务和目标。第二，从经济激励来看，上级政府往往实行的是财政或预算包干制，这就是说，下级政府往往需要自己去筹集资金或者资源来增加收入，即是一种"强激励"的制度。② 第三，从内部控制来看，这主要是指一种结果导向的考核和控制方式。作为一种国家治理制度，行政发包制往往运用在一些公共服务领域，如社会组织发展、扶贫和环境治理等。③

尽管行政发包制主要是一个描述行政体系内部运作的理论，但是正如该理论的提出者周黎安及其合作者所指出的那样，这一理论对社会组织的发展同样具有重要的解释力。正是行政系统内部的"层层发包"，让基层政府在"政绩激励"和"风险规避"中左右腾挪，而基层政府行动逻辑选择的倾向性对包括专业社会工作机构在内的社会组织的发展产生着重要影响。④

看起来，专业社会工作在介入街区治理时，街道和社区是一个统一

---

① 周黎安. 再论行政发包制：对评论人的回应 [J]. 社会，2014 (6)：98 – 113.
② 张静. 行政包干的组织基础 [J]. 社会，2014 (6)：85 – 97.
③ 黄晓春，周黎安. 政府治理机制转型与社会组织发展 [J]. 中国社会科学，2017 (11)：118 – 138，206 – 207；李汉卿. 行政发包制下河长制的解构及组织困境：以上海市为例 [J]. 中国行政管理，2018 (11)：114 – 120.
④ 黄晓春，周黎安. 政府治理机制转型与社会组织发展 [J]. 中国社会科学，2017 (11)：118 – 138，206 – 207.

第四章 专业自主性：社会工作与街区权力的关系

体，都是专业社工团队的合作对象，但在项目实际运行过程中，街道其实拥有对社区的行政控制权，决定着项目的发展目标和具体战略，而社区作为实际执行者，受到来自上级政府街道和专业社工团队的双重压力。其实，专业社会工作在通过政府购买服务参与社区治理的过程中，已经警觉到社区是一个行政化的治理体系，作为街道的下属管理单位，它常常受制于街道行政管辖。从上文关于L街道社区治理与服务创新试验区项目的实践经历中可以看到，专业社会工作在进入社区的那刻起便持守着它的专业性，警惕自身要避免陷入社区行政化治理的思维逻辑中，通过项目合作来协助社区实现其治理与服务创新的发展目标。但双方的合作关系在项目推进的过程中发生了明显的变迁现象，根据变迁前后不同的特征可以划分为两个阶段："蜜月期"和"分居期"。在"蜜月期"阶段，专业社会工作在合作关系中占据了权威形象，专业社工是以项目策划者的身份与社区建立起密切合作关系的，因此它拥有很大的实践空间去撰写项目方案。此时的社区积极性高，社区竞争激烈。但当社区有了一定的工作绩效后，社区工作人员的积极性开始下降并出现工作懈怠的问题，与专业社会工作的合作关系也进入"分居期"，出现专业弱化与行政强化的合作危机。

周黎安所提出的行政发包制作为一个分析型概念，有助于我们解释专业社会工作介入街区治理时合作关系发生变迁的原因。从本章案例中我们可以了解到，B省民政厅在承接国家中央加强社区治理与服务创新任务后，又将此任务目标逐级发包给了C市L街道办。L街道在承接该社区治理和服务创新项目以后，确立了项目总体目标和任务，并将该行政任务下达和部署给了街道所辖的11个社区。在这个过程中，街道对社区采取了指标化行政管理策略，社区必须应对来自街道的例行检查和考核任务，也必须完成来自省民政局的中期检查和成果验收任务。自项目运作以来，街道通过任务分解的方式，每周对社区提出新的工作要求，如创建示范区、完成一定指标的开户数量、项目宣传、开展社区活动等。在这一系列过程中，我们可以清晰地看到在街道和社区治理关系中行政发包制的特征，即政府上下层级之间任务分解下达和结果导向的指标化管理。下面笔者将从行政发包制理论视角出发来分析这种政府行政治理关系是如何影响专业社会工作与街区的合作关系变迁的。

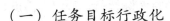

（一）任务目标行政化

为了更快地推进项目的开展，街道领导提出在试点社区先行创建示范区，实行"以点带面"的策略，让"时间银行"的理念在社区居民中普及起来。这个提议的出点发是好的，获得了专业社工团队和社区工作人员的一致支持。双方立即开始筹建相关事宜，并且为了突出社区特色，专业社工团队为每个社区策划了不同的示范区创建方案。以 QS 社区为例，专业社工团队为该社区策划了 B 示范街创建方案，结合商户的"门前三包"任务，引导社区居民成立志愿者巡逻队伍，主动参与社区治理。但这项活动在一步步进行的过程中逐渐偏离主旨，专业社工团队无可奈何地意识到，在示范街创建过程中起到更多作用的是社区行政力量，而不是专业社会工作的方法和技巧。示范街的活动本身需要从两个方面去审视：一方面，作为一个社区的示范点，它起着"以点带面"的宣传作用，也是专业社工和社区合作开展的第一个社区活动，是展现社会工作专业性的重要途径；另一方面，示范街最终的活动内容和"我来当家"社区治理与服务创新项目的主旨并不贴切，专业社工团队觉得这是一项带有行政化色彩的社区活动，并不能很好体现社会工作的专业性。

先把示范街创建起来，把乱停车、乱摆摊现象给整治了。如果商户不配合，你们社区工作人员就要积极去做思想工作。就像我们那时候搞拆迁，有户人家不肯，我们天天去跟他谈，最后也谈下来了。你们创建示范街也一样，遇到钉子户，再难也要攻克下来。（街道书记）

我们让经营户都开户，给他们记积分，积分兑换荣誉。经营户最想要的是荣誉，积分多的由社区授予文明经营户的荣誉称号，这样对他们做生意也有好处。（社区书记）

于是这项本应以引导社区居民和经营户共同参与社区治理为主旨的示范街创建活动变成了一项下达给社区的整改商业街乱停车、乱摆摊现象的行政任务，并且实际做法简化成了积分评比活动，每个月由社区依据积分评比出文明经营户，同时授予其锦旗。尽管许多商户持有怀疑态度，认为让他们打扫卫生进行积分评比不甚合理。与此同时，专业社工团队也在反思自己的专业性，甚至和商户有相似的想法，认为以"门前三包"来宣

第四章 专业自主性：社会工作与街区权力的关系

传教育保护环境、爱护社区的理念非常好，但以此来要求商户参与并开展积分评比并不合适。每个月商户都要向社区交付卫生费，由专门的保洁人员来打扫，但社区要创建示范街，商户们也只能配合完成工作。实际上，最终的活动成效仍然是经由社区行政力量干预才见效的，专业社会工作在其中发挥的功能微不可见。

在这个（示范街）巡逻服务当中，我们引导社区居民主动去巡逻。但等到中后期，在一个商户微信群里，有商户提意见：我这个东西放得好好的，你非要来给我打分，说我违规，这里不能放东西，那里不能停车，但停车的是客户，我作为商家如何去管理。这个是我当时觉得比较严重的一个问题，我不知道怎么去解决它，因为他们本来就不应该占道经营，但是我们给了他们评比积分，问题暴露出来以后，他们反而来怪罪我们。其实商户们不把东西拿进去，我们扣分对他们也没有影响。这一点，我觉得不是我们社工可以影响的，很多社区的建设还是需要行政力量的。有一次，我们晚上去吃烧烤，连烧烤摊都不让摆了，我们当时以为是示范街创建的功劳，后来才知道是国家要来检查才这样，所以示范街的成效是跟行政力度挂钩的。（专业社工）

街道在看到示范街"门前三包"有了成效之后，进一步提出要规范商户经营，于是社区请来城管部门协助管理示范街乱停车、乱摆摊现象，具体做法有规划停车位、文明经营劝导等。文明经营户评比活动每月开展，并作为该项目的重要成果呈现。

上述过程体现了街区治理中行政管理的特征，社区作为基层自治组织，实际上受街道办事处的领导管辖。社区实际上拥有很大的自由权去完成街道布置的任务和目标，但由于最终考核与检查只能依赖于例行工作汇报以及一些台账资料，故项目实际运作过程往往流于表面和形式化。至此，示范街创建的目标已然发生偏离，社区工作人员依然代替社区居民和经营户成为社区治理的主体，社区治理依然是行政管理而非居民自治。另外，积分兑换荣誉的做法也无法实现专业社工团队让资源与服务流通的专业目标。我们也由此看到，当街道下达的任务与专业社工团队的专业目标不一致的时候，项目目标就会发生偏离，致使专业社工团队和社区的合作关系发生变迁。

(二) 必须完成的量化指标

从项目运行的实际情况来看，专业社工团队在承接项目初期最重要的一项工作就是写社区活动方案策划书，并以此作为项目运行和开展的根据。从项目本身来说，它的最终目标是实现社区治理和服务创新，促进居民参与，这也是专业社会工作介入街区治理一开始就树立的使命。专业社工团队将社区活动方案撰写出来以后，落实的工作就交给了社区。在街道召开的工作汇报会议上，专业社工团队发现他们的很多想法同街道层面的想法有出入。比如给居民在"时间银行"开户这件事，专业社工的想法是居民参与之后给他们开户，记录服务内容和时间，但是这件事情交给社区去做的时候就变成了今天给志愿者、网格长、片组长开户，明天给文艺团、听讲座的人开户。于是汇报的内容就变成了哪个社区居民开户的数量多，哪个社区的工作进度就快。街道领导听完汇报以后不仅没有纠正社区的做法，反而肯定了这样的工作成效，他要求社区每周都要有新的居民在"时间银行"开户。这样一来，社区的做法就愈发偏离专业社工团队的出发点，他们急于完成上面下达的指标要求，至于这件事本身的意义，似乎不那么重要了。专业社工团队不止一次提出开户要实事求是，最重要的是通过后续的活动促进居民参与，但这些专业建议显然不敌来自街道的要求。在一段时间内，社区不断地追求居民开户数量，而不去关注具体的服务活动，有的社区甚至不惜谎报开户数量。这与专业社工团队的初衷是相违背的。

> 我们的目标是调动居民的积极性，使居民主动参与到社区自治中，所谓"我来当家"就是居民当家做主，他们既是服务的提供者，又是服务的使用者。不开展服务活动就给居民开户，有些偏离我们的最终目标。（专业社工）

社区工作人员并不是不知道自己的做法跟专业社工团队的要求不一致，但他们也别无选择。为了准备应对8月初的中期评估检查，街道领导要求各个社区在最短的时间内拿出成果来，这导致每个社区都十分紧张，而居民开户数量就是考核指标达成度最直接的体现。

我们创建"时间银行",给居民开户,在我看来,开户就应该按实际情况来,他们参加了活动,给社区提供了志愿服务,我们就给他们开户。可是现在各个社区为了完成上面的任务,大家都变了。(社区工作人员)

面对专业社工团队的建议和来自上级的指示要求,作为执行者的社区也有些两难,但这并不妨碍他们优先去完成那些任务指标。"街道要求这么做。"于是专业社工团队的活动建议被社区应付了事,更严重的后果是,当街道的要求与项目的要求不相符时,项目的进程就被打乱,因为社区会优先完成街道布置的任务,这让专业社工团队无计可施,很多时候只能去配合完成社区的任务。直到被告知原本定在8月份的中期评估检查推迟了,街道才遵循专业社工的意见,让社区放慢节奏,将重心转移到项目主题上,把台账充实起来。专业社工团队借此积极地协助社区开展一些促进居民参与社区治理和志愿服务的活动,取得了一定成效。

在行政发包制理论视角下,我们看到专业社会工作通过政府购买服务介入街区治理的过程中,社区在很大程度上把这个社区治理和服务创新项目当作一个行政任务看待。街道下达任务以后,尽管其对社区有着控制权,但社区作为实际执行者仍然有很大程度的自主空间去实施上级下达的任务。而在项目任务与目标分解下达的过程中,街道对社区采取了一贯的管理策略,用各种量化的目标来要求社区完成。如果社区不能完成这些任务目标,就会影响其工作绩效考核,在与其他社区的竞争中就会处于劣势。这种量化的目标责任制使专业社会工作在合作中被迫牺牲一部分专业自主性,而不得不配合社区完成一些行政任务,从而弱化了其专业地位。

(三)结果导向的考核和验收

专业社工团队在最开始接手这个项目的时候,有一个中期评估的要求,时间就在8月底9月初,项目实际开展时间只有两个月左右,这还包括前期需求调查评估和项目宣传。专业社工团队要在这两个月时间里做出一定成效,每天都面临很大的压力。因此,专业社工团队和社区从一开始就在和时间赛跑,一直在赶进度。按照专业社工团队的构想,当然是要求社区扎扎实实地开展一些活动,让社区居民切实参与进来,以彰显其专业性。但为了今后更好地实施工作与管理项目,专业社工团队选择牺牲一部分专业自主性,在初期积极配合社区完成一些行政化的目标。这样做的结果当然有好的方面，但随之而来也暴露了更多问题：宣传不到位，居民参与率低下，社区之间为了竞争，很多活动没有落实完成就开始汇报工作成效，使很多台账资料都是虚的，只是一本本好看的"空有数据的台账"。

我们发现一个问题，各个社区似乎专注于开户的数量，但是实质上台账里的内容却是空白的，这显然是不对的。在之后的工作中，我们应当将工作重心转到填充账本内容上来，这就必须让每个社区有切实可行的活动，让居民切实参与进来，让他们能够不断获得积分，保持信心与热情。（专业社工）

专业社工团队意识到问题之后，尝试把专业社工的工作理念、该项目的最终目标转化成各个细节融入符合社区要求的活动中，试图保持岌岌可危的专业性，可专业社工团队的自主性抗争在街区行政化管理面前显得十分无力。项目组因此调整了策略，决定不再随社区之间的竞争节奏走，而是按照他们最初制订的计划步骤来进行。但这样做的成效依然很小。首先，社区本身对于很多问题的理解是与社区治理和服务创新项目的主旨有所偏差的，追溯其根源，一是沟通问题，二是社区本身对待该项目的态度有问题。其次，街道作为领导没有做正确的倡导，而社区主要听从街道的指导。在每周工作会议上，专业社工团队多次提出要充实台账资料、避免形式化的建议终于引起了街道的重视。

你们要做出实效来，空有数据不行，我们要看到项目成果。示范街创建起来了，其他的活动也要开展，每周都要有新的工作进度。（街道书记）

在实际工作中，社区工作人员对待项目的态度很大程度上受街道领导的影响。对于社区来说，这个项目不仅仅是为了帮助他们提升社区治理和服务创新水平，还是一个争政绩的手段。街道提出每个社区每周都要开展新的活动，社区工作人员又开始积极找专业社工团队一起探讨活动方案。专业社工团队也觉得这是他们将工作重心纠回正轨，发挥专业能力、重拾专业自主性的契机。但由于街道对社区的最终工作绩效只能通过工作汇报、例行检查进行考核，故社区的实际做法存在很大的通融空间。对于社区来说，只要有活动照片和台账资料，他们就能应对来自上级政府的检查和考核，这种思路让很多社区的活动流于表面和形式化，导致实际执行过程偏离专业社会工作取向。于是社区频频将自己社区内一些没有关联的活动或者事务挂上项目的名义，作为工作进度向街道汇报。

如果结果能够通过考核，实际的执行过程就会显得不那么重要。如果要严格按照专业社会工作的理念方法来进行社区治理，那么社区工作的效率就会大打折扣，这对社区来说是难以接受的。两相权衡，社区会选择这种不专业但能看到工作绩效的执行策略也就不难理解了。换句话说，专业社会工作和社区合作关系的强度背后是基于对这种结果导向的考核制度的衡量。

六、结论与讨论

专业社工团队带着它的使命进入社区，希望凭借其专业能力让项目真正落地，不仅使社区实现其治理和服务创新的项目总体目标，让社区居民真正当家做主，参与到社区治理中去，而且要彰显其专业本色，实现其自身发展的专业目标。然而在这个政府购买服务的案例中，我们认识到专业社会工作本土化的实践不可避免地面临一些现实困境。从"蜜月"到"分居"，在对 L 街道社区治理与服务创新项目的购买服务案例中，我们清晰地看到专业社会工作和街区的合作关系发生了一个变迁现象，在专业力量与行政力量相博弈的过程中，专业社会工作在项目初期所展现的权威地位和专业优势逐渐被削弱，其专业自主性受到抑制。为了更好地寻求合作，专业社工团队选择配合完成一些满足社区政绩需要及行政任务的工作，但这样做的后果是进一步加深了专业弱化与行政强化，两者的合作关系陷入"分居期"。

街区治理行政化似乎不仅仅是本章案例项目中存在的一个巨大问题，以任务分解下达和指标化考核为特征的街区行政治理关系更是影响专业社会工作和社区之间合作关系发生变迁的深层原因。从行政发包制理论视角出发来看，首先，在街道对社区进行任务分解下达的过程中，街道作为领导者，对理念的理解出现偏差，行政目标一度挤走了专业目标，致使社区在执行任务过程中偏离社工团队理念。作为专业力量介入街区治理的专业社会工作一时之间并不能改变街区行政治理的逻辑，街道与社区始终占据了治理的主体地位。其次，社区对上级领导制订的任务目标与指标要求往往会积极配合完成，但由于财政及时间、人力等额外成本的限制，社区并不会严格按照专业社工团队的建议去执行。最后，专业社会工作和社区合作关系的强度背后是基于社区对结果导向的考核制度的衡量。

从专业社会工作的本土化实践来看，行政发包制下专业社会工作似乎难以和社区建立互惠型的合作关系。无论作为项目策划者，还是作为一线执行者，专业社工团队在与街区的合作中一直在努力捍卫自己的专业性。需要关注的是，试验区项目运作数月以来，街道对各个社区的成果验收是满意的，认为社区治理有了很大的提升与进步。尽管对于专业社会工作来说，这种程度的项目成效远远未达到其自身发展目标和专业目标。专业社工团队试图在街区治理中平衡自己的位置，它既希望能满足社区对治理的需求，提升本土社区工作人员的专业能力，又希望能够通过其自身的专业能力推动或者优化整个街区治理的管理效率。社会工作作为一门被赋予促进社会善治使命与意义的专业，理应在街区治理中发挥更大的价值。

第五章　专业认同与职业选择——以专业实习为例[①]

社会工作专业实习是考察社会工作职业化的一个绝佳窗口。一方面，社会工作专业实习是连接理论学习和专业实践的桥梁，而且在社会工作教育体系的设置中，专业实习往往安排在理论学习全部结束之后，因此，社会工作专业实习可以总体检验社会工作人才培养与职业需求之间的匹配程度。如本书第二章所述，专业技能是社会工作职业化的必要条件，而且为职业空间和职业自主性提供技能基础，而社会工作专业实习就是一个总体检验职业技能的机会。另一方面，社会工作专业实习又与社会工作受训者的职业选择高度相关，在紧迫情境中，社会工作专业的实习生做出的职业选择对社会工作职业化具有重要影响。无论实习生通过实习体验选择坚守还是放弃社会工作职业，都表明了中国社会工作职业化的某些侧面。本章将以社会工作专业实习为例，着重考察中国社会工作职业化的第三个维度：专业技术。

一、问题的提出

社会工作专业的实务性和操作性决定了学生培养过程中实务培训的重要性。社会工作专业实习既是促进学生专业技能巩固和提升的关键步骤，也是一个将社会工作理念和价值与社会工作实践相结合的过程。社会工作专业实习是从社会工作教育到社会工作职业的过渡阶段，它既构成社会工作教育的内在组成部分，同时又在为社会工作专业学生的职业选择进行最后准备。因此，社会工作专业实习既是理论与实践的结合，又是教育与职

[①] 本章的共同作者为李棉管、岳鹏燕。本章部分内容曾以《专业认同的悖论：社会工作专业实习的意外后果——职业社会学的解释视角》为题发表于《社会工作与管理》2020 年第 2 期，收入本书时做了部分改动。

业的结合。① 尽管各个培养单位及研究者对社会工作实习专业教育目标的具体表述各有差别，但是总体上都是围绕以下几个方面展开：了解社会工作机构和社会工作职业的现状；实现社会工作理论、理念和实务的结合；强化学生对社会工作专业价值和职业选择的认知；等等。② 因此，无论是在专业价值观的进一步内化层面，还是在学生职业准备层面，增进学生的专业认同都是社会工作专业实习至关重要的培养目标。③

在一些实习评估和行动研究中，社会工作专业实习促进专业认同的假设得到了部分证实，如果社会工作专业实习的实习方案设计合理，那么以专业化、本土化和国际化为设计标准的社会工作专业实习会强化社会工作学生的专业理想④；将社会工作实习设计为从低到高的导入型、基础型、服务型和研究型多层次体系后，社会工作学生在逐渐接触实务的过程中能减少理念与实践之间的隔阂感，从而更容易接受社会工作专业和职业。⑤ 但是，更多的研究证明，社会工作专业实习的期待目标与实际结果之间似乎并不总是一致，表现为"在理想与现实间的徘徊"⑥，学生对实习过程和结果的满意度不高⑦，实习生通过实习所获得的专业成长有限。更为重要的是，实习生甚至还产生了对社会工作的专业性和价值观的质疑。⑧ 在

---

① 史柏年，侯欣. 社会工作实习 [M]. 北京：社会科学文献出版社，2003：1-2；史柏年. 学习与督导：中国情境下社会工作实习的双重功能：以四川儿童友好家园为例 [J]. 社会工作，2010 (11)：15-19.

② 史柏年，侯欣. 社会工作实习 [M]. 北京：社会科学文献出版社，2003：16-27；朱眉华. 在理想与现实间的徘徊：社会工作专业实习教育的反思 [J]. 华东理工大学学报（社会科学版），2000 (1)：91-94.

③ 黄红，初智巍. 社会工作专业实习的现实困境分析 [J]. 黑龙江高教研究，2009 (7)：34-35；孙元. 社会工作专业实习教育探讨. 教育评论，2011 (2)：39-42.

④ 贾晓明，刘颖. 社会工作专业专业实习体系的研究与实践：以北京理工大学为例 [J]. 北京理工大学学报（社会科学版），2009 (3)：137-140，144.

⑤ 周军. 高校社会工作专业实践教学模式研究 [J]. 中国青年政治学院学报，2010 (2)：140-143.

⑥ 朱眉华. 在理想与现实间的徘徊：社会工作专业实习教育的反思 [J]. 华东理工大学学报（社会科学版），2000 (1)：91-94；杜立婕. 在理想和现实之间徘徊的社会工作实习教育 [J]. 社会工作，2004 (3)：47-50.

⑦ 谢颖. 广州地区社会工作专业实习学生满意度分析 [J]. 社会工作下半月（理论），2009 (10)：35-37.

⑧ 刘煦. 认同缺失背景下社会工作专业实习教学的思考 [J]. 中国成人教育，2013 (16)：166-168.

此之前，大多数研究关注社会工作专业实习教育本身的质量，然而本章更聚焦于实习教育对社会工作学生专业认同的影响。本章起源于笔者在访谈和参与观察中所发现的专业认同悖论：一方面，社会工作专业实习培养了实习生对专业知识和价值观更强烈的认同；另一方面，实习生却对社会工作职业产生了更强烈的逃离的想法。"非常认同社会工作专业，却不愿选择社会工作职业"这一典型的悖论现象需要得到解释。基于以上的文献和观察发现，本章的问题意识是：社会工作专业实习带来的认同悖论现象是如何产生的？

二、文献综述与研究设计

（一）文献综述

专业实习不同于普通的社会服务或社会实践，是运用专业知识解决专业问题的过程，是内化专业价值观的过程，是专业理论知识与现实情境结合的过程，也是一个重要的职业准备过程。① 然而，社会工作专业实习在较普遍的情境中常常表现出"事与愿违"的结果。对于这一问题，学术界大致形成了两种研究视角：内部视角和外部视角。

内部视角试图从社会工作教育本身来解释社会工作专业实习导致专业认同削弱的原因。从身份上看，尽管社会工作实习生已经在事实上进入了社会工作实务服务的真实情境中，但是他们本质上还是学生。因此，专业实习仍然是社会工作教育的一部分，而社会工作教育的过程、资源和模式会对专业实习的效果产生重要的影响。社会工作本身的实务性和操作性是一个专业共识，但是社会工作教育中却呈现出"重理论轻应用"或"重学术轻实务"的矛盾现象。② 大量的研究对实习教育问题的分析主要集中在学生培养过程中对实践教学的忽视、实习基地建设滞后、实习制度建设不规范、实习经费保障不足等方面。③ 有研究提示，在影响学生实习满意

---

① 王思斌. 社会工作概论 [M]. 北京：高等教育出版社，2006：385-386.
② 史柏年. "中国社会工作专业实习教育与发展"笔谈 [J]. 浙江工商大学学报，2011（4）：85.
③ 卢时秀. 浅析高校社会工作专业实习的问题与对策 [J]. 湖北经济学院学报（人文社会科学版），2008（5）：189-190；李伟梁，库少雄. 社会工作实习与督导 [M]. 武汉：华中科技大学出版社，2012：177-185.

度的因素中，学校老师和督导的影响更大，而实习机构的影响相对较小。①而教师和督导之所以容易对学生产生负面的影响，大体上根源于中国社会工作发展的两个先天缺陷：一是大多数教师缺乏系统的专业训练；二是大多数教师缺乏专业实务经验。②经过30年的发展，中国社会工作发展的前一个问题已经在较大程度上得到化解，接受过系统训练的教师比例有了较大提升；但社会工作专业师资的实务经验仍然是一个比较突出的问题，集中表现为督导者经验的缺乏和督导活动的实质性缺失。③

在中国社会工作实习教育中，上述难题严重影响了实习的效果，调查显示，仅有一半左右的学生表示社会工作专业实习有助于提升他们的专业技能④，这就意味着相当数量的社会工作实习生认为原本用于提高专业技能的专业实习教育在很大程度上是低效的。更为严重的是，作为职业准备的专业实习反而招致学生对社会工作专业性的质疑，成为导致潜在专业人才流失的因素之一。⑤从内部视角看来，由教育导致的问题只能通过教育本身去解决。一方面，加强社会工作实习教育的规范化建设是社会工作教育发展的核心任务之一⑥；另一方面，社会工作督导力量的培育和督导模式的优化也成为学术界讨论的重点。⑦

外部视角则更关注实习环境对社会工作专业实习教育的影响。作为连

---

① 谢颖. 广州地区社会工作专业实习学生满意度分析 [J]. 社会工作下半月（理论），2009（10）：35-37.

② 万江红，逯晓瑞. 从参与角色看中国社会工作实习教育的现状 [J]. 社会工作下半月（理论），2008（9）：7-9.

③ 童敏. 中国本土社会工作专业实践的基本处境及其督导者的基本角色 [J]. 社会，2006（3）：194-204，210；朱眉华. 在理想与现实间的徘徊：社会工作专业实习教育的反思 [J]. 华东理工大学学报（社会科学版），2000（1）：91-94.

④ 谢颖. 广州地区社会工作专业实习学生满意度分析 [J]. 社会工作下半月（理论），2009（10）：35-37.

⑤ 刘煦. 认同缺失背景下社会工作专业实习教学的思考 [J]. 中国成人教育，2013（16）：166-168.

⑥ 马良. 构建"实习、教学、研究"三位一体的社会工作实习基地研究 [J]. 浙江工商大学学报，2011（4）：91-93，85；费梅苹. "学校-政府-机构"合作互动的社会工作实习教学模式探讨：以华东理工大学社会工作系实习教学经验为例 [M]//马良，叶少勤. 社会工作实习教育与发展：本土化视角. 北京：社会科学文献出版社，2012：68-78.

⑦ 史柏年. 学习与督导：中国情境下社会工作实习的双重功能：以四川儿童友好家园为例 [J]. 社会工作上半月（实务），2010（6）：15-19；张敏杰. 联合督导在社会工作实习中的应用 [J]. 浙江工商大学学报，2011（4）：93-94，85.

接教育和职业的最后环节,社会工作的实习效果除了受到教育本身的影响以外,职业环境对实习效果的影响在一定意义上更为显著。中国社会工作发展过程具有"教育先行"和"专业化、职业化滞后"的独特路径①,社会工作职业化推进的缓慢导致了社会工作者缺乏社会认可的身份,这既影响了社会工作专业实习生实践工作的开展,同时也深刻影响了社会工作专业实习生对自己职业生涯的规划。社会工作专业的社会认同不足导致了社会工作实习教育的认知偏差,而这种认知偏差进一步削弱了包括政府、机构和学校在内各个主体对实习教育的资源投入,这种状况影响了社会工作专业实习的效果。②

与内部视角比较起来,外部视角的解释路径显然对社会工作职业化现状和专业认同之间的关系更为关注。中国社会工作的职业化发展目前存在两个突出问题,一是职业地位低下,二是从业待遇和发展空间有限。这两个问题不仅是社会工作专业人才流失的主要原因,也是弱化社会工作实习生专业信念的直接要素。③

总体而言,内部视角对实习教育效果的强调和外部视角对实习环境及职业化现状的强调构成了当前有关社会工作专业实习"事与愿违"结果的两种互补性解释,两种解释视角的结合提供了回答该问题的价值主义和物质主义两种解释路径。一方面,价值观的同一性是专业认同的前提,而专业价值的建立既可能通过社会工作教育而实现,也可能在实习环境中被强化或弱化;另一方面,在社会工作专业实习中所感受到的专业服务的低效能感和专业社会工作者的低获得感从现实意义上给社会工作实习生设置了职业选择的障碍。

本章并不打算重复内部视角和外部视角的解释,而是通过引入社会工作专业与国家治理的关系开辟新的解释路径。尽管这一解释视角不可避免与中国社会工作职业化存在更紧密的联系,但它本质上是跨越社会工作专

---

① 熊跃根. 论中国社会工作本土化发展过程中的实践逻辑与体制嵌入 [C]. 中国社会工作教育协会. 社会工作专业化及本土化实践:中国社会工作教育协会 2003—2004 论文集,2004,195-208.

② 刘煕. 认同缺失背景下社会工作专业实习教学的思考 [J]. 中国成人教育,2013 (16):166-168.

③ 李棉管,姚媛. 回报递增、体制锁定与中国社会工作职业化:一个历史制度主义的分析框架 [J]. 社会工作,2017 (1):25-35,109.

业教育和社会工作职业化的第三条道路。职业自主性和国家干预之间的关系是职业社会学的核心议题[①]，因此职业社会学将构成本章的分析视野。

(二) 研究设计

本章研究是一项质性研究，主要采用访谈法和参与观察法两种方法来收集资料。半结构式访谈是本研究最为倚重的资料收集方法，即设定访谈对象的实习经历、实习体验和专业认同的变化为访谈的核心问题，并由这些核心设问拓展到其他相关问题。这样一种访谈设计既能够满足研究聚焦的需要，又能够让研究者在访谈中期待意外信息。按照质性研究访谈对象信息饱和度的要求，本研究通过立意抽样的方法选取了 25 名已经完成毕业实习的社会工作专业学生。在访谈实施的时间段内，访谈对象的构成如下：16 名社会工作专业大学四年级本科生，5 名社会工作专业毕业已经参加工作的人员，4 名社会工作专业研究生。所有访谈均以一对一面谈的方式展开，每次访谈时间持续 1~1.5 小时。除了一对一访谈以外，本研究还采用了焦点座谈的资料收集方法，围绕毕业实习对专业认识和职业选择的影响，参与焦点座谈的 4 名社会工作专业学生分享了各自的看法。初次调查的实施时间是 2018 年 3—5 月，在此基础上，笔者于 2019 年 5—6 月开展了补充调查。

参与观察也是本研究采用的重要方法。笔者既是高校专业老师，又参与创建了一所社会工作服务机构，这样一种双重身份为笔者的参与观察提供了多维视角。同时，这种深度参与的状况也为笔者的研究提供了自省和自我观察的机会，探究专业督导和实习机构督导对社会工作专业实习生专业认同的影响。[②] 参与观察主要在实习督导过程中展开，通过观察社会工作专业学生的实习表现，笔者可以大致了解他们对社会工作专业价值、方法的理解和认同程度。

[①] 刘思达. 职业自主性与国家干预：西方职业社会学研究述评 [J]. 社会学研究，2006 (1)：197-221.

[②] 史柏年. 学习与督导：中国情境下社会工作实习的双重功能：以四川儿童友好家园为例 [J]. 社会工作上半月（实务），2010 (6)：15-19.

三、专业认同的悖论

与取得普遍社会认同的专业比较起来,作为新兴专业的社会工作不但在社会承认上存在较大的问题,即便在自我承认方面也处于需要被建构和强化的状态①,因此社会工作的专业认同到目前为止仍然是专业发展过程中的重要议题。

在专业认同的内涵上,学术界已基本取得一致。一般来说,社会工作专业认同是指社会工作学生接受自己作为本专业学生的事实,对社会工作专业、职业和行业持有正面的评价,并对将来从事社会工作职业有着倾向性的自我承诺。② 根据以上定义,笔者将社会工作者的专业认同操作化为两方面:表意性认同和工具性认同。这种类型划分与之前学者们所划分的价值性认同和工具性认同③既有相关性,又有一定的区别。表意性认同既包括对社会工作专业价值观的认同,也包含对社会工作专业知识体系的认同,这是一种与特定行为目的没有直接关联的认同,表达的是学生对社会工作专业一种纯粹情感意义上的欣赏和认同。而工具性认同则与特定行为目的或具体利益直接相关,具体可通过职业选择加以检验。

(一)表意性认同的强化:社会工作专业实习的正向作用

表意性认同的定义内在地包含两个子维度:一是认知维度,即对社会工作专业知识体系的认同,包括对理论、方法与技巧的认同;二是价值维度,即对社会工作专业价值观的认同。

与职业认同一样,对某一个专业的认知状况直接塑造了行动者对专业

---

① 王思斌. 走向承认:中国专业社会工作的发展方向 [J]. 河北学刊,2013,33 (6):108-113.

② 陈清丹. 社会工作专业学生对专业认同的调查:对北京地区三所高校的调查研究 [J]. 中华女子学院学报,2005 (S1):57-60;李国珍,徐乃斌,雷明珠. 社会工作专业学生对本专业认同感的状况调查:以武汉市为例 [J]. 社会工作下半月(理论),2008 (2):48-51;廖正涛. 社会工作专业认同感及其影响因素研究:以四川地区高校为例 [J]. 西南民族大学学报(人文社会科学版),2013,34 (11):187-190.

③ 吴建平. 从本科生的专业认同看我国社会工作专业的发展 [J]. 中国社会工作,2012 (5):28-30.

的自我定义,这是所有后续专业认同的基础[①],因此学生对社会工作专业的了解程度反映了专业认同的基础条件。社会工作专业实习不再是一个课堂上的虚拟场景,在真实的实务处境中,社会工作实习生必须将课堂上抽象、模糊的理论、模式和方法进行反思性操作。即便受到一些客观条件的限制,某些理想化的操作难以真正得到落实,但是这种反思性操作过程本身就已经强化了学生对社会工作理论、模式和方法的认知。访谈表明,社会工作学生在专业实习过程中深化了对社会工作实务知识的认同。在实习过程中见证社会工作专业知识、方法和技巧的学生,通过理论与实践的结合,他们表现出更加认同实务理论的特点。

实习的第一节小组活动前面部分还挺好的,但是我卡在最后的分享环节了。孩子们的分享内容很少,而且偏离了活动主题,我不知道怎样自然地引导大家分享与小组主题有关的内容。在场的督导提醒我可以试试"4F"分享原则,我采用了,通过"Fact、Feeling、Finding、Future",孩子们的思路被拉了回来,第一节小组活动顺利结束。从这件事情我发现,其实很多细小的实务技巧是非常有效的,只是我们作为初学者还不能分辨什么样的实务情境应该用什么样的技巧。(访谈对象编号:A[②])

实习时遇上了超强台风,机构采用危机干预模式介入,在短时间内与民政部门沟通并敲定了援助方案,把社工机构开辟为临时庇护场所,收留附近被台风影响的居民,安抚受灾居民,还给居民提供了简单的餐食和住宿。这一系列行动在一个上午就安排得差不多了,这让我对危机干预模式介入的及时性和有效性刮目相看。(访谈对象编号:C)

这些学生在参与专业实习时,通过连接理论知识与实务情境,加深了对二者的理解,见证了社会工作理论、方法的有效性,深化了对实务知识的认同。这一发现与之前学者们的结论相一致。部分学者发现,社会工作专业实习对实习生在专业理论和方法上的认知具有显著的作用,实习生参

---

① SAMIA C, BERNIE W, BOB H. Inter level influences on the reconstruction of professional role identity [J]. Academy of Management Journal, 2007, 50 (6): 151-153.
② 根据学术惯例,笔者对调查对象都进行了匿名化处理。

第五章 专业认同与职业选择——以专业实习为例

与专业服务的广度和深度对他们的专业认同有重要影响。①

表意性认同的第二个维度是对社会工作专业价值观的认同，表现为社会工作学生对社会工作专业的情感连接，在情感连接中起决定作用的是价值观念。它反映了学习社会工作的历程中个人对社会工作专业价值的认同情况以及由此衍生的个人从社会工作中所获得的心理上的安全感和情感上的满足感。

社会工作专业实习的实务情境使实习生摆脱了说教意义上的接纳、尊重、包容、同理心等抽象价值观的灌输，并真切感受到了社会工作价值观的独特魅力。这种情感共鸣首先可以通过社会工作从业者言传身教所传达的人格魅力而实现。

我的督导是一个特别温暖的人，她知道我从外地过来实习，在录用我为实习生后，她便开始为我寻找经济实惠的住宿地点。虽然由于种种因素的制约并没有找到合适的，但起码让我感受到了她的用心，感受到了机构的责任与担当。同事、督导身上的社工特质让我觉得社工真的能改变一个人，包括我自己也在学习社会工作的过程中变得宽容、有担当、温暖……实习期有加班，但我并不觉得这是多大的负担，因为我想和我的服务对象们接触，想为他们多做一些事。（访谈对象编号：M）

我们机构年轻的社工挺多的，年轻人在一起比较有共同语言。督导在实习期没怎么对我进行专业督导，我有问题一般都会求助和我年纪相仿的社工同事。虽然他们并不一定都是社会工作专业出身，但他们身上都有种我说不清的东西吸引着我，大概是我们平时所说的社工情怀吧。（访谈对象编号：C）

更为重要的是，社会工作专业实习提供了一个社会工作实习生直接接触服务对象的现实环境，当实习生真切感受到一种被社会需要的情感氛围时，其对社会工作价值观的认同将得到极大的强化。

课本上的文字都是空洞的、没有感情的。但是，当我和儿童、老人接

---

① 杜云素，徐前权，胡艳华. 社工机构实习对社工本科生专业认同的影响：基于对湖北省两所高校的调查［J］. 长江大学学报（社科版），2017，40（2）：112-115.

触,与他们互动时,我可以看到他们的笑容。从他们的笑容里,我可以清楚地感受到他们对社工、对我的肯定,在那一瞬间,我也会产生一种一直当社工的想法。(访谈对象编号:D)

有一次,我们在社区办外展活动,有居民经过我们活动的宣传摊位,我们和居民解释我们是社工,刚说出社工,他们立马就知道了,还说"我儿子经常去机构参加活动"。这种感受和我之前另一段实习中以发放礼物的形式吸引居民参加活动完全不一样。在这里,社工谈不上被认同,但是,有越来越多的人认识到社工这个职业,也有越来越多的人主动寻求社工的帮助。(访谈对象编号:H)

机构的活动面向社区所有人开放,那些打工者也能带着孩子来参加。这样的话,外来务工人员就能与当地居民有更多接触,对外来人口融入社区有一定帮助。我在想,如果我家所在社区能有社工机构进驻服务,那该是一件多么幸福的事情呀。(访谈对象编号:P)

社会工作学生在服务过程中感受到"社工被需要",社工有能力、有必要为这些弱势群体提供帮助,这坚定了社会工作学生对社会工作扶危济贫价值理念的确信。除此以外,这种被需要感还传递给学生一种信息,社会工作的存在是具有合法性的,让社会工作学生确信社会工作的价值。通过专业实习,大部分社会工作学生对社会工作价值理念的认同进一步加深,对社会工作的情感投入更多,达到了专业实习的目标。这一方面可能受到实践场域中各个主体的影响,另一方面,学生通过被需要感确认了社会工作的专业价值。①

(二)工具性认同的弱化:社会工作实习的负向作用

对社会工作专业的工具性认同反映的是社会工作学生在社会工作行业发展的意愿、在社会工作专业深造的意愿等。然而在职业选择方面,实习过程中及实习后的访谈均显示,愿意在社会工作领域继续坚持的实习生十分有限。在25名受访者中,只有2人明确选择从事一线社会工作服务,占比8%;虽有4名社会工作硕士研究生,且有4名大四学生准备报考社

---

① 吴建平.从本科生的专业认同看我国社会工作专业的发展[J].中国社会工作,2012(5):28-30.

会工作专业研究生,但大多表示仅仅出于规避跨专业考研的困难而选择社会工作专业研究生深造,换句话说,考取社会工作研究生仅仅是获取硕士学位的过渡性跳板;有多达 15 名访谈对象明确表达了离开社会工作领域的意愿,占访谈对象的比例达到60%。

社会工作专业实习这个真实情境让实习生在一定程度上观察到了政府文件和课堂讲授不一样的社会工作职业现实,对于"社会工作的春天姗姗来迟"有了更直接的体验,这种体验直接影响到实习生的职业选择。对于部分学生来说,放弃社会工作并非专业实习前的决定,而是通过专业实习看清了在社会工作领域发展面临的诸多阻碍,其中最突出的阻碍就是职业回报和职业晋升空间。

我也很想继续在社工行业发展,但是现实不允许呀。国家一边说大力发展社会工作,但一边社工的工资又上不去。一个月到手不到3500,刚工作也还行吧,反正现在大学生的起薪也不高。最关键的不是每个月到手没有3500,而是几年后别的专业和我同是起薪3500的人已经涨到月薪8000,而我可能还是月薪4000,我一个男孩子,我还怎么成家立业?(访谈对象编号:C)

而那些选择在社会工作继续深造的学生也未必会在将来的职业选择上坚持社会工作这条路,选择社会工作继续深造,是想通过研究生学历这个跳板跳出社会工作的圈子,获得职业发展更有利的位置。"继续学习社会工作是为了将来不做社会工作",这种典型的悖论现象在访谈中并不少见。

我考社会工作专业的硕士并不是因为我想在未来从事社会工作。实习经历确实让我发现了社会工作更多的可能性,但是在职业选择上我还是比较保守的。我以后回老家发展,社会工作对我并没有什么帮助,但是拿一个硕士学位可能会好一点,至少在职业起点上高本科生一点。既然要拿硕士学位,肯定首选本专业啊,其实也就是把社会工作当作我职业发展的跳板。(访谈对象编号:B)

严格来说,社会工作专业学生的择业选择并不一定是在实习期间做出的，可能是长期学习和评估过程中的累积性决策，但是，专业实习毕竟提供了一个体验性情境和紧迫情境。专业实习既提供了实习生体验社会工作职业环境的现实情境，又由于"实习—毕业"的紧迫性，学生不得不思考择业问题。

我虽然考取了本专业的研究生，但我将来可能不会从事社会工作这个职业。这是早在我本科实习的时候就已经想好的，现在也不会发生改变。在某种意义上，就是本科毕业实习的经历促使我做了这个决定。说实话，本科毕业实习带给我一些非常不好的体验，我亲眼看到社会工作者生活的艰辛、社会评价的低下和职业前景的不理想。还有，大量的纯粹文书性工作让我从内心深处产生了逃离的想法。我真心地尊重真正的社会工作者和社会工作专业，但我不会选择这个职业。（访谈对象编号：S）

总之，访谈材料体现出社会工作专业实习在专业认同建构中真实的矛盾现象：一方面，专业实习在表意层面上增进了学生对社会工作专业的认同，表现为实习生更清楚地理解和掌握了社会工作专业的理论和方法，并且更强烈地认同了社会工作的专业伦理和价值观；另一方面，社会工作专业实习使学生在择业决策上大多选择逃离社会工作领域和背离社会工作方向。认知和情感的强化与择业行为的弱化之间形成了鲜明的对比，构成一个需要解释的悖论现象。

五、知识强化、边缘性行政化与认同悖论

除了少量的研究从微观视角的人格结构、人际关系满意度、家庭支持程度等方面对专业认同和职业认同展开研究以外[1]，绝大多数研究均采用宏观视角来分析社会工作专业认同的困境，这代表了认同困境分析的主流视角。本章也将从相对宏观的视角来对专业实习带来专业认同的悖论展开分析，具体来说，本章将采用职业社会学的视角，从职业自主性以及职业与国家的关系等角度对该问题展开分析。

---

[1] 安秋玲. 社会工作者职业认同的影响因素 [J]. 华东理工大学学报（社会科学版），2010, 25 (2): 39-47.

第五章 专业认同与职业选择——以专业实习为例

（一）知识强化与表意性认同的拓展

在职业社会学领域，职业化首先被定义为，作为一个行业的从业者相比其他人而言具有更多的知识，尤其是相对于其服务对象而言，职业化的从业者意味着更专门知识的占有。[1] 从专业化的要求来说，这种知识不仅仅是零碎的操作技术，还是一个包含价值取向、理论模式和具体技术在内的系统知识。[2] 国外的职业社会学研究之所以主要集中在医生、护士和律师等行业领域，是因为这些行业的知识体系能够与"外行"保持清晰的界限。

中国的社会工作在努力成为一个职业或行业的过程中，将系统而专门化的知识体系的建构置于优先发展的地位，"教育先行，再谋职业"是作为社会工作专业后发国家的中国的基本发展路径。[3] "教育先行"意味着，在社会工作专业人才培养的过程中，首先通过科学研究和逻辑推演而获致的抽象原则，将潜在的从业人员从理论上武装起来，然后通过适当的时机检验和拓展这些知识的应用范围。尽管来自西方的专业价值理念和方法不可避免地给学生带来抽象感和距离感，但是经过3～4年的知识积淀，这些专业价值理念和方法对社会工作专业实习生总是会留下一些记忆痕迹并潜移默化地内化为价值取向。更为重要的是，社会工作专业实习的真实情境总是在具体案例中唤醒这些记忆痕迹，这种唤醒既是一种检验，更是一种强化。

> 说实话，以前在课堂上讲到"弱势群体"的时候，总是一种非常模糊的印象，无法形成清晰的形象。但是毕业实习给我很大的震撼。我跟随实习机构去做贫困调查，看到那些贫困家庭实在太困难了，如果我自己身处那种境地，我都不知道还有没有寻找出路的信心。这时候我就在想，如

---

[1] 刘思达. 职业自主性与国家干预：西方职业社会学研究述评 [J]. 社会学研究, 2006 (1)：197-221.

[2] GOODE W J. Community within a community: the professions [J]. American Sociological Review, 1957, 22 (2)：194-200.

[3] 熊跃根. 论中国社会工作本土化发展过程中的实践逻辑与体制嵌入 [C]. 中国社会工作教育协会. 社会工作专业化及本土化实践：中国社会工作教育协会2003—2004论文集, 2004：195-208.

果社会工作真能实现对他们的增能,那将是件多么有意义的事情!(访谈对象编号:Q)

从访谈对象 Q 的材料中可以看到,实习过程中的具体体验与她存储的专业价值实现了对接,这种契合强化了她对社会工作专业价值的认同。社会工作学生对社会工作服务进行了"意义"赋予,即形成了价值的高度认同。当然,社会工作专业实习的唤醒和强化功能不仅仅体现在价值和伦理上,在社会工作专业方法和模式上也有相应的表现:

以前在学社会工作理论的时候,我们既觉得有趣又比较怀疑。比如说"ABC 理论",它看起来好像很有道理,可是改变一个人的认知真的是那么容易的事情吗?专业实习改变了我的看法。社区中两户邻居闹矛盾很多年了,积怨很深,社区工作人员每次去调解的时候都是针对具体问题做劝说工作。但是,我首先想到的是认知框架的问题,改变非理性的认知模式才是解决这两户人家问题的长久办法。(访谈对象编号:X)

由于一些客观条件的限制,社会工作实习生并没有太多机会去实践课堂上所学到的理论和方法,但实习生往往也不会就此否定社会工作知识,有可能出于同理心而用专业知识反思"现实做法"。这是另一种形式的知识强化。

我并不认为社会工作专业的知识没有用,而是现实的环境让它不能发挥作用。实习机构的督导一再告诉我:"不要那么书生气,要做一些现实的事情。"我可以按照督导和机构的要求去做,但是总觉得愧对我这几年所学的专业。(访谈对象编号:Q)

在访谈对象 Q 的表述中,"愧对"一词将实习生的矛盾心态清楚地描述了出来:一方面,她不得不服从督导和机构的现实要求去改变自己的做法;另一方面,强烈的专业知识认同让这种改变带来了持续的自我情绪冲突。这种矛盾心态事实上是一种强化机制,让实习生对社会工作专业知识建立起更强烈的知识认同。

总之,知识体系的建立是一个行业走向职业化的必要条件,作为连接教育与实践的过渡阶段,社会工作专业实习从正反两个方面发挥了知识强化的作用。在社会工作专业实践中,当专业知识得到应用并发挥作用时,它通过检验而得到了强化;当专业知识被排斥出实习实践之后,反思性实践也可以起到知识强化的作用。正是由于以上两种途径,社会工作专业实习增进了实习生的表意性认同。

(二) 边缘性行政化与工具性认同的弱化

尽管知识体系的建立和相对独立是职业化的前提,但是职业社会学关注的核心议题是职业与国家的关系问题,也就是职业自主性问题。职业自主性指的是对自己所从事的工作合法控制的状态①,是从业者自主控制职业过程而避免外部环境过多干预的状态。当然,任何职业的产生和运作都不可能脱离国家而存在,但在最初意义上,职业自主性更强调技术自主性,即专属于某一个职业的技术方法和理念可以不受外部环境的强势影响。然而,技术自主性也仍然是一个充满争论和相对抽象的概念。在此基础上,研究者进一步提出"法团自主性"和"临床自主性"的概念,以建构起职业自主性的分析框架。② 法团自主性是指特定职业的从业者群体定义有关自身职业的经济社会条件的政治权力;而临床自主性则更强调从业者的临床决策不受外部势力干扰,能够完整而自如地将本行业的知识和技术进行应用。法团自主性和临床自主性是相互影响的关系,法团自主性(外部合法性和经济社会条件)会约束临床决策的发挥,而临床自主性的发挥状态又进一步拓展或限制法团自主性的空间。

职业自主性为分析当前我国社会工作的职业化提供了重要的理论视角。中国社会工作专业教育和专业实践一直受到来自观念变革、技术变迁和社会经济制度改革等的挑战。③ 在法团自主性方面,结构性约束在塑造社会工作者的职业认同方面发挥着作用,主要指的是体制环境,具体表现

---

① FREIDSON E. Profession of medicine: a case study of the sociology of applied knowledge [M]. New York: Dodd Mead, 1970: 73.
② HOFFMAN L W. Professional autonomy reconsidered: the case of Czech medicine under state socialism [J]. Comparative Studies in Society and History, 1997, 39 (2): 346 – 372.
③ 熊跃根. 论中国社会工作本土化发展过程中的实践逻辑与体制嵌入 [C]. 中国社会工作教育协会. 社会工作专业化与本土化实践: 中国社会工作教育协会 2003—2004 论文集, 2004: 195 – 208.

为社会工作嵌入其中的服务空间、资源拓展渠道等①;在临床自主性方面,我国社会工作的发展具有典型的行政化模式特征,行政化模式一方面给社会工作的发展带来了资源动员的便利,另一方面也给社会工作事业造成了发展困境,这些困境包括政社关系失衡、专业目标替代等。②

在两方面职业自主性都受到压缩的背景下,中国社会工作的发展呈现出边缘性行政化特征。"边缘性行政化"这一概念具有两方面的含义。

第一,行政化意味着社会工作专业的行政吸纳,社会工作在具体应用中常被视为社会治理的工具之一。在行政化发展模式的总体背景下,社会工作的控制功能得到凸显,而专业化服务功能在一定程度上被削弱。社会工作实习生在接触实务的最初阶段便面对着理想与现实之间巨大的鸿沟与冲突。③ 从一定意义上说,正是这些鸿沟与冲突解构了实习生对社会工作理想化的想象,离开社会工作服务领域的想法或许就产生于"想象破灭"的瞬间。

> 实习时刚好赶上了机构的中期检查,在检查到来的一周里,机构所有的社工都在补材料,包括活动策划、活动过程记录、督导记录,等等,实习生也被拉去冒充服务对象签字……因为要考虑完成机构的年度计划指标,我被机构安排负责2个社区活动和1个儿童小组……且不论我们社会工作的理论、方法是否真的有效果,我在机构看到的是我们社工抵不过行政压力。(访谈对象编号:D)

第二,边缘性行政化还意味着,虽然社会工作被行政吸纳,体现出高度行政化,但始终被视为行政力量可有可无的边缘补充,不但专业性的做法被行政考核取代,而且在社会地位、职业收入和发展前景等方面表现出"低人一等"的弱势地位。社会工作实习生在职业选择的关键阶段体验了这样一种边缘性职业地位,产生了强烈的逃离心态。

---

① 杨发祥,叶淑静. 结构性约束与主体性建构:社会工作者的职业认同 [J]. 江海学刊,2016(6):101-109,238.
② 徐道稳. 中国社会工作行政化发展模式及其转型 [J]. 社会科学,2017(10):90-97.
③ 余冰. 回到基础:社会工作实习教育基本问题再探讨 [J]. 社会工作与管理,2014,14(3):85-91,101-102.

我们做的事情跟他们（指行政人员或社会管理人员）差不多，在很多方面我们做得比他们还多，好多更难的事情都推给我们去做。可是，凭什么我们的收入比他们低那么多？社会上对社会工作者的评价为什么差那么多？既然这样，我们为什么要选择做社会工作者呢？既然做一样的事情，我们就做跟他们一样的工作（职业）好了，或者干脆不要做这些服务的事情了。（访谈对象编号：Y）

总之，从职业自主性的角度来看，社会工作职业的法团自主性和临床自主性都处于十分有限的境地，这样一种双重受限导致社会工作职业走向边缘性行政化。社会工作实习生在就业选择的关键阶段便体验到边缘性行政化对职业发展和个人发展所带来的双重障碍，这将对实习生的择业预期产生重要影响。

六、结论与讨论

社会工作专业实习是中国社会工作职业化发展过程中结构性约束的放大镜，它提供了一个观察社会工作职业化推进障碍的窗口。一方面，社会工作专业实习是一个紧迫情境，实习生必须在实习过程中确立自己的职业方向，因此职业理想和职业现实的平衡体现无疑。另一方面，社会工作专业实习还是一个现实情境，它是一个社会工作知识、理念与社会工作职业认同碰撞的真实场域。

研究发现，社会工作专业实习对专业认同产生了悖论效应：在表意性认同方面，社会工作实习生通过专业实习建立起了强烈的价值和知识的认同；在工具性认同方面，更多的社会工作学生却选择"逃离"社会工作职业领域。"非常认同社会工作专业，却不愿从事社会工作职业"这一悖论现象可部分地通过职业社会学而得到解释。作为职业建构的前提条件，社会工作专业知识的建构通过课堂教育和专业实习得以共同完成，社会工作专业实习所提供的真实而具有一定限制性的实践情境通过检验和反思两种途径强化了实习生对专业知识的认同。但是，法团自主性和临床自主性的双重低下导致社会工作的职业自主性低下，并在中国的特定情境下形成了边缘性行政化的职业特征。社会工作学生在实习过程中所获得的边缘性行政化体验削弱了其从事社会工作专业服务的意愿。

对中国社会工作职业化发展的分析仍需要强化结构性视角，从历史制度主义来分析，"嵌入性战略"可能仍然是社会工作职业化发展的重要途径，但是如何真正建构专业—政府合作关系，避免走向边缘性行政化是一个难以回避的话题。

边缘性行政化已经成为中国社会工作职业化推进的重要阻碍因素，从表面上看，边缘性行政化表现为行政力量对社会工作法团自主性的收编和临床自主性的压缩。但是，从中国社会工作的发展历程来看，边缘性行政化是社会工作教育和行政力量双重作用的结果。一方面，以狭义的专业性为取向的社会工作教育和人才培养很容易导致自我设限和自我边缘化。长期以来，遵循早期社会工作的专业化理解，中国社会工作教育往往以经济社会发展过程中出现的问题为分析和干预方向，对涉及经济社会发展本身的核心要素的关注度严重不足。比如，在学校社会工作领域，社会工作往往更愿意在学生的情绪情感、自我认知、社会关联等问题上投入更多的关注，而对作为学生核心任务的学习本身，要么不愿涉及，要么束手无策。事实上，从发展型社会工作的角度来看，社会工作在学习意识、学习技能及学习氛围等方面均可有所作为。而一旦社会工作服务轻视事关学习的内容甚至将社会工作服务与学习内容完全对立起来，社会工作在学校领域走向边缘化几乎是不可避免的结局。类似的现象在扶贫济困、老年人服务、儿童保护等领域并不少见。另一方面，行政力量对社会工作既吸纳又边缘化的态度的确是一个问题。对于这一问题的解决，政策倡导或呼吁研究自然必不可少，但是当前社会工作职业边缘化的状况是历史因素路径依赖的结果[1]，对政策倡导的效果可能并不能赋予很大的期待。从根本上说，不是社会工作决定经济社会发展模式，而是经济社会发展模式决定社会工作的生存状况。在发展主义模式之下，社会工作需要主动参与到经济社会发展核心要素的讨论中去，在事关经济社会发展的主要领域发挥必要的作用，这样或许不但能赢得社会的认同，也能得到行政力量的尊重性接纳。当边缘性行政化这个主要障碍被扫除以后，社会工作实习教育所呈现出来的专业认同悖论现象或许可以得到缓解。

---

[1] 李棉管，姚媛. 回报递增、体制锁定与中国社会工作职业化：一个历史制度主义的分析框架[J]. 社会工作，2017（1）：25-35，109.

第三部分

社会福利与社会工作的关系：建构发展型社会工作

第六章　社会福利与社会工作的关系：
一个反思性追问

本章将回到有关社会工作性质的基础性问题，即社会福利与社会工作的关系问题。笔者不认为这是一个陈旧的、没有意义的话题，相反，正是长期以来我们对社会工作与社会福利的关系存在模糊不清的认识，才导致中国社会工作的职业化一直没有寻找到合适的方向。这就回应了本书第二章所建构的分析框架中的"福利体制约束下的社会工作职业化"。本章首先回顾有关社会工作与社会福利关系的三种观点，然后阐述笔者认为的两者关系类型，最后就社会工作职业化发展提出若干建议。

一、有关社会福利与社会工作关系的三种观点

尽管社会福利与社会工作的关系是一个相对陈旧的话题，但总是在社会工作研究和发展的不同阶段被不断地重新提起。到目前为止，学术界形成了以下三种主要观点：其一，社会福利从属于社会工作；其二，两者彼此独立但相互联系；其三，社会福利决定了社会工作。

（一）社会福利从属于社会工作

在大多数的社会工作教材中，社会福利从属于社会工作基本被视为一个"常识"。在社会工作服务方法层面，大多数国内社会工作基础教材都将其区分为直接社会工作和间接社会工作，或微观社会工作与宏观社会工作。其中，直接社会工作包含个案工作、小组工作和社区工作三大方法，而间接社会工作往往包含社会工作行政、社会福利政策以及社会工作研究。[①] 因为这一观点是在导论课程中提出来的，所以社会工作的教育者和

---

① 王思斌. 社会工作导论 [M]. 2 版. 北京：北京大学出版社，2011：197-248.

第六章　社会福利与社会工作的关系：一个反思性追问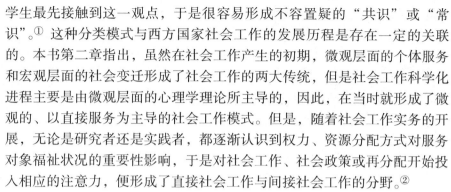

学生最先接触到这一观点，于是很容易形成不容置疑的"共识"或"常识"。① 这种分类模式与西方国家社会工作的发展历程是存在一定的关联的。本书第二章指出，虽然在社会工作产生的初期，微观层面的个体服务和宏观层面的社会变迁形成了社会工作的两大传统，但是社会工作科学化进程主要是由微观层面的心理学理论所主导的，因此，在当时就形成了微观的、以直接服务为主导的社会工作模式。但是，随着社会工作实务的开展，无论是研究者还是实践者，都逐渐认识到权力、资源分配方式对服务对象福祉状况的重要性影响，于是对社会工作、社会政策或再分配开始投入相应的注意力，便形成了直接社会工作与间接社会工作的分野。②

但是，即便在持有这一观点的学术界内部，有关宏观社会工作的内容仍然存在分歧。部分学者认为，社会福利（社会政策）与社会工作行政并列，都是宏观社会工作的组成部分；而有的研究者将社会福利视为社会工作行政的具体落实，社会福利从属于社会工作行政，而社会工作行政又是宏观社会工作的主要方法。③ 在社会工作基础教材中，我们也可以阅读到类似的表述：所谓社会工作行政，是指"政府的社会工作机构，以及社会的福利组织对社会福利工作进行行政管理，根据社会福利的政策、立法或决策，按照一定程序将之转化为实际服务，满足人民各类福利需求的活动"④。

必须承认，将社会福利纳入宏观社会工作或间接社会工作实务对社会工作学科发展是有意义的。一方面，它极大地拓展了社会工作的学科边界和视野。当社会工作从微观的直接服务拓展到包括微观和宏观在内的综合服务时，社会工作学科的视野得以扩展，我们对许多社会问题产生的深层次根源有了更深刻的认识。另一方面，它既深化了社会工作的研究，又强化了社会工作与其他相关学科的对话能力。学科的发展时时刻刻处于竞争当中，当一个学科的研究能力和研究成果不被其他学科所承认时，该学科在竞争中就会处于弱势地位。当社会福利或社会政策被纳入宏观社会工作

---

① 陈伟杰. 管理、权力与制度：分析中国社会工作行政的多重视角［J］. 华东理工大学学报（社会科学版），2016（3）：66-75, 92.
② 赵玉峰. 专业化还是职业化：重述社会工作发展史［J］. 社会工作，2017（1）：13-24.
③ 陈伟杰. 管理、权力与制度：分析中国社会工作行政的多重视角［J］. 华东理工大学学报（社会科学版），2016（3）：66-75, 92.
④ 王思斌. 社会工作导论［M］. 2版. 北京：北京大学出版社，2011：242.

的范畴时，由于社会政策领域的跨学科性质，社会工作将直接参与经济学、政治学和社会学的学科对话中，争取它应有的学科地位。

但是，学科发展与职业发展毕竟是两回事。在某种意义上，正是"社会福利从属于社会工作"这一界定让社会工作职业化的发展出现了令人困惑的现象。一种宏观的制度现象要服从于一种具体的服务方式，不但在逻辑上难以说通，而且在实践上也难以得到落实。

（二）彼此独立但又相互联系

有学者认为，社会福利、社会工作和社会服务都是民生福祉的组成部分，但各自又相互独立。社会福利是基于制度和政策的福利提供模式，而社会工作则是以专业化为基础的服务性福利，两者在福利组织方式和提供方式上存在显著区别。因此，社会福利和社会工作是两种相互独立的民生保障模式。但是在中国改善民生、提高福利的总体背景下，社会福利和社会工作又需要加强合作，从组织体系和职能分工等各方面将制度性福利和服务性福利对接起来。① 社会工作与社会保障是"同源异形"的社会福利模式："从历史上看，社会工作和社会保障均起源于欧美的社会救助活动，二者之间存在着明显的'同源性'。随着救助过程中专业化手法和职业化手段的逐步形成及国家责任主体的确立，社会救助活动本身在其发展过程中逐渐出现了分化与分工，形成了两条不同的发展线索或发展方向：一是依靠民间和NPO（非营利组织）、NGO（非政府组织）的力量，在'受薪专业工作者'的推动下，形成了专业化、职业化的社会工作；另一是通过国家和政府的力量，以立法为基础，渐次形成了政策性与制度化的社会保障体系。从而，由专业性的社会工作和政策性的社会保障制度构成了一个完善的社会福利网络系统。"②

这一观点在民生福祉的总体框架下对社会福利和社会工作进行了区分，在强调两者差异的同时指出了双方协作的可能性。其实，这一观点是我国社会政策研究中的一个难点和争议问题的具体反映：社会福利与社会

---

① 周沛．"增进民生福祉"需整合保障福利与社会工作福利［J］．中国社会工作，2017（34）：25．

② 周沛．社会工作和社会保障的同源性及其在和谐社会建构中的重要意义［J］．江苏社会科学，2006（2）：62-67．

第六章　社会福利与社会工作的关系：一个反思性追问

保障的关系。在中国学术界，关于社会福利的概念和外延向来存在"大福利"和"小福利"的区分。当学术界持有"小福利"的看法，将社会福利大致等同于社会保障时，社会福利与社会工作并行不悖又相互配合的观点是符合分析逻辑的。但是，当持有"大福利"的看法时，社会福利就不仅包含社会保障，还包括教育、医疗、住房、就业和养老服务等在内的大量社会服务内容，此时，社会福利与社会工作的关系恐怕就很难被界定为相互独立的关系了。

（三）社会福利决定了社会工作

从语义和外延上分析，社会福利是一个国家或社会整体性的福利状态以及达到福利的方法。现代社会福利体系由现金福利、实物福利和服务福利三部分构成，社会工作是服务福利的重要组成部分，因此，社会福利是一个总体性概念，而社会工作是现代社会福利体系的内在构成要素。① 社会工作并不是服务福利的唯一方式。比如，在医疗保障领域，医生和护士所提供的服务内容是公共服务的重要组成部分，尽管社会工作也可以参与医疗服务（医务社会工作），但毕竟与医生和护士的工作有重大区别；在养老服务领域，除了专业社会工作的服务内容外，老年人的家人、社区养老服务中的工作人员和护工所提供的服务内容也是社会工作者难以取代的。因此，就概念的内容和外延而言，社会福利是一个更大概念，而社会工作是实现社会福利的一种方式。在这个意义上，不是社会福利从属于社会工作，而是社会福利决定了社会工作。②

从社会工作的发展历史来看，社会工作的本质是在社会分工背景下社会福利专业化的传递方式③，即随着社会福利制度的发展和民众对社会福利诉求的变化，社会需要一种更具个性化的、更高效的社会福利传递方式和实现方式，专业社会工作就此产生和发展。因此，社会工作只是社会福利的一种实现方式，它既不能包含其他所有的实现方式，更不能替代社会

---

① 方英. 从现代社会福利视角界定中国社会工作发展的核心问题 [J]. 福建论坛（人文社会科学版），2014（9）：161-167.
② 米奇利. 社会发展：社会福利视角下发展观 [M]. 苗正民，译. 上海：格致出版社，2009：18.
③ 王杰. 社会工作本质的再探讨 [J]. 福州大学学报（哲学社会科学版），2019（2）：68-74.

福利本身。社会工作是社会福利的重要实施主体，社会工作存在的意义在于能够通过专业化的方法提升社会福利的实施效率。研究者指出，社会工作可以通过非正式的社会福利服务、正式的社会福利服务和参与国家社会福利服务等多种方式介入福利提供中，成为社会福利落实的核心主体之一。①

既然社会福利决定了社会工作，一个国家或地区的社会工作的发展就必须适应特定社会福利体制和制度的要求。虽然社会工作奠基于"普适性"价值，也形成了通用性的理论和方法，但是全球的福利体制却是分化的。艾斯平-安德森的经典著作《福利资本主义的三个世界》将主要资本主义国家分为三种福利体制类型，分别为英美传统的自由主义体制、欧洲大陆传统的保守主义体制和北欧传统的社会民主主义体制。② 后续的地区研究证明，在这三种体制之外，还有各种"例外模型"，如东亚的生产主义体制或发展型国家、拉美模型等。有关社会工作发展类型的比较研究证明，不同国家和地区的社会工作发展与该国家或地区的福利体制之间存在紧密的关系。③ 如果社会工作能够适应福利体制的需求，就能够获得福利体制的资源支持和体制认同，社会工作的发展就会比较顺利；如果社会工作不能适应一个国家或地区的社会福利体制，不能在社会福利的发展过程中发挥显著的作用，社会工作的发展就会面临严重障碍。有研究者指出，尽管中国社会工作教育的发展如火如荼，社会工作职业化在一些东部地区也已经获得了一定的推进，但是中国社会工作对改善福利状况的贡献仍然不突出，而这种福利贡献不足的状况又进一步影响了社会工作的社会承认。④

社会福利决定社会工作这一视角为我们分析社会工作的发展提供了新的窗口，在行政体制之外为社会工作发展的分析提供了更直接的分析要

---

① 蓝云曦，谭晓辉，周红. 社会工作介入社会福利的探讨 [J]. 西南民族大学学报（人文社科版），2010（10）：232-235.

② 艾斯平-安德森. 福利资本主义的三个世界 [M]. 郑秉文，译. 北京：法律出版社，2003：30-79.

③ 殷妙仲. 专业、科学、本土化：中国社会工作十年的三个迷思 [J]. 社会科学，2011（1）：63-71.

④ 张海. 承认视角下我国社会工作职业化的本质与发展策略 [J]. 华东师范大学学报（哲学社会科学版），2016（5）：66-72，192-193.

素。但是，到目前为止，社会福利体制决定社会工作的具体路径和机制仍然是一个需要深入分析的重要问题。

二、社会福利体制是如何决定社会工作的

上一节的分析显示，关于社会福利与社会工作的关系，目前学术界仍充满争论，但是当我们持有"大福利"的概念时，"社会福利决定社会工作"或许是更具有说服力的观点，而且这一观点为我们考察中国社会工作职业化的发展现状具有十分现实的意义。本小节将对社会福利决定和影响社会工作发展的具体机制和路径展开分析。

（一）社会福利体制界定了社会工作的服务对象

在学科内部，社会工作的服务对象也经历了历史变迁，从"为弱势群体服务"发展到"为所有有需要的人提供服务"。① 从表面上看，社会工作的服务对象有着学科自我界定的专业自主性，这种界定只接受专业内部的规定性，任何国家或地区的社会工作服务对象都是大体一致的。但是事实上，依托专业价值体系发展起来的社会工作理论和实务体系如何在不同的价值体系中实施是一个全球性的挑战。② 一个明显的事实是，尽管在专业上有共同的界定，但是不同国家社会工作的主要服务对象存在显著的人群差异，其根源在于一个国家或地区的福利价值观决定了特定服务对象的优先性。

福利价值观的第一个问题便是福利对象问题，即谁应该得到福利，谁不该得到福利（deserving and undeserving）。大量的研究证明，围绕福利对象问题，当今世界的主要国家已经形成了体制分化。艾斯平-安德森的经典研究中对此有专门的阐述。他以劳动力去商品化程度为核心维度将当今世界的社会福利划分为三种体制，其中，去商品化程度最低的自由主义体制认为，只有那些从市场和家庭中"漏出来的"社会成员才能得到社会福利，其他社会成员需要通过市场至上的原则实现自我保障；去商品化

---

① 方英. 从现代社会福利视角界定中国社会工作发展的核心问题 [J]. 福建论坛（人文社会科学版），2014（9）：161-167.

② 李江英，吴世友. 菲律宾社会工作的发展与挑战 [J]. 社会与公益，2019（6）：92-96.

程度居中的保守主义体制认为,传统的保障力量(如家庭、社区、行业等)十分重要,国家需要与这些传统保障力量加强合作,国家对劳动力市场中的成员投入更多的保障,而劳动力市场之外的人则依靠这些传统力量实现保护;去商品化程度最高的社会民主主义体制,则根据公民权利原则实现对社会成员的普惠制保护,所有拥有共同体资格的社会成员均享有无差别的社会权利。这种分化十分明显地体现了福利价值观对福利对象界定的文化规定性。[1]

比较研究证明,正是福利体制的差异决定了福利对象的差异,进而决定了不同国家和地区社会工作主要服务对象的差异。"由于社会工作是福利国家体系的一个重要组成部分,故此,因应每个国家的福利观和政权的差异,社会工作在国际上有不同的实务体系。"[2] 在自由主义体制的美国,因为长期缺乏政府的支持,社会工作的发展走向了以个人性治疗为主的专业取向[3];英国社会工作的发展也由于福利体制的变动,从强调公民身份转向对特定困难群体的更多关注[4]。因此,总体而言,在自由主义体制下,社会工作是以扶贫济困和个人性帮助为主要方式的补救性工作。这一发展特征在一些实行自由主义体制的发展中国家也可观察到,充分说明了福利体制对社会工作服务对象的决定性。[5] 在保守主义体制国家,社会工作的发展以劳动力市场服务和家庭服务的结合为主导,这种状况也是保守主义体制的直接反映。一方面,国家通过公共资源配置对劳动力市场投入更多的关注,专业社会工作可在其中获取职业发展空间;另一方面,保守主义体制又特别强调家庭等传统力量的保障作用,且通过大量的家庭支持政策来维护和增强家庭的保障功能,社会工作便可以广泛参与到这些家庭支持政策中去。在社会民主主义体制中,福利价值观决定了所有拥有共同体资格的社会成员拥有同等的福利权利,因此,所有的社会成员均是福利

---

[1] 艾斯平-安德森. 福利资本主义的三个世界 [M]. 郑秉文,译. 北京:法律出版社, 2003:30-79.

[2] 殷妙仲. 专业、科学、本土化:中国社会工作十年的三个迷思 [J]. 社会科学, 2011(1):63-71.

[3] 殷妙仲. 专业、科学、本土化:中国社会工作十年的三个迷思 [J]. 社会科学, 2011(1):63-71.

[4] 赵玉峰. 专业化还是职业化:重述社会工作发展史 [J]. 社会工作, 2017(1):13-24.

[5] 殷妙仲. 专业、科学、本土化:中国社会工作十年的三个迷思 [J]. 社会科学, 2011(1):63-71.

对象。这就界定了社会工作的服务对象必然也指向全民。所以，社会民主主义体制中社会工作就实现了对"所有有需要的服务对象"的帮助，这种帮助从表面上看仍然是个体性的，但背后是普惠制的社会福利政策所提供的制度化保障。

因此，社会工作的服务对象事实上并不是简单地由学科内部自我界定的，而是社会福利体制所依托的福利价值观为社会工作的服务对象设定了基本框架。只有符合特定国家和地区福利价值观所设定的"值得帮助的人"才能成为社会工作的服务对象，否则社会工作本身便难以获得社会合法性。

（二）社会福利体制决定了社会工作服务资源的来源

任何职业的发展都必须以资源支持为基础，"无本之木"的职业不可能获得长久的发展，甚至不可能成为一个职业，就如同志愿者很难被视为一个职业一样。从三大部门的角度来分析，任何职业发展所需要的资源可能来自三个方面：政府、市场和社会。但是，与那些拥有高度市场化能力的职业相比，以社会服务和公共服务为特征的社会工作往往对政府资源或公共资源有更强的依赖性。以英国社会工作的发展为例，尽管英国当前社会工作的发展已经走上多元化资源获取路径，但是在英国社会工作职业化的早期，国家或地方政府所提供的职业岗位和资源投入对社会工作职业的形成发挥了至关重要的作用，且正是政府公共资源配置方式的变革导致了英国社会工作职业发展的变化。①

问题的关键是，社会公共资源的配置方式和分配方向与一个国家或地区的社会福利体制存在紧密联系。自由主义体制的公共资源配置方式为社会工作的发展带来了双重影响。一方面，由于自由主义体制的"剩余型"福利设定，国家福利重点关注那些从家庭和市场中都"漏出来的"对象，主要的公共资源被分配到贫困化解和社会救助领域，社会工作要想获取公共资源的支持，就必须配合国家和政府在社会救助领域进行更多的专业投入。②另一方面，由于福利体制的自由主义转向，"紧缩政治"导致大量

---

① 赵玉峰. 专业化还是职业化：重述社会工作发展史 [J]. 社会工作, 2017 (1)：13-24.
② 方英. 从现代社会福利视角界定中国社会工作发展的核心问题 [J]. 福建论坛（人文社会科学版），2014 (9)：161-167.

原本已经存在的社会工作服务难以获得持续性的公共资源支持。① 为了解决资源支持问题，一些社会工作的服务不得不转向市场化服务和个人性帮助。② 保守主义福利体制下的社会保护具有两个特征：一是国家优先保障劳动力市场中的社会成员，给予较高的福利保障，并体现出职业绩效关联特征；二是国家对传统保障力量提供政策支持。这两个特征在很大程度上决定了保守主义体制下社会工作的发展路径。一方面，社会工作在职业保障领域获得了明显的发展，社会工作在职业权利保障、职业技能提升、劳工关系等领域的进展成为重要特色，其原因在于这些领域聚集了大量的公共资源，并能为社会工作的发展提供必要的支持。另一方面，一些家庭支持政策或社区支持政策同样聚集了公共政策资源，社会工作在这些领域的服务开展既可以为自己寻求专业化职业空间，也可在增强社会保护方面发挥应有的作用。社会民主主义体制以社会权利为基础，提供了高度去商品化的社会保护，这种去商品化的社会保护一方面是通过社会保险和社会救助来实现的，更重要的是通过完备的公共福利和公共服务实现的。因此，大量的公共资源被分配到教育、医疗、老年照料和育儿服务等公共服务领域。正是这一普惠制的资源配置方式决定了社会工作的职业发展空间。在社会民主主义体制中，社会工作获得了较为全面的发展，充分介入社会服务的各个领域，一方面，为社会政策的执行提供了专业性方法，另一方面，又通过专业评估和反馈不断促进社会政策的调整和完善。

以上三种经典福利体制的比较分析证明，社会工作的职业化发展与福利体制所决定的公共资源配置方式和分配方向高度相关，正是不同福利体制下公共政策资源配置方式和方向的不同，导致了三种福利体制下社会工作发展的不同路径和特征。"资源依赖性"虽然是一种无奈的表达，但是确实也是社会工作发展中一个不可忽视的现实问题。不同福利体制反映了国家和政府的注意力分配，这种注意力分配既是一个国家或地区福利态度的反映，又会进一步塑造或强化福利态度。社会工作未必要完全依附于行政力量，但是福利体制以及由其主导的公共资源配置方式一定会对社会工

---

① PIERSON P. The new politics of the welfare state [J]. World Politics, 1996, 48 (2): 143 – 179.

② 殷妙仲. 专业、科学、本土化：中国社会工作十年的三个迷思 [J]. 社会科学, 2011 (1): 63 –71.

作的发展方向产生重要影响。①

(三) 社会福利体制决定了社会工作服务的提供方式

社会福利体制从职业空间释放和公共资源支持两个方面决定了一个国家或地区的社会工作发展类型。

在职业空间释放方面，一个国家或地区的福利体制通过决定国家或政府公共服务的范围和界定国家与社会工作的关系两个角度来为社会工作的发展提供职业空间。研究者指出，改革以前的中国福利体制是国家保障模式，人们的就业、医疗、养老、工伤、救助等福利需求都通过城市的单位制和农村的集体制来满足，而单位制的背后是计划经济下的国家保障。1980年，中国社会保障支出占GDP的比重为13.01%，与1960年的英国、法国、瑞典几乎相当。② 由单位制或集体制来解决民众的社会福利需求，实际上就是王思斌所指出的本土性社会工作的重要组成部分：以行政化的方式和自上而下的途径来满足福利需求，即行政性非专业社会工作。③ 当时的单位福利或具体服务往往被冠以群众工作、思想工作或单位管理等名义，但实际上也在做一些与社会工作服务相关的内容。从当时的现实情况来看，社会服务也只能采取行政性非专业社会工作的方式来落实。这是由当时的福利体制决定的。在国家保障模式下，国家"吞没"了社会，所有的资源均掌握在国家手中，并通过行政手段来分配，只能形成行政性的社会服务。于是，党政机关、企事业单位、人民团体所从事的社会性工作就近似于本土性社会工作。④ 改革以后，尤其是进入21世纪以来，中国重建社会福利体系并调整了公共服务的提供方式，为专业社会工作的发展释放出一定的职业空间。比如，国家在养老、医疗、反贫困等方面重新界定了政府的角色，并通过政府购买服务、政府购买岗位等方式与专业社会工作建立起合作关系，这对推进中国社会工作职业化具有十分重要的意义。

在更一般的意义上，特定福利体制对特定社会工作类型的规定性更是普遍的现象。在补救型福利体制中，社会工作的服务对象只能是社会中最

---

① 徐道稳. 中国社会工作行政化发展模式及其转型 [J]. 社会科学, 2017 (10): 90-97.
② 方英. 从现代社会福利视角界定中国社会工作发展的核心问题 [J]. 福建论坛 (人文社会科学版), 2014 (9): 161-167.
③ 王思斌. 中国本土社会工作实践片论 [J]. 江苏社会科学, 2011 (1): 12-17.
④ 王思斌. 中国本土社会工作实践片论 [J]. 江苏社会科学, 2011 (1): 12-17.

弱势的群体，如"三无"人员、贫困人口、受灾群众等，所能采取的服务方法也只能是消极地维持基本生活保障。但是，当福利体制从补救型转向普惠型时，不但社会工作的服务对象由最弱势的群体转向全社会有需要的民众，而且社会工作的类型也从救助性社会工作转向预防和发展性社会工作。① 于是在自由主义体制中，获得主导地位的社会工作类型是救助性社会工作；在保守主义体制中，获得优先发展的社会工作类型是职业关联型和家庭服务型社会工作；在社会民主主义体制中，其对福利权利的强调和覆盖全民的福利资源分配使全方位的社会工作得以发展，尤其是预防和发展性社会工作获得了更充分的发展。

总之，社会福利体制通过福利价值观界定了社会工作的服务对象，通过福利范围界定了社会工作的职业空间，又通过公共资源配置对社会工作的发展类型产生诱致效应。因此，从根本上说，是社会福利体制决定了社会工作，而不是社会福利从属于社会工作。社会福利体制与社会工作的关系可以通过表6-1得到说明。

表6-1 福利体制分化及其对社会工作的影响

福利体制	福利观念	资源配置方向	服务对象界定	社会工作主导类型
自由主义体制	剩余型保障	社会救助	极端弱势群体	救助性社会工作
保守主义体制	国家与社会合作	社会保险	劳动力及其家庭	职业—家庭关联型社会工作
社会民主主义体制	国家的主导责任	公共福利	全体公民	全面社会工作

三、社会工作适应与嵌入社会福利体制

既然是社会福利决定社会工作，而不是社会工作决定社会福利，一个国家或地区的社会工作发展就必须思考福利体制的适应性问题。社会工作

---

① 方英. 从现代社会福利视角界定中国社会工作发展的核心问题 [J]. 福建论坛（人文社会科学版），2014（9）：161-167.

学科内部对社会工作的概念有着相对统一的专业界定,如国际社会工作人员协会认为:"社会工作专业推动社会改变,解决人类关系中的问题并透过增权和解放来提高人们的福祉。社会工作运用不同的人类行为和社会系统理论去介入人们与环境的互动点,人权和社会公义的原则是社会工作的基础。"① 但是,这一界定本身就引发了大量的争议,充分说明了社会工作并不只有一种类型,而是多种类型共同构成总的社会工作的专业范围。

从社会工作的干预层次(微观—宏观)和社会工作干预策略的激进程度(温和—激进)两个维度将社会工作粗略地划分为四种类型。(如图6-1所示)

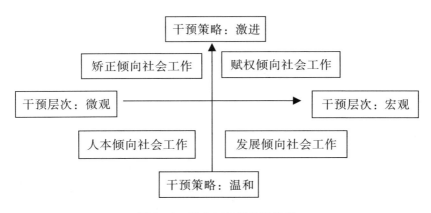

图 6-1 社会工作的几种类型

资料来源:根据何雪松《社会工作理论》(第二版)第一章第四节"社会工作理论的类型"② 修改而来

从理论上说,多种社会工作类型可以同时存在于一个国家或地区,且能分别获得发展。但是实际上,一个国家或地区的社会工作发展类型还是体现出一定的福利体制特征。如前所述,在自由主义福利体制中,基于福利价值观和公共资源配置的原因,微观层面的个人性帮助和救助性的社会工作居于主导地位,因此,在这些国家,矫正倾向社会工作和人本倾向社

---

① 转引自殷妙仲. 专业、科学、本土化:中国社会工作十年的三个迷思 [J]. 社会科学, 2011 (1): 63-71.

② 参见何雪松. 社会工作理论 [M]. 2版. 上海:格致出版社, 2017.

会工作可能更容易获得发展机会。在社会民主主义福利体制中，公民身份和福利权利的观念深入人心，社会工作很多时候是在促进和保障民众福利权利方面发挥作用，因此，赋权倾向社会工作或许会有更多的发展空间。

　　基于以上分析，我们在分析中国社会工作职业化发展问题时，需要引入社会福利体制的视角。只有适应中国社会福利体制的社会工作类型才能在中国语境下得到社会的接纳和承认。这种社会工作类型在服务对象的界定上要符合中国福利体制下的福利价值观，且要更主动地参与到社会福利的效用发挥中去，这样才能获取更广阔的发展空间。

第七章　当代中国福利体制及发展型社会工作的建构

社会福利决定社会工作，因此，一个国家或地区的社会工作总与特定的福利体制之间存在紧密的联系。探索一个国家或地区适应性的社会工作类型，首先需要检视该国家或地区的社会福利体制。因此，本章有两个主题：一是分析中国的福利体制及其变迁；二是探索性地建构适应性的社会工作类型。

一、研究问题及文献综述

福利体制是比较社会政策研究中的核心话题，自从艾斯平-安德森的《福利资本主义的三个世界》发表以来，围绕着福利体制的国别比较已经成为社会福利宏观研究层面最具增长性的研究领域。虽然将中国纳入社会福利体制的比较研究起步较晚，但是也形成了丰富的学术积累。这种比较研究主要沿着两条路线展开。第一条路径是将中国纳入东亚福利体制的研究框架内，以东亚福利体制的总体范式展开与西方主流福利体制的比较，或与东亚其他国家和地区展开比较。第二条路径是从社会政策的历史比较中分析中国社会福利的体制性变迁。

第一种路径是在东亚福利体制的范式框架中展开中国福利体制的比较研究。自从凯瑟琳·琼斯[①]（Catherine Jones）连续提出"家户福利国家"（Oikonomic welfare state）和"儒家福利国家"（Confucian welfare state）两个

---

① JONES C. HongKong, Singapore, South Korea and Taiwan: oikonomic welfare state [J]. Government and Opposition, 1990, 25 (4): 447-462; CHUNG D, HAYNES A. Confucian welface phlosophy and social change technology: an integrated appoach for international social development [J]. International Social Work, 1993, 36 (1): 37-46.

概念以来，在比较社会政策分析的框架下，东亚福利体制的特征不断被挖掘和讨论。到目前为止，形成了强东亚模型和弱东亚模型两种基本观点。

强东亚模型认为，由于文化传统、政治权威体制和经济发展条件及战略的特殊性，东亚国家和地区的社会福利在整体上具有显著不同于传统福利国家的特征，这些特征无法被任何现有的福利体制类型概括，它理应成为一种新的福利体制类型，并积极参与全球福利体制对话。琼斯的研究引发了大量有关东亚社会福利特征的讨论，学术界先后出现了"生产主义体制"[1]、"保守型福利国家"[2]和"发展型国家体制"[3]等多种概括，以突出东亚国家和地区社会福利的特殊性。其中，"生产主义体制"和"发展型国家体制"得到最多的认同并激发了大量的理论建构和经验检验。霍利迪认为，东亚国家和地区社会福利的典型特征是经济增长的政策目标高于一切，社会政策必须服从于它；社会权利在东亚社会中并不是一个关键要素，并且社会权利的扩展要与生产活动相结合，只有那些被认为有助于促进生产活动的权利诉求才会得到承认；由此导致的直接政策结果是，社会资源高度向生产要素倾斜，社会福利沦为辅助性政策。霍利迪将上述福利特征归纳为"生产主义体制"（productivist welfare regime）[4]，这种体制与艾斯平-安德森所归纳的三种体制都不同："自由世界优先考虑市场，保守世界重视不同的人的社会地位，社会民主主义世界重视福利，而促进生产的世界则一切以经济增长为前提。"[5] 高夫也认为，东亚国家和地区社会政策为经济增长和生产发展服务的特征的确与"福利资本主义的三个世界"不相同，他主张将生产型福利体系（productive welfare sys-

---

[1] HOLLIDAY I. East Asia social policy in the wake of the financial crisis: farewell to productivism [J]. Policy & Politics, 2005, 33 (1): 145-162.

[2] ASPALTER C. Introduction [M] //ASPALTER C. Conservative welfare state system in East Asia. London: Prager, 2001: 2-5.

[3] KWON H J. Beyond European welfare regimes: comparative perspective on East Asian welfare system [J]. Jonrnal of Social Policy, 1997, 26 (4): 467-484.

[4] HOLLIDAY I. East Asia social policy in the wake of the financial crisis: farewell to productivism [J]. Policy & Politics, 2005, 33 (1): 145-162.

[5] 刘金婧. 东亚社会政策的特点：促进生产的福利资本主义 [J]. 国外理论动态, 2001 (12): 20-23.

第七章　当代中国福利体制及发展型社会工作的建构

tem)与传统福利国家的三种体制并列。① 继生产主义体制之后，学者们归纳出"发展型国家体制"(developmental welfare state)，以此对东亚福利模型进行再次讨论。② 发展型福利体制是指，东亚地区国家自主性较其他地区更强，国家有能力引导一种整合式的发展。国家将更多的社会福利资源投入教育、职业保障、技能培训和医疗康复等领域，着力于培养未来和现在的劳动力，从而实现社会保护和经济增长的双重目标。发展型社会政策的提出者詹姆斯·米奇利认为，具有投资取向的发展型社会政策不但在东亚可以找到历史渊源，而且对金融风暴后的东亚社会政策建设具有特别意义。③

在某种意义上，弱东亚模型是在与强东亚模型理论的对话中产生的。它的基本观点是：东亚国家和地区的社会福利在发展过程中的确形成了自己的特征和优势，东亚社会福利的特殊性丰富了全球社会福利讨论的素材，但是东亚社会福利还无法构成一种独立的福利体制类型。弱东亚模型的支持者从两个方面论证其观点。第一，东亚国家和地区社会福利的内部差异如此巨大，以至于"尽管有不少文献将东亚福利归类，但这些努力都是徒劳的"④。熊跃根以中国、日本和韩国的比较研究为例说明，在"东亚福利模型"这一模糊统称之下，各国的福利范式其实各不相同，而这种差异性是与东亚三国各自不同的历史经验、文化传统、社会结构和政治经济过程紧密联系在一起的。⑤ 正是基于东亚国家和地区社会福利制度的内部差异如此之大，甚至超过传统福利体制类型的外部差异，有学者建议把东亚社会福利制度进行再细分。⑥ 有学者指出，东亚福利体制存在两种子类型，一种是以日本、韩国和中国台湾为代表的"包容性社会保险

---

① GOUGH I. Globalization and regional welfare regimes, the East Asia case [J]. Global Social Policy, 2001, 1 (2): 163 – 189.

② KWON H J. Beyond European welfare regimes: comparative perspective on East Asian welfare systems [J]. Journal of Social Policy, 1997, 26 (4): 467 – 484.

③ 詹姆士·梅志里，邓广良. 社会发展理论对东亚国家和地区的启示 [M] //王卓祺. 东亚国家和地区福利制度：全球化、文化与政府角色. 北京：中国社会出版社，2011：22 – 34.

④ 王卓祺. 绪论：东亚福利模式、优势及特征 [M] //王卓祺. 东亚国家和地区福利制度：全球化、文化与政府角色. 北京：中国社会出版社，2011：1 – 15.

⑤ 熊跃根. 中国福利体制建构与发展的社会基础：一种比较的观点 [J]. 经济社会体制比较，2010 (5): 63 – 72.

⑥ KWON H J. Beyond European walfare regimes: comparative perspactives on East Asian welfare systems [J]. Joumal of Social Poliay, 1997, 26 (4), 467 – 484.

体制"（inclusive social insurance），另一种则可以称为"个体性社会保护体制"（individualistic social protection），后者的典型代表是中国香港、中国大陆和新加坡。① 第二，东亚国家和地区社会福利的特殊性是客观存在的，但是这种特殊性仍然可以在西方传统的福利体制中加以分析，东亚福利模型构成数种福利体制的混合型或子类型。学者们指出，生产主义体制似乎有别于西方欧洲福利国家的非生产性政府支出，但从实质而言，仍属于工作福利（workfare）的概念②，而工作福利的出现本身就是西方福利国家从凯恩斯式福利国家（Keynesian welfare state）到熊彼特式福利国家（Schumpeterian welfare state）转变过程中的产物③。熊彼特式福利国家意在创造一种竞争国家，在后福特主义语境中，国家必须确保国家边界内的经济增长和资本的竞争优势，以及确保国家在边界之外的竞争优势。竞争国家的一个重要方面是国家试图独自或结合其他力量去规划超出它们政治边界的力量，从而塑造与资本积累和再生产有关的跨边界的或外部的经济空间。④ 从这个意义上说，无论是生产主义体制还是发展型国家，都没有超出熊彼特式竞争国家的范畴，东亚国家和地区的社会福利构成熊彼特式福利国家的东方实践。

  第二种路径沿着中国大陆福利体制的历史变迁而展开。此类研究的起点往往被设定为中华人民共和国的成立。一个重要的争论是，从中华人民共和国成立到改革之前这段时间的中国大陆社会福利究竟是属于苏联式的国家保障主义还是生产主义体制？近期的研究表明，改革之前的中国社会福利体制通过两种方式促进了中国迅速的工业化：一种是城市"低工资、高福利"的"国家—单位"保障模式以集体消费的方式促进了工业生产，另一种是城乡有别的保障模式保证资源不断地从农村提取出来支持城市的

---

  ① 参见 PENG I, WONG J. East Asia [M] //CASTLES F G, LEIBFRIED S, LEWIS T, et al. The Oxford handbook of the welfare state. Oxford: Oxford University Press, 2010.

  ② 吴明儒. 冲突结构下圆融的福利国家与地区的政治学：台湾地区经验与东亚国家和地区跨国比较 [M] //王卓祺. 东亚国家和地区福利制度：全球化、文化与政府角色. 北京：中国社会出版社，2011：74 - 96.

  ③ 何子英. 从凯恩斯主义福利民族国家理论到熊彼特主义竞争国家理论：杰索普论福利国家的危机及其出路 [J]. 马克思主义现实，2006（6）：20 - 27.

  ④ 何子英. 从凯恩斯主义福利民族国家理论到熊彼特主义竞争国家理论：杰索普论福利国家的危机及其出路 [J]. 马克思主义与现实，2006（6）：20 - 27；肖扬东，刘卓红. 当代西方福利国家的重构：走向熊彼特主义竞争国家 [J]. 广东社会科学，2013（1）：106 - 111.

工业化生产。从制度立意和制度效果两方面来看，改革之前的中国社会福利制度也是一种发展型国家取向。① 中国改革以来（20 世纪 80 年代以来）的社会政策突出反映了生产主义的共同特征，即社会政策从属于经济政策，长期以来作为经济政策的"配套措施"而存在，社会政策的保障功能和人文价值长期受到忽视，只有在社会救助领域体现了剩余型社会福利的特征。② 中国社会福利的状况在 20 世纪 90 年代中后期发生了一定的转变，借用卡尔·波兰尼的理论，王绍光（2008）称之为"大转型"，在片面追求经济发展数十年之后，忽视社会福利的后果开始呈现出来，中国政府加大了对社会保障的投入。基于这一背景，一些学者认为中国已经进入或即将进入一个社会政策时代。③ 这一提法引发了很多相关研究，一个争论的焦点是：处于社会政策时代的中国福利体制该往何处去？到目前为止，有两种观点占据主导地位：一种观点是中国福利体制需要向西欧和北欧学习，走向"适度普惠制"；另一种观点是中国福利体制应走向"发展型社会政策"。总之，从以上两种观点来看，随着中国政府加强了对社会福利的重视，中国的福利体制将发生根本性转变。

　　以上的描述显示，虽然关于中国福利体制已经有了较多的学术积累，但是在中国福利体制的属性和走向等基本问题上，学术界还存在着严重的分歧。出现分歧的重要原因在于两个方面。第一，学者们使用的类型学划分标准不一致，从不同的维度划分出不同的类型。类型学研究的基本操作方法是选择一个或几个维度将社会现象进行分类，通过类型内部和类型之间的比较来获得对社会现象的本质认识。因为分类的维度总是有限的，所以社会科学中的类型学往往是"理想类型"。即如果在所选择的维度上，划分出的各种类型同时满足"内部一致性"和"外部差异性"条件，这样的类型学研究就是成立的，在所选择的分类维度之外而存在的类型内部

---

① 李棉管. 社会福利制度研究中的中轴原理：论社会福利制度与劳动力市场的关系 [J]. 社会科学战线，2014（6）：170 - 178.
② 方巍. 中国社会福利的新发展主义走向 [J]. 社会科学，2011（1）：81 - 87；李棉管. 再论"社会政策时代" [J]. 社会科学，2013（9）：72 - 80.
③ 郁建兴，何子英. 走向社会政策时代：从发展主义到发展型社会政策体系建设 [J]. 社会科学，2010（7）：19 - 26，187 - 188；李棉管. 再论"社会政策时代" [J]. 社会科学，2013（9）：72 - 80.

差异不构成对类型学的否定条件。① 所以，讨论的关键就转变为：中国社会福利体制的研究是否采用了与其对话对象——艾斯平－安德森类型学——一样的分类维度，以及在这一维度上中国福利体制是否与其他福利体制有着显著差别。众所周知，艾斯平－安德森划分三种福利资本主义国家所采用的标准是劳动力去商品化（decommodification）程度，它指的是社会成员不依赖于劳动力市场而获得的生存机会的大小。社会民主主义体制、保守主义体制和自由主义体制的去商品化程度依次降低，艾斯平－安德森以此区分出三种类型。但是"劳动力去商品化"更深层次的意涵在于它反映了国家在一定价值理念的主导下对市场施加制度性干预的程度。事实上，艾斯平－安德森对劳动力去商品化的后续展开也是在"社会民主主义传统""保守主义传统""自由主义传统""阶层化效应"等核心概念中进行的。② 第二，多数的现有研究缺乏坚实的经验材料基础。在有限的政策文件和思想史等经验材料基础上建立的逻辑推断，很容易被另外一些经验材料证伪。

基于以上分析，本章试图在福利资本主义三种类型及东亚福利体制的整体框架内，运用全国层面的调查数据（2011年中国社会状况综合调查）来研究以下问题：经过近20年的社会福利改革或重建（自20世纪90年代中后期以来），中国目前的社会福利体制的属性是什么？这种以社会政策为体现形式的福利体制又如何实现具体落实的？

二、研究设计

本章要解答的核心问题是：中国目前的福利体制究竟是一种社会民主主义体制、自由主义体制、保守主义体制还是发展型国家体制？又或者是多种体制的混合模型？这种福利体制落实的具体过程是怎样的？要回答这些问题需要寻找一个研究突破口。

本研究的突破口是将实质福利和形式保障进行区分。所谓实质福利，

---

① 李棉管. 社会福利制度研究中的中轴原理：论社会福利制度与劳动力市场的关系 [J]. 社会科学战线, 2014 (6): 170-178.
② 参见艾斯平－安德森. 福利资本主义的三个世界 [M]. 郑秉文, 译. 北京：法律出版社, 2003.

第七章 当代中国福利体制及发展型社会工作的建构

是指社会福利是否能够起到真正的保障作用,而不是指社会福利的形式扩散。艾斯平-安德森指出,"一项社会计划的存在和用于此计划的金钱,与社会计划的行动本身相比,可能后者更为重要"①。其深刻含义是指,在社会福利研究中,与表面的福利覆盖率或福利水平等数据比较起来,社会福利对于参与其中或未能参与其中的社会成员的实质意义更为重要。本章通过"外来务工人员城市医疗保险的获得"来验证中国福利体制的实质形态。在本章中,"城市医疗保险"是"城镇职工基本医疗保险""城镇居民基本医疗保险"和"公费医疗"②的总称。对于外来务工人员来说,能否获得"城市医疗保险"是实质福利的重要体现。由于医疗需求的不可预期性、紧迫性和中国医疗资源分布的不均衡,因此外来务工人员一旦得病,回到农村治疗的可能性很小。虽然新型农村合作医疗的覆盖率很高,但是新农合异地报销衔接得不顺畅,新农合对外来务工人员的保障功能很弱,新农合在外来务工人员中的扩散是一种典型的形式扩散。相反,如果外来务工人员能够获得城市医疗保险的覆盖,则是一种实质意义上的福利扩散。我们选择"外来务工人员城市医疗保险的获得"作为研究的突破点还有一个重要原因,即国家政策对外来务工人员加入城市医疗保险的态度是"鼓励",这就存在一个较大的政策操作空间。在非强制的制度背景下,我们可以观察企业主和外来务工人员通过怎样的协商或选择建构了当前的社会福利形态。换句话说,如果数据统计验证了中国当前的某种福利体制,我们进一步的研究问题是:这种福利体制是如何落实的?

根据艾斯平-安德森关于福利体制的经典研究,福利资本主义三个世界的分化根源于不同社会的核心福利观念,不同的福利观念又通过社会政策具体落实为不同的去商品化程度。在此背景下,主要的福利资本主义国家被划分为三个集团。

具体来说,在社会民主主义体制中,核心的福利观念是社会权利,这意味着只要一个人拥有共同体的完全资格,他就有权利获得共同体提供的福利,

---

① 艾斯平-安德森. 福利资本主义的三个世界 [M]. 郑秉文,译. 北京:法律出版社,2003:3.

② 参加"城镇职工基本医疗保险"是将外来务工人员纳入城市医疗保险体系的主流做法,但有些地区和城市也允许和鼓励外来务工人员参加"城镇居民基本医疗保险",如http://news.163.com/09/0418/08/575UMIIN000120GR.html. 外来务工人员获得公费医疗的可能性较低,但是出于对"城市医疗保险"体系界定的全面性,本研究也将之纳入分析。

这种体制的去商品化程度最高。根据这一理论背景,我们提出第一个假设。

假设1:如果权利意识①越强的外来务工人员获得城市医疗保险的可能性越大,则中国的福利体制是一种社会民主主义体制。

在自由主义体制中,核心的福利观念是有限政府和自我保障,这意味着国家和政府只为那些值得救助的人提供最低层次的帮助,其结果是社会风险较高的社会成员获得有限的社会救助。根据这一理论背景,我们提出第二个假设。

假设2:如果面对社会风险越多的外来务工人员获得城市医疗保险的可能性越大,则中国的福利体制是一种自由主义体制。

在保守主义体制中,核心的福利观念是传统保障因素的作用和对等级结构的保护,其社会政策的结果是劳动力市场中的在职人员和特殊领域的社会成员(如国家公职人员)得到特殊保障。根据这一理论背景,我们提出第三个假设。

假设3:如果进入特定职业领域的外来务工人员获得城市医疗保险的可能性越大,则中国的福利体制是一种保守主义体制。

研究中国福利体制,除了借鉴艾斯平-安德森的经典理论,还须充分参考东亚福利体制这一比较政策研究中的热点话题。学术界关于东亚福利体制有很多争论,其中影响最大的研究成果是:东亚国家和地区(包括中国)是一种发展型国家体制,这是一种不同于上述三种福利体制的例外模型。其典型特征是国家承担有限的社会保护职责,家庭或社区的福利负担较重,最重要的是,国家倾向性地将公共资源重点投向生产领域或与生产相关的领域。换句话说,这是一种以生产为导向的社会福利体制。在这一福利体制中,生产效率越高的人越有可能获得社会福利。根据这一理论背景,我们提出第四个假设。

---

① 必须指出的是,"权利"概念无论在学术界还是在个体认知层面,都存在较大分歧。个体主义的权利观强调个人自由的重要性,个体自由选择权利的落实是个人福利的重要保证。集体主义的权利观强调,权利是一种在由相互关系构成的社会或集体中进行利益协调的机制,通过调节个人利益之间以及个人利益与集体利益之间的冲突来保护人们的福利需求。参阅钱宁. 从人道主义到公民权利:现代社会福利政治道德观念的历史演变 [J]. 社会学研究,2004(1):46-52. 本项社会调查没有严格区分个体主义权利观和集体主义权利观,在所涉及的11道有关社会态度的问题中,既询问了关于个体自由的看法,也询问了国家对保障公平的看法。受制于问卷结构,作者只能对"权利"采取广义的理解,即个体权利意识高和集体权利意识高的受访者都被认为是权利意识高的调查对象。

假设4：如果人力资本越高的外来务工人员获得城市医疗保险的可能性越大，则中国的福利体制是一种发展型国家体制。

本章所使用的数据库是中国社会科学院社会学研究所主持的2011年"中国社会状况综合调查"（CSS2011）①。为了研究需要，本章对问卷中的相关问题及答案操作化如表7-1所示。

表7-1 变量及其操作化

变量	问卷中的问题	原始赋值	操作化赋值
因变量：外来务工人员"城市医疗保险的获得"	E1bb. 您有下列哪种医疗保险？	1 = 城镇职工医疗保险 2 = 城镇居民医疗保险 3 = 公费医疗 4 = 新型农村合作医疗	1 = 农村医疗保险 2 = 城市医疗保险
自变量：权利意识	G2. 您在多大程度上同意下列说法？该问题下共有11条陈述，分别询问被访者公民权利意识、公平感受和公共参与意识	1 = 很同意 2 = 比较同意 3 = 不大同意 4 = 很不同意 8 = 不清楚（missing value）	在对反向问题进行反向赋值后，将被访者得分加总。以四分位数为标准，将被访者分为四类： 1 = 最低公民权利意识 2 = 较低公民权利意识 3 = 较高公民权利意识 4 = 较低公民权利意识
	C6a、C6b和C6c. 分别询问被访者对于农村外来务工人员在城里工作、买房以及子女上公立中小学的看法	1 = 不应有任何限制 2 = 一定条件下可以被允许 3 = 应该严格限制 4 = 应该完全不允许	将四个问题得分加总，以中位数为标准： 1 = 较高迁移权利意识 2 = 较低迁移权利意识

---

① "中国社会状况综合调查"是中国社会科学院主持的一项大型纵贯调查项目，调查项目的主持人为李培林。作者对调查组织者提供的数据深表感谢。

（续表 7-1）

变量	问卷中的问题	原始赋值	操作化赋值
自变量：社会风险	D4j/D4a. 医疗支出占家庭总支出的比重	—	以四分位数为标准： 1 = 很低医疗支出压力 2 = 较低医疗支出压力 3 = 较高医疗支出压力 4 = 很高医疗支出压力
	F7. 在本地的社会经济地位	1 = 上；2 = 中上；3 = 中；4 = 中下；5 = 下	1 = 上或中上 2 = 中 3 = 下或中下
	F4. 日常生活中的困难。该问题下共有12条陈述，分别询问被访者及其家庭是否存在住房、教育、医疗、养老等方面的困难	1 = 有 0 = 没有	将前12个问题得分加总，以四分位数为标准： 1 = 很少生活困难 2 = 较少生活困难 3 = 较多生活困难 4 = 很多生活困难
自变量：制度排斥	B4a. 工作单位性质	从"党政机关""事业单位""私营企业"到"没有单位"共12个选项	1 = 体制内就业 2 = 体制外正式就业 3 = 体制外非正式就业
	B4d. 是否签订了劳动合同	1 = 签订了固定期限劳动合同 2 = 签订了无固定期限劳动合同 3 = 签订了试用期劳动合同 4 = 签订了其他劳动合同 5 = 没有签订劳动合同 6 = 不需要签订劳动合同（如党政机关）	1 = 签订了劳动合同或不需要签订劳动合同 2 = 没有签订劳动合同

(续表 7-1)

变量	问卷中的问题	原始赋值	操作化赋值
自变量：制度排斥	A1a1d. 政治面貌	1 = 中共党员 2 = 共青团员 3 = 民主党派 4 = 群众 5 = 其他	1 = 加入了政治党派 0 = 没有加入政治党派
自变量：人力资本	A1a1e. 教育程度	从未上学到研究生共9个选项	1 = 初中及以下 2 = 高中及以上
	B3g. 专业技能	1 = 很高专业技能 2 = 较高专业技能 3 = 一些专业技能 4 = 半技术半体力 5 = 体力劳动工作	1 = 很高或较高专业技能 2 = 半技术半体力劳动 3 = 纯体力劳动
	B4e. 管理技能或经验	1 = 只管理别人，不受别人管理 2 = 既管理别人，又受别人管理 3 = 只受别人管理，不管理别人	1 = 有管理技能或经验 2 = 没有管理技能或经验

三、当代中国福利体制：数据统计的发现

根据本章的研究假设，我们需要分别检验"权利意识""社会风险""制度壁垒""人力资本"与"外来务工人员城市医疗保险"之间的因果关系。因为已经参加医疗保险的外来务工人员只有两种可能性，即参加了农村医疗保险（新型农村合作医疗）或参加了城市医疗保险（包括城镇职工基本医疗保险、城镇居民基本医疗保险和公费医疗），所以因变量"外来务工人员是否获得城市医疗保险"只有两个选项（0 = 农村医疗保险；1 = 城市医疗保险）。根据因变量这一性质，我们采用二元 Logistic 回归建立统计模型。统计结果如表 7-2 所示。

表7-2 "外来务工人员是否获得城市医疗保险"的Logistic回归

		B	S.E.	Wald	DF	p值(Sig.)	Exp(B)
权利意识	个体权利意识	—	—	6.735	3	0.081	
	·较低个体权利意识	-0.720	0.290	6.156	1	0.013	0.487*
	·较高个体权利意识	-0.427	0.347	1.519	1	0.218	0.652
	·很高个体权利意识	-0.647	0.338	3.672	1	0.055	0.524
	迁移权利意识						
	·较低迁移权利意识	0.390	0.222	3.092	1	0.079	1.477
社会风险	医疗支出比重	—	—	0.633	3	0.889	
	·较低医疗支出压力	-0.169	0.296	0.326	1	0.568	0.844
	·较高医疗支出压力	0.062	0.302	0.042	1	0.838	1.064
	·很高医疗支出压力	-0.032	0.325	0.010	1	0.922	0.969
	社会经济地位			13.610	2	0.001	***
	·中层	-0.485	0.382	1.616	1	0.204	0.616
	·下层或中下层	0.444	0.384	1.336	1	0.248	1.558
	生活困难程度	—	—	3.889	3	0.274	—
	·较少生活困难	-0.580	0.303	3.665	1	0.056	0.560
	·较多生活困难	-0.306	0.313	0.961	1	0.327	0.736
	·很多生活困难	-0.144	0.328	0.192	1	0.661	0.866
制度壁垒	工作单位性质	—	—	1.611	2	0.447	—
	·体制外正式就业	-0.289	0.290	0.991	1	0.319	0.749
	·体制外非正式就业	-0.583	0.489	1.418	1	0.234	0.558
	是否签订劳动合同						5.434
	·签订了劳动合同	1.693	0.250	45.893	1	0.000	***
	政治面貌						
	·加入了政治党派	0.271	0.275	0.973	1	0.324	1.312

(续表7-2)

		B	S.E.	Wald	DF	p 值 (Sig.)	Exp (B)
人力资本	教育程度·高中及以上	1.299	0.250	27.013		0.000	3.664***
	专业技能	—	—	7.408	2	0.025	*
	·半技术半体力	-0.641	0.274	5.485	1	0.019	0.527*
	·纯体力劳动	-0.915	0.369	6.137	1	0.013	0.401*
	管理技能或经验·没有管理技能或经验	-0.791	0.325	5.914	1	0.015	0.453*
	Constant	-0.591	0.616	0.920	1	0.337	0.554
N=666		Nagelkerke R Square = 0.414					

注: ***$p<0.001$, **$p<0.01$, *$p<0.05$

表7-2显示,"权利意识"自变量对外来务工人员是否能获得城市医疗保险几乎没有显著性影响。无论是"个体权利意识"还是"迁移权利意识",均没有通过显著性检验。这一统计结果说明,从总体上看,"权利意识"对于外来务工人员是否能获得城市医疗保险来说并不是一个重要因素。值得指出的是,与"个体权利意识很低"的外来务工人员比较起来,"个体权利意识较低"的外来务工人员参加城市医疗保险的可能性更低,且通过了显著性检验(优势比=0.487,$Sig.=0.013$)。这是一个令人费解的现象。一个可能的解释是,与权利意识最低的外来务工人员比较起来,其他外来务工人员在农村往往是相对积极分子,而这些积极分子是农村社会政策推行过程中的"优先动员对象"。研究证明,在新型农村合作医疗推行的早期,农民对制度的信任度较低,导致新农合的参与率过低,所以基层干部和村干部通过强有力的动员手段来提升参与率。① 由于早期动员的作用,这些相对积极分子已经参加了新型农村合作医疗,因

---

① 房莉杰. 制度信任的形成过程:以新型农村合作医疗制度为例[J]. 社会学研究,2009(2):130-148,245.

此我们可以看到，与"个体权利意识很低"的外来务工人员比较起来，其他外来务工人员参与城市医疗保险的总体可能性都相对较低，尽管有些类型并没有通过显著性检验。

在西方福利国家的发展过程中，"权利意识"的拓展为普惠制福利和全民福利制度的建立提供了直接的政治道德依据①，自 T. H. 马歇尔之后，社会公民权利被认为是福利国家的核心概念，关于这一点几乎没有异议。② 我们根据统计结果发现，在外来务工人员能否参加城市医疗保险这一问题上，"权利意识"几乎不能起到显著性作用。有限的通过了显著性检验的指标也提示我们，"权利意识"对实质福利的拓展也没有起到正向的作用。统计结果证伪了我们的第一条假设。这就说明，至少在当前阶段，外来务工人员获得实质福利的可能性并不会随着权利意识的增长而增长。外来务工人员在城市争取实质福利权利的落实还需较长一段时间。③ 如果适度普惠型福利是中国福利制度转型的方向，那么这种转型还有较长一段路要走。

统计结果显示，"社会风险"与"外来务工人员能否参与城市医疗保险"之间的相关性同样不是特别明显。"医疗支出压力"对于外来务工人员是否参加城市医疗保险的影响完全不显著，"生活困难程度"也显示出同样的统计结果。只有"社会经济地位"这一子变量表现出了总体的相关性（$Sig. = 0.001$），但是其具体影响的过程和方向是不明确的。与社会经济地位在当地居于"上层"的外来务工人员比较起来，社会经济地位居于"中层"的外来务工人员获得城市医疗保险的可能性是下降的（优势比 = 0.616），而社会经济地位居于"上层"的外来务工人员获得城市医疗保险的可能性是上升的（优势比 = 1.558），并且两者均未能通过显著性检验（$Sig.$ 分别为 0.204 和 0.248），这说明三种类型外来务工人员之间的比较关系还需要进一步探索。总体来说，统计结果证伪了研究设计中的第二条假设，说明外来务工人员获得城市医疗保险的可能性大小并不

---

① 钱宁. 从人道主义到公民权利：现代社会福利政治道德观念的历史演变 [J]. 社会学研究，2004（1）：46 - 52.

② 艾斯平 - 安德森. 福利资本主义的三个世界 [M]. 郑秉文，译. 北京：法律出版社，2003：22.

③ 参见 SOLINGER D J. Contesting citizenship in urban China: peasant migrants, the state, and the logic of the market [M]. Berkeley, CA: University of California Press, 1999.

第七章 当代中国福利体制及发展型社会工作的建构

会沿着外来务工人员及其家庭面临的社会风险的强弱谱系而展开。

在一般意义上,任何社会保障措施都是为了化解或降低社会风险,但是在社会福利体制的语境中,"以风险化解为核心取向的社会福利"具有特别的含义。一旦将风险化解作为社会福利的核心目标,那么社会福利的制度设置和资源分配将与民众的风险程度高度相关,那些被认为面临更高社会风险的社会成员将优先获得社会福利的覆盖。这种制度设置与自由主义体制具有天然的亲和性,因为它设定了只有那些极度困难且无法自救的社会成员才是值得国家和集体优先救助的人。我们的统计结果证明,外来务工人员获得实质福利的可能性并非沿着"风险谱系"而展开的,因此中国的福利体制很难被称为典型意义上的自由主义体制。这一研究结果与在学术界有一定影响力的"改革后的中国福利体制体现出明显自由倾向特征"[1] 的判断并不相符。

在第三类型自变量"制度壁垒"方面,各具体指标的影响程度仍然差异明显。根据日常观察而被"寄予厚望"的指标——"工作单位性质"——在统计结果中并不显著。三种就业类型——"体制内单位就业""体制外正式就业"和"体制外非正式就业"——所面临的劳动力市场政策虽然是一致的,但是对政策落实程度的监控程度是有差别的。一般来说,"体制内单位"将受到更严密的政策监控,它们在签订劳动合同和为职工购买社会保险方面受到更强烈的政策约束,因此我们预期后面两种就业类型的外来务工人员获得城市医疗保险的可能性将显著低于"体制内单位就业"的外来务工人员。统计结果显示,虽然优势比(分别是0.749和0.558)证明了我们的研究预期,但是差异均不显著($Sig.$ 分别为0.319和0.234)。这一统计结果虽然否定了理论预期,但是为我们分析福利体制的落实过程提供了新的启发。本章第四部分将就这一问题进一步展开讨论。"是否签订劳动合同"对外来务工人员能否参与城市医疗保险具有十分显著的影响。与没有签订劳动合同的外来务工人员相比,签订了劳动合同的外来务工人员获得城市医疗保险的可能性大大增加(优势比 = 5.434, $Sig.$ = 0.000)。这一统计结果说明,《劳动法》或其他统一的劳动力市场政策法规能够打破市场制度的壁垒,对外来务工人员的权益保护起

---

[1] 参见 PENG I, WONG J. East Asia [M] //CASTLES F G, LEIBFRIED S, LEWIS J, et al. The Oxford handbook of the welfare state. Oxford: Oxford University Press, 2010.

到重要作用。政治面貌或政治身份是社会成员被体制吸纳的表现之一，一般来说，拥有党员身份会在劳动力市场中获取相对有优势的回报。[①] 但是我们的统计结果显示，是否加入了政治党派对于外来务工人员获取城市医疗保险并无显著相关性（$Sig.=0.324$），这或许与近年来政治资本在外来务工人员职业获取中的影响力越来越弱有关。[②]

一个无可争议的事实是，将城市医疗保险划分为"公费医疗""城镇职工医疗保险"和"城镇居民医疗保险"本身就是对不同的社会成员赋予不同的福利获取机会和水平的体现，其体现了对某些特殊群体的特殊保护，是劳动力市场等级分化的强化，因此这种制度区隔已经体现了保守主义福利体制的基本特征。但这并不是本章关注的焦点，本章聚焦于"实质福利"（在这里指城市医疗保险）在外来务工人员群体内部的扩散，并通过对影响扩散的因素的分析，对福利体制的趋势和走向进行判断。我们的统计结果显示，一些传统的制度壁垒如"工作单位性质""政治面貌"等对外来务工人员获取城市医疗保险并没有显著影响，而统一的劳动力市场政策和法律则有突破传统制度壁垒的功能。这在一定意义上可以说明，即便是中国福利制度在建立和维持的前期具有一定的保守主义特征[③]，在改革的过程中，这种特征也是在被弱化，而不是被强化的，这一点可以从近期的一些改革措施中看出来（比如养老保险并轨）。

与上述三种类型自变量比较起来，"人力资本"对外来务工人员城市医疗保险的获得具有十分显著的影响。教育程度的差异是影响外来务工人员是否能参加城市医疗保险的重要因素。与教育程度为"初中及以下"的外来务工人员比较起来，教育程度是"高中及以上"的外来务工人员参加城市医疗保险体系的可能性急剧增加（优势比 = 3.664，$Sig.=0.000$）。这就意味着，从总体趋势判断，受教育程度越高的外来务工人员越有可能参加城市医疗保险体系。在专业技能方面，与拥有"较高专业技能"的外来务工人员相比，从事"半技术半体力"工作的外来务工

---

① DICKSON B J. Who wants to be a communist? Career incentives and mobilized loyalty in China [J]. The China Quarterly, 2013, 217: 42 – 68.

② 符平，唐有财，江立华. 农民工的职业分割与向上流动 [J]. 中国人口科学，2012 (6): 75 – 82.

③ ASPALTER C. Introduction [M] //ASPALTER C. Conservative welfare state system in East Asia. London: Prager, 2001: 2 – 5.

第七章　当代中国福利体制及发展型社会工作的建构

人员参加城市医疗保险体系的可能性是下降的（优势比 = 0.527，Sig. = 0.019），而从事"纯体力劳动"工作的外来务工人员参加城市医疗保险体系的可能性进一步下降（优势比 = 0.401，Sig. = 0.013）。这一分布趋势说明，随着外来务工人员专业技能的增加，他们获得城市医疗保险体系覆盖的可能性也在增加，专业技能是影响外来务工人员城市医疗保险获得可能性的重要因素。在管理技能或管理经验方面，与"拥有管理技能或经验"的外来务工人员比较起来，"没有管理技能或经验"的外来务工人员获得城市医疗保险的可能性是下降的（优势比 = 0.453，Sig. = 0.015）。这就说明作为人力资本组成部分之一，管理技能的高低或管理经验的多少也是影响外来务工人员城市医疗保险获得可能性的重要因素。

"人力资本"各项具体指标分别得到验证，这就说明，人力资本是影响外来务工人员获得城市医疗保险可能性的关键因素。与人力资本存量较低的外来务工人员比较起来，人力资本存量较高的外来务工人员获得城市医疗保险体系覆盖的可能性大大增加。这与发展型国家体制的效率逻辑高度吻合：福利资源优先向有助于提升生产效率的领域和群体倾斜，社会福利为经济增长服务，重视经济发展以及与生产高度相关的福利政策。本研究的第四条假设得到证实。

综合来看，"权利意识""社会风险""制度壁垒"三大因素在总体上与外来务工人员获得实质福利（城市医疗保险）的相关性并不显著，即便个别具体指标体现出相关性，其影响方向和改变趋势也与艾斯平－安德森的理论框架背道而驰。从这个意义上说，当代中国的福利体制的确难以被简单地纳入艾斯平－安德森的福利体制类型学。它的特殊性足以使它成为一种独特类型。相反，"人力资本"成为影响外来务工人员城市医疗保险获取的关键因素，发展型国家体制的各项假设得到了充分验证。因此，我们可以从总体上判断，当代中国社会福利是发展型国家体制的延续。但是这种延续主要体现在制度结果上，当前发展型国家体制的落实过程已经与原来发展型国家体制的落实过程截然不同。我们将在第四部分展开分析。

四、发展型国家体制的延续及其落实变迁

借鉴波兰尼的嵌入性理论，艾斯平－安德森认为对社会福利体制的分

析必须在"国家与市场在分配制度的关系"中展开①,这就意味着仅仅将福利支出水平作为分析的焦点是存在偏差的,"福利支出对福利国家的理论主旨来说只是个附带现象……如果按照福利支出来评价福利国家,我们必须假定全部支出是均衡分配的"②。然而,由于国家干预市场的程度、方向和过程的差异,均衡分布的假设在事实上往往是不成立的。正是"国家与市场在分配制度的关系"的不同,导致了各个经济体之间的差异是一种体制性差异,而不是一种程度性差异。本章对发展型国家体制变迁的分析也将采取这种视角。

以"外来务工人员城市医疗保险获得的可能性"为切入点,我们已经发现,当代中国社会福利的实施结果仍然体现了发展型国家体制的核心特征,因此在制度价值的意义上,我们可以认为,当代中国福利体制是历史上发展型国家体制的延续。但是必须指出的是,由于国家—市场关系和国家治理理念的重大转型,发展型国家体制的落实过程发生了重要变化。

关于东亚福利体制研究的一个重要共识是,第二次世界大战以后,国家技术官僚在完成国家现代化的过程中发挥了带领性甚至是控制性作用。③ 国家技术官僚之所以能够在其中发挥控制性作用,与当时东亚地区普遍存在的"国家与市场的关系"相关。具体来说,国家自主性(政府权威)相对较高,因此政府能够拥有政策制定的自主性和政策执行的强制性。在"赶超经济"的压力下,东亚国家和地区普遍制定了经济增长优先的发展战略,又得益于高度的政治权威的保障,这些国家和地区能相对容易地通过资源的聚集和积累进行快速工业化。这就是发展型国家(developmental states)的基本内涵。④

这一发展路径在改革以前的中国社会体现得十分明显。在计划经济体制下,国家通过政策和指令直接干预经济,以国家权威和资源控制为依

---

① 艾斯平-安德森. 福利资本主义的三个世界 [M]. 郑秉文,译. 北京:法律出版社,2003:4.

② 艾斯平-安德森. 福利资本主义的三个世界 [M]. 郑秉文,译. 北京:法律出版社,2003:20.

③ ONIZ Z. The logic of the developmental state [J]. Comparative Politics,1991,24(1):109-126.

④ ONIZ Z. The logic of the developmental state [J]. Comparative Politics,1991,24(1):109-126.

第七章　当代中国福利体制及发展型社会工作的建构

托，社会生活和经济生产在城市和农村分别被组织成单位制和集体制。由于国家对政治权威和经济资源的全面控制，因此国家实际上垄断了社会成员的生活机会。单位作为国家统治的延伸组织和代理机构，对国家有着高度的依赖关系[①]，在福利提供方面的自主性有限。在整体社会福利方面，国家通过一系列被包含在经济政策之中的社会政策建立了"群体内部相对平均，群体之间差异显著"的社会保障体系。如果我们从突破"福利支出水平"这一表面数据来看，这种看似平均主义的福利体制本质上仍然是一种发展型国家体制：城市内部的"低工资、高福利"通过强制性集体消费相对隐蔽地实现了资源聚集，城乡之间的"剪刀差"政策则直接将农村资源抽调到城市以支持快速工业化。

发展型国家体制在改革初期得到了突出的强化。在"经济增长优先"的发展战略下，一系列社会福利被认为是经济增长的包袱而被甩掉[②]，只有在"为经济体制改革提供配套措施"的语境下，社会政策才获得狭窄的讨论空间。"配套措施"语义本身便将社会福利边缘化，社会政策沦为经济政策的"婢女"。社会福利的公平、保障、权利等价值均被效率逻辑取代。改革初期的社会政策内容虽然发生了很大变化，但是社会福利的执行过程与改革前类似，即国家是社会福利项目的撤销、削减或改革的绝对主导者，各经济单位或市场组织在此过程中只是被动地执行政策文件，并且再分配支持力度的削弱使经济单位或市场组织在福利提供的方面自主性和行动空间被进一步压缩。

总体来看，改革以前及改革初期发展型国家体制的实现过程十分明显地体现了国家控制之下的"规制性落实"。国家作为直接的行动主体规定了社会资源的分配方向和分配额度，单位、集体以及"初生的"市场组织在福利资源分配方面的自主性较弱。

但是上述状况在20世纪90年代中后期发生了改变。在总体性社会分化、市场因素的扩张以及发展理念的转变等多种因素的共同作用下，发展型国家体制的落实过程已经发生了重要的转变。片面经济增长的自反性倒逼机制促使市场开始寻求"重新嵌入"，社会福利本身的价值得到重新认

[①] 李路路. 论"单位"研究[J]. 社会学研究, 2002(5): 23-32.
[②] 王绍光. 大转型：1980年代以来中国的双向运动[J]. 中国社会科学, 2008(1): 129-148, 207.

识,这就使中国社会体现出社会政策时代的特征。① 但是对社会福利的反思和重建又不能以大幅度牺牲经济增长为代价,在这双重诉求下,中国政府采取了层次性的社会政策重建策略。首先,大幅度扩大基础保障尤其是社会救助(城乡低保)、城乡基本养老保险、城乡基本医疗保险等领域的覆盖率,以此满足社会建设的诉求。其次,仍然保留不同社会群体之间社会福利水平的差异性,为那些被认为更有助于提高经济发展效率的社会成员提供更高的福利保障,以此满足"社会政策为经济增长服务"的诉求。正是在后一层次的重建策略中,发展型国家体制得到了延续。更为重要的是,当前发展型国家体制执行主体的角色发生了转变,国家或政府更多地承担政策引导的角色,而具体执行的主导角色由劳动力市场的用人单位或村庄集体来承担。也就是说,在基础保障得到落实的前提下,用人单位或村庄集体有一定的自主性为他们认为有助于提高生产效率或治理效率的对象提供选择性激励。

本章的分析对象"外来务工人员城市医疗保险"是选择性激励的一个典型案例。政府对外来务工人员参加城市医疗保险并没有强制性要求,但是如果有用人单位愿意为其组织中的外来务工人员购买城市医疗保险,国家或地方政府将提供政策支持。在这一充满灵活性的政策背景下,用人单位与外来务工人员之间将展开一场双向选择,但是在一般情况下,劳资双方的博弈往往是力量不平衡的。用人单位将有更大的决策权决定哪些外来务工人员将有机会参加城市医疗保险。事实上,我们的分析发现,那些人力资本存量更高的外来务工人员将更有机会获得参与城市医疗保险的机会。换句话说,用人单位选择了那些被认为更有生产效率的外来务工人员参加城市医疗保险。在这一过程中,发展型国家体制的执行过程由"规制性落实"转变为"诱致性落实",即国家或政府不再通过强制性规定来实现发展型国家体制,而是通过政策引导用人单位落实发展型国家体制。

综合比较起来,当前的发展型国家福利体制与传统的发展型国家体制的差别主要表现为四个方面。首先,在行动主体方面,在传统的发展型国家体制中,国家是一种控制性角色,同时家庭在保障提供方面承担主要职

---

① 王绍光. 大转型:1980 年代以来中国的双向运动 [J]. 中国社会科学, 2008 (1): 129-148, 207; 郁建兴,何子英. 走向社会政策时代:从发展主义到发展型社会政策体系建设 [J]. 社会科学, 2010 (7): 19-26, 187-188.

责；在当前的发展型国家福利体制中，国家转变为引导的角色，用人单位（市场组织或其他组织）以及村庄集体在国家引导下进行选择性激励。其次，在保障层次方面，传统的发展型国家体制直接强调社会政策为经济发展服务；当前的发展型国家福利体制则同时关注两个层次的社会福利，一个层次是逐渐完善基础性保障，另一个层次是继续发挥社会政策为经济增长服务的功能。再次，在落实方式方面，当前的发展型国家福利体制已经用"诱致性落实"取代了传统发展型国家体制的"规制性落实"。最后，在公共资源投放方式方面，传统发展型国家体制往往进行直接的生产性投资，通过直接的资源聚集来推动经济增长，或直接向有助于提高生产效率的领域（教育、职业培训）倾斜性地投资；当前的发展型国家福利体制一方面继续进行直接的生产性投资，另一方面则强调通过政策引导和市场杠杆激励社会成员进行人力资本投资。

五、建构中国的发展型社会工作

一个国家或地区的社会工作类型必须适应特定的社会福利体制才能获得良好的发展。如本章所论证的那样，中国的福利体制属于发展型国家体制，但是中国的社会工作长期以来却是模仿英美国家建构了以个体性社会治疗模式为主导的社会工作类型。个体性社会治疗模式可能是适应英美自由主义福利体制的有效类型，但是它长期脱离经济社会发展的核心议题，不但导致社会工作专业和职业的自我边缘化，而且很难真正嵌入经济社会发展的主流框架中。近30年来，随着社会工作本土化运动在全球兴起，发展型社会工作因为更能适应一些发展中国家及新兴经济体社会福利体制的需要而逐渐得到重视。

发展型社会工作在20世纪80年代开始萌芽，詹姆斯·米奇利对欧美社会工作"专业帝国主义"的批判和对社会工作"社会关联性"的强调，为发展型社会工作的产生和发展奠定了方法论基础。[①] 发展型社会工作的倡导者们认为，欧美传统的微观个体治疗模式事实上无法回应发展中国家

---

① 陆德泉. 社会发展视角探索社会工作的本土化策略：以南非建构发展性社会工作体系的路径为例［J］. 中国农业大学学报（社会科学版），2017（3）：35–45.

普遍存在的贫困、失业、公共服务不足等问题①，因为这些问题往往体现出宏观的结构性特征，它们不是个体性的问题，而是事关经济社会发展模式和发展全局的结构性问题。事实上，发展型社会工作之所以在发展中国家及新兴经济体首先得到应用和拓展，一个十分重要的原因就是这些国家在推进社会工作发展过程中对欧美社会工作个人性、治疗性特征的反思性批判。②

作为发展型社会工作的主要倡导者，米奇利及其合作者对发展型社会工作的主要特征进行了归纳：第一，发展型社会工作的核心特征是社会投资，在承认服务对象优势和潜能的同时，更重要的是提供机会和途径促进服务对象的优势、潜能发挥以及发展的机会与渠道，并促进环境改善；第二，发展型社会工作强调"社区为本"服务实践的重要性，服务对象应该与其生活的环境获得共同改善的机会；第三，发展型社会工作特别强调参与式服务的重要性，它十分反感治疗性社会工作的专家和权威的角色形象，鼓励服务对象参与并在参与过程中增强服务对象的能力才是发展型社会工作倡导的服务方向；第四，发展型社会工作提醒社会工作者要谨慎处理国际化与本土化问题，不但所谓的通用社会工作模型的本土适应性问题需要反思，而且由本土经验总结出来的社会工作模型具有多大的国际推广价值也需要反思；第五，发展型社会工作对社会权利、福利权利和社会正义等宏观和结构问题往往投入更多的关注，这体现出发展型社会工作与纯粹微观的治疗模式的不同。③

另外一位发展型社会工作的代表人物，南非社会福利学者帕特尔（Patel）对传统社会治疗模式社会工作和发展型社会工作进行了专门的比较，他认为发展型社会工作与传统社会治疗模式社会工作有着根本性区别，从社会工作的理念到具体服务模式，发展型社会工作都体现出对传统社会治疗模式的超越。两者的比较如表7-3所示：

---

① 向荣，陆德泉，陈韦帆. 发展型社会工作对深化精准扶贫的助力策略分析［J］. 贵州民族大学学报（哲学社会科学版），2018（3）：73-86.
② 马凤芝. 社会发展视野下的社会工作［J］. 广东社会科学，2014（1）：222-228.
③ MIDGLEY J, CONLEY A. Introduction［M］//MIDGLEY J, CONLEY A. Social work and social development theories and skills for developmental social work. New York: Oxford University Press, 2010: 13-14.

表7-3 发展型社会工作与社会治疗模式的比较①

传统社会治疗模式	发展型社会工作
·不公平与歧视 ·参照医疗模式 ·聚焦在补救、社会病态、服务对象的不足、个人的心理临床治疗与院舍照顾 ·家长权威关系与片段性干预 ·以社会工作者为主要的专业角色 ·昂贵，影响面小	·社会公义目标，特别针对弱势群体需求 ·参照"以权利为本"模式 ·聚焦在社会与经济发展、充权、以能力为本、参与、惠贫、脆弱群体、伙伴关系 ·通用实务整合宏观与微观干预策略，在不同层面和不同服务对象群体中开展干预服务 ·整合式的以家庭为中心和以社区为基础的服务 ·以协作式服务动员相关专业和非专业参与提供服务 ·成本效益高，影响更大

根据发展型社会工作的基本理论，我们可以对建构中国的发展型社会工作提出一些框架式设想。

第一，发展型社会工作应当以社会投资为社会服务的核心。发展型社会工作首先要反思的便是传统社会工作的消极性，这种消极性表现为两个方面：补救性和治疗性。因此，发展型社会工作提倡的是预防性的和发展性的服务战略，体现出显著的积极社会工作色彩。走向积极社会工作，需要高度重视社会工作的投资性战略。发展型社会工作的社会投资战略表现为两个维度：人力资本投资和社会资本投资。在人力资本投资方面，社会工作不但要秉持优势视角，着重挖掘服务对象的优势和潜能，更重要的是为服务对象优势和潜能的增长提供现实的途径和机制。发展型社会工作与优势视角存在天然的联系，对问题视角的反思是两者之间共享的价值观②，但是发展型社会工作尤其强调优势和潜能的发挥并不是一个自然而然的过程，社会工作服务应当为服务对象创造相应的条件和机制。在社会

---

① PATEL L. Developmental social work: policy and practice implications in South Africa [C] //Taiwan Eden Foundation and the Department of Social Work. Taipei: Taiwan University: Conference Presentation in the 2nd International Developmental Social Work Conference, 2016: 11. 转引自陆德泉. 社会发展视角探索社会工作的本土化策略：以南非建构发展性社会工作体系的路径为例 [J]. 中国农业大学学报（社会科学版），2017（3）：35-45.

② 马凤芝. 社会发展视野下的社会工作 [J]. 广东社会科学，2014（1）：222-228.

资本投资方面，发展型社会工作强调创建接纳、参与和富有创造性的环境是社会工作的重要工作目标。因此，大量的发展型社会工作实践着重在社区、社会资本投资、劳动力市场、儿童福利等领域发挥其积极作用。①

第二，发展型社会工作应当参与到经济社会发展的核心议题中去。传统补救性和治疗性社会工作往往自我设限，将经济社会发展的核心议题留给其他学科，而社会工作则"自觉"地选择了经济社会发展中遗漏的问题。这些问题固然值得研究，也必须得到改善，但是社会工作参与到经济社会发展核心议题的讨论中去并不会改变社会工作的本色。发展型社会工作的社会投资取向本身就使社会工作具有参与经济社会发展核心议题的能力和条件。对人力资本和社会资本投入更多的关注本身就是在关注经济社会发展中的核心要素。除了这些持续性的核心议题，社会工作还须参与国家在经济社会发展中的阶段性重要议题。比如近些年来，精准扶贫和脱贫攻坚成为国家发展战略的核心构成要件，社会工作需要以更积极的姿态、以更富有投资性的方法为其提供专业性的智力支持。②

第三，发展型社会工作的介入方法具有层次性。发展型社会工作从一开始就是在对欧美传统社会工作忽视"社会关联性"的批判中产生出来的③，因此，它天然地具有相对宏观的社会工作取向。但是发展型社会工作绝不排斥中观和微观社会工作服务策略，它只是着眼于传统治疗性社会工作对相对宏观层次关注的不足而进行的反思性批判。发展型社会工作真正倡导的是层次性的社会工作服务。就全球已经开展的发展型社会工作实践来看，发展型社会工作既包括微观层面的人力资本投资计划，又包括中观层次的以社区为本的社会资本投资战略，还包括更宏观的消除经济社会

---

① 张和清. 中国社区社会工作的核心议题与实务模式探索：社区为本的整合社会工作实践［J］. 东南学术，2016（6）：58－67；肖萍. 女性就业援助的社会工作实务研究：基于13个项目的监测评估［J］. 社会工作与管理，2019（2）：19－28；万国威，裴婷昊. 迈向儿童投资型国家：中国儿童福利制度的时代转向：兼论民政部儿童福利司的建设方略［J］. 社会工作与管理，2019（4）：7－13.

② 向德平，程玲. 发展社会工作的脉络、特点及其在反贫困中的运用［J］. 西北师大学报（社会科学版），2019（2）：47－52；向荣，陆德泉，陈韦帆. 发展型社会工作对深化精准扶贫的助力策略分析［J］. 贵州民族大学学报（哲学社会科学版），2018（3）：73－86.

③ 陆德泉. 社会发展视角探索社会工作的本土化策略：以南非建构发展性社会工作体系的路径为例［J］. 中国农业大学学报（社会科学版），2017（3）：35－45.

参与障碍、创造平等和充分参与机会的社会干预计划。① 因此，胡曼（Hugman）提出发展型社会工作的干预策略包括三个层次：个人层面（包括个人、家庭、小群体）、社区层面（地方性社会）和政府层面（政策规划、公共政策）。②

---

① 马凤芝. 社会发展视野下的社会工作 [J]. 广东社会科学，2014（1）：222－228.
② 参见 HUGMAN R. Social development in social work: practices and principle [M]. London: Routledge，2015.

第八章 散居孤儿社会救助中的政策与家庭
——发展型社会工作的视角①

一、问题的提出

儿童是国家的未来，是民族的希望，由于儿童对自身还缺乏足够的认识，生活自理能力与心理成熟度尚处于发展阶段，因此儿童是弱势社会群体，需要我们的关爱与呵护。而散居孤儿作为特殊儿童或者说困境儿童之一，其面临的风险因素与不稳定性相对而言更大，是否能为其提供必要的照料与辅助性的发展服务对其身心健康成长有着重要的影响。民政部关于全国孤儿的调查统计显示，至2015年年底，我国共有孤儿50.2万人，其中集中供养孤儿9.2万人，社会散居孤儿41.0万人②，可见社会散居孤儿这个群体数量相当庞大。

一般而言，抚养社会散居孤儿的家庭，其结构往往是特殊、复杂的，他们的家庭面临着极大的不稳定性与风险性，所以家庭的力量很弱小，无法满足散居孤儿的许多需求。不论是从法律层面还是从情感倾向来说，祖父母主要是社会散居孤儿的第一抚养人，在实际生活中也基本如此。由于祖父母的年龄普遍较大、劳动能力逐渐丧失、收入甚微，尤其是农村地区，其经济来源须依赖成年子女，因此散居孤儿家庭的经济收入一般不稳定，生活支出压力较大，抚养质量也相应较低。同时，祖辈的精力和体力有限，孩子难以得到很好的照顾。其中也有部分是叔伯辈抚养的，但是一般叔伯也有自己的子女，对于散居孤儿的抚养，较难做到全心全意、无差异的照料，有些只负责提供物质而缺乏情感交流，有些迫于家庭关系复杂

---

① 本章的作者为王皎，现任教于浙江省妇女干部学校。本章由王皎的硕士毕业论文修改而来。
② 民政部：2015年社会服务发展统计公报［EB/OL］．（2016 – 07 – 11）．http：//www. mca. gov. cn/article/sj/tjgb/201607/20160700001136. shtml．

而无法待他们像亲生子女般。总的来说，这些散居孤儿普遍面临着家庭经济条件艰苦、家庭学业辅导能力弱、抚养家庭"亲子"沟通被忽视等方面的现状，同时在心理健康与社会融入等方面也存在着不同程度的问题。

目前政府对散居孤儿的帮扶形式主要是现金补贴，C市最新调整的社会散居孤儿基本生活费为905元/月。[①] 另外，政府在对散居孤儿的救助中有一些政策优待，如义务教育阶段杂费减免、职业培训等。所以在散居孤儿养育照料方面，政府是将重任寄托于散居孤儿的抚养家庭的，可是散居孤儿家庭由于组成结构复杂而无法有效发挥养育作用，从而可以发现，社会政策与家庭的关系存在着这样一个悖论：一方面，政府依赖于家庭在养育下一代方面的重要作用；另一方面，社会政策并没有对家庭提供足够的支持，社会上大部分的散居孤儿家庭仍然面临着非常困难的现状。所以政府需要承担起帮助散居孤儿家庭共同养育散居孤儿的责任，这不仅需要政府对孤儿本身的照顾，也需要建立完善的家庭福利政策体系来帮助有抚养散居孤儿这样特殊需求的家庭，以提升其抚养能力。本章主要从政府在散居孤儿救助中家庭视角的缺失来分析散居孤儿家庭目前面临的现实困境，并通过开展"社会散居孤儿社会工作帮扶"项目来为散居孤儿家庭提供服务与帮助，弥补社会政策在散居孤儿救助中的家庭视角缺失，及时总结经验，提炼服务模式以供社会政策参考，同时呼吁社会政策增加对家庭的补充性与支持性福利保障，让困境家庭也能发挥其应有的作用。

二、文献综述

家庭是人类赖以生存的最基本单位，能为社会成员提供重要的福利资源，是任何其他社会组织所不能替代的。[②] 社会散居孤儿由于失去了原生家庭而被祖辈、叔伯辈照顾，相比于原生家庭，其家庭结构更为特殊，所能发挥的福利作用也是十分有限的，政府如能对此类特殊家庭提供一些支持，就能大大提升其福利功能。在西方福利国家的社会政策演变和发展过

[①] 沈立. 市区完成孤儿基本生活费调整工作 [EB/OL]. 浙江在线：http://jinhua.zjol.com-cn/jinhua/system/2016/05/041020406013.shtml.

[②] 张秀兰，徐月宾. 建构中国的发展型家庭政策 [J]. 中国社会科学，2003 (6)：84-96，206-207.

程中，影响其变化的一个重要因素就是对家庭功能与责任的理解，而政策的演变过程实际上也从侧面反映了政府与家庭责任之间的关系是一个不断被重新界定的过程，在这个层面上，社会政策也可以被理解为家庭政策。① 卡尔曼和卡恩对家庭政策是这样理解的：政府以家庭为对象所采取的行动或为家庭所做的事，无论是对家庭产生正面还是负面影响的政府行动。② 下面将依据社会政策是否以家庭为保障对象，把保障模式分为直接保障模式、间接保障模式、自我保障模式三类，来阐述不同的福利体制下关于社会政策与家庭之间的关系。

（一）直接保障模式

直接保障模式在本章中主要是指一些社会福利政策直接以家庭为帮扶对象，即家庭政策。在这种模式下，社会政策与家庭是一种合作关系，政府为家庭提供最大程度的支持，主要体现在高水平的福利津贴和各项服务的提供，使家庭能更有效地发挥福利作用。

从西方家庭政策的发展进程来看，大致经历了以下几个阶段，由补缺模式阶段发展到自由模式阶段，再发展成制度化模式阶段。同时，福利国家为应对福利危机也对社会政策做了相应调整，由有针对性的福利提供代替原有的普惠型福利方式，更具有倾向性。③ 家庭政策最早的使命是弥补家庭功能的不足。④ 工业化和城市化的快速发展导致各种社会问题出现，而传统的家庭保障功能已经明显弱化，所以国家主动承担责任以保障家庭福利，一开始的家庭政策主要以弱势群体为保障对象，包括孕妇、婴幼儿及其母亲等。⑤ "二战"后是西方福利国家发展的黄金时期，尤其是安全与福利被日益视为一种公民权利，福利保障逐渐从选择性向普惠性的路径

---

① 张秀兰，徐月宾. 建构中国的发展型家庭政策［J］. 中国社会科学，2003（6）：84 – 96，206 – 207.

② KAMERMAN S, KAHN A. Family policy: government and families in fourteen countries［J］. Journal of Economic Issues，1981，41：234 – 236.

③ 吕亚军. 战后西方发达国家家庭政策的嬗变［J］. 安庆师范学院学报（社会科学版），2010（1）：60 – 64.

④ 张秀兰，徐月宾. 建构中国的发展型家庭政策［J］. 中国社会科学，2003（6）：84 – 96，206 – 207.

⑤ OHLANDER A. The invisible child?: the struggle over social democratic family policy［M］. University Park: Pennsylvania State University Press，1992：229.

第八章 散居孤儿社会救助中的政策与家庭

转变①，这也就意味着家庭政策不再停留于事后补救，而寻求更广泛、持久的服务。而自20世纪70年代以来，全球化与个体化的影响使福利国家受到了多方面的挑战②，经济衰退、老龄化严重、传统家庭模式萎缩等问题日益突出。西方福利国家的发展经历了去家庭化—再家庭化的演变过程，佩特拉·乌尔马宁、玛塔·西贝赫利通过对瑞典养老政策发展演变的一个具体描述来反映西方福利国家在家庭政策方面的这样一个发展走向③，反映了福利国家在面对危机时政府对家庭的再次重视，政府优化、调整了家庭政策，对家庭的支持侧重在家庭投资。盛亦男与杨文庄将西方家庭政策进行了梳理与归纳，发现西方国家主要通过经济补贴、税收优惠的方式来保障家庭的基本经济生活，在儿童照顾方面建立早教机构，提供教育、营养、健康等方面的服务，有效减轻了家庭养育儿童的压力；同时在政策方面也更多地体现了妇女权利，具体表现在产假、生育补贴和工作保护这些政策上，以及促进男女平等、推崇双职工—双照顾的家庭模式。④

反观国内的家庭政策，还是处于摸索阶段，缺少系统的政策框架，分布于其他各个社会政策中。改革开放以后，尽管国家在家庭保障和促进男女平等方面做出了一些尝试与努力，但社会政策的总体特征还是表现为补缺模式。⑤ 政府未建立专门负责家庭政策的部门，各部门之间相互独立、各司其职但又有所交叉，在责任方面的界限也较模糊，在政策方面缺少统一、综合的政策规定，而使家庭政策分散于其他政策中，国内的家庭政策与福利制度急需转型。⑥ 吴帆也在其研究中指出，国内缺乏明确的、有针

---

① MORONEY R M. The issue of family policy: do we know enough to take action? [J]. Journal of Marriage and Family, 1979, 41: 461-463.
② 武川正吾. 福利国家的社会学：全球化、个体化与社会政策 [M]. 李莲花，李永晶，朱珉，译. 北京：商务印书馆，2011：111.
③ ULMANEN P, SZEBEHELY M. From the state to the family or to the market? Consequences of reduced residential eldercare in Sweden [J]. International Journal of Social Welfare, 2015, 24: 81-92.
④ 盛亦男，杨文庄. 西方发达国家的家庭政策及对我国的启示 [J]. 人口研究，2012 (4)：45-52.
⑤ 胡湛，彭希哲. 家庭变迁背景下的中国家庭政策 [J]. 人口研究，2012 (2)：3-10.
⑥ 李楯. 家庭政策与社会变迁中的中国家庭 [J]. 社会学研究，1991 (5)：88-92.

对性的家庭政策，且呈现碎片式状态，家庭政策体系也待建构。① 胡湛、彭希哲的研究则指出改革开放后的社会政策把主要关注点放在了问题家庭以及失去家庭无依无靠的群体身上，对于一般的家庭，只有出现重大的困难或灾难才会去救助，所以对家庭的支持基本属于选择性的事后补救。② 大部分的学者在研究、梳理西方家庭政策的同时总结国外经验，并联系当下中国实际情况提出了完善我国家庭政策的倡导与一些模型建议。顾辉倡导建立以家庭为取向的发展型社会政策，以家庭投资的方式支持家庭。③ 盛亦男、杨文庄在结合中国国情的情况下提出"保基本、广覆盖、福利与调控人口并重"的路线。④ 王军平从微观和宏观层面来支持家庭发展，如通过对家庭政策体系的完善，在政府管理体制上运用创新的方式，共同营造良好的社会氛围等。⑤ 所以总的来说，国内在建立与完善家庭政策这条道路上还任重道远。

（二）间接保障模式

有一些社会政策的福利提供不是以整个家庭为支柱，而是以家庭中的核心成员为其福利提供对象的，这种福利提供方式在本章被称为间接保障模式，较有代表性的是德国、意大利等，这些国家受到传统宗教思想的影响，把男性赚钱养家，男人作为家庭经济支柱视为一个信条并体现在国家意识形态和福利体制当中。这一类型的福利国家相对于直接保障模式的国家来说显得有些保守，表现出混合性特点。用艾斯平－安德森的福利模式划分学来理解，可被视为一种保守主义体制。⑥ 这种保障模式保护的是现有阶级分化状态，个人依据现有社会地位和阶级状态来获得相应权利。这类国家是以社会保险为其主要的福利提供途径的，也就意味着只有参与劳动力市场的社会成员才能享受国家提供的社会保护，而其他社会成员主要

---

① 吴帆. 第二次人口转变背景下的中国家庭变迁及政策思考［J］. 广东社会科学，2012（2）：23-30.
② 胡湛，彭希哲. 家庭变迁背景下的中国家庭政策［J］. 人口研究，2012（2）：3-10.
③ 顾辉. 当前家庭面临的挑战与选择［J］. 学术界，2011（9）：215-222，289.
④ 盛亦男，杨文庄. 西方发达国家的家庭政策及对我国的启示［J］. 人口研究，2012（4）：45-52.
⑤ 王军平. 欧洲的家庭发展政策及其借鉴价值［J］. 理论探索，2012（3）：98-100.
⑥ 艾斯平－安德森. 福利资本主义的三个世界［M］. 郑秉文，译. 北京：法律出版社，2003：19.

第八章 散居孤儿社会救助中的政策与家庭

通过家庭、社区或某些传统力量来获得保护。① 所以家庭依然被视为福利的主要提供者，政府选择辅助性的途径去支持整个家庭的发展，对家庭领域并不会有过多的干涉。

间接保障模式下的社会政策特别注重将个人与国家结合，表现在公共事业的国有化，而其他方面仍保持私有制经济，因此，个人、雇主和国家在社会政策中承担着相应的社会责任。例如1883年德国颁布的《疾病保险法》明确规定了雇主承担1/3，工人承担2/3；1884年颁布的《工伤事故保险法》规定全部由雇主承担；1889年颁布的《老年与残疾保险法》要求雇主和工人各承担一半。② 在蒂特马斯看来，这是一种将社会福利与工作成绩紧密联系的模式，即工作成就模型。也就是说，想要得到生活保障，必须先有工作成就。③ 以此看来，社会福利保障的是参与市场的人，而家庭福利也只能依靠家里劳动力所参与的社会保险，这对于家庭中的个人来说负担较重。

在中国，社会福利一般被理解为社会保障。中国的福利制度与思想经历了三个阶段，包括传统社会的福利制度、计划经济时代的福利制度，以及20世纪80年代以来的福利体制。在计划经济之前，中国的家庭几乎承担了所有的福利责任，是一个具有生产—消费作用且能够进行自我调节的最小社会单位。④ 但在中华人民共和国成立以后，为发展经济，计划经济体制下国家—单位保障模式开始建立。政府、单位、集体配合提供主要的福利服务，这样就大大减轻了家庭的责任。20世纪80年代以来，社会主义市场经济逐渐建立，随着工业化和城市化的快速发展、社会思想的开放与进步，越来越多的劳动者开始加入劳动力市场，尤其是女性通过劳动获得了经济解放与自由，与父母的依赖关系开始减少，社会转型加快，父母的传统权威性也受到挑战，扩展型的大家庭也因此迅速瓦解，趋向核心家庭，呈现非亲属化的特征。⑤ 因此，家庭成员之间的情感帮扶功能不断减

---

① 李棉管. 福利体制研究中的二维视角：评艾斯平·安德森《福利资本主义的三个世界》方法论 [J]. 社会建设，2015（5）：88-96.
② 钱宁. 现代社会福利思想 [M]. 北京：高等教育出版社，2006：84.
③ 蒂特马斯. 蒂特马斯社会政策十讲 [M]. 长春：吉林出版集团有限责任公司，2011：20.
④ 孙常敏. 完善和创新我国家庭政策，统筹解决人口问题 [J]. 社会学，2010（1）：1-7.
⑤ 栾俪云. 变迁中的中国家庭与儿童看护的社会学考察 [J]. 湖北社会科学，2009（8）：50-52.

弱，家庭福利作用被削减，所承受的生活、心理压力越来越大。由此可见，中国有史以来就非常重视家庭、邻里等非正式系统的福利作用，但是家庭结构的变化、现代居住格局的调整等都导致这些非正式系统的功能弱化，使其无法发挥预想的福利作用。这也反映了在经济发展的同时，国家、市场及社会组织对家庭支持的不足。① 在中国的历史发展过程中，尽管家庭所具备的福利功能及其内涵发生了一个较大的变革，但总体而言，中国的社会保障制度基本上还是以劳动力市场中的人为主。对于家庭的支持，社会政策的支持绝大部分不是以一个家庭为单位，而是以家庭中的核心成员，即参与劳动力市场的人为对象。如计划经济体制下的国家—单位统包制度，只有有工作单位的劳动者才能享受国家与单位提供的福利保障。改革开放以来，社会保险和社会救助成为国家提供社会福利的基本方式，耳熟能详的就是医疗保险、养老保险、失业保险、工伤保险和生育保险，除工伤和生育不需要个人缴纳外，其余都是由企业和个人共同承担。另外，市场也经历了一个从无到有，并且逐步强大的过程。

对此，国内的很多学者在学习、梳理西方家庭政策的基础上提出了建构中国家庭福利体系的构想。刘继同结合中国家庭结构功能的变化与发达国家的福利制度，创造性地提出了家庭福利政策体系，包括原则、目的、实现路径等，具有中国本土化特色。② 张秀兰和徐月宾建议借鉴西方福利国家的经验，强调家庭责任的同时也要完善家庭功能，提供给家庭更多发展性支持，建构发展型家庭政策。③ 陈卫民认为应以提升家庭发展能力为重点，提供家庭支持政策以及就业帮扶政策，以加强家庭功能，为公民提供保护。④ 胡湛、彭希哲指出我国家庭政策应该以明确型和发展型为转变方向。⑤

---

① 代恒猛. 从"补缺型"到适度"普惠型"：社会转型与我国社会福利的目标定位 [J]. 当代世界与社会主义，2009（2）：166-169.
② 刘继同，左芙蓉. "和谐社会"处境下和谐家庭建设与中国特色家庭福利政策框架 [J]. 南京社会科学，2011（6）：72-79.
③ 张秀兰，徐月宾. 建构中国的发展型家庭政策 [J]. 中国社会科学，2003（6）：84-96, 206-207.
④ 陈卫民. 我国家庭政策的发展路径与目标选择 [J]. 人口研究，2012（4）：29-36.
⑤ 胡湛，彭希哲. 家庭变迁背景下的中国家庭政策 [J]. 人口研究，2012（2）：3-10.

(三) 自我保障模式

奉行自由主义的国家并不认同以上两种观点。西方资本主义文明的核心思想即个人主义,强调社会中每一个个体都应该尽自己最大的努力去追求利益,并鼓励个体独立与自由,也就意味着个人要通过自身努力去获得社会认同。表现在福利方面,个人主义盛行的国家通常认为家庭属于私人空间,是一个自足领域,政府若对家庭事务进行过多干预,会被认为是对公民权利的侵犯,所以公共政策不应该介入家庭领域,国家只在市场和家庭失灵时才会去进行干预。[①]那么在这种福利体制下,公共政策与家庭的关系是分离的。在本章中,这种模式被定义为自我保障模式。

在个人主义的价值观里,个人是其生活的责任者,即每个个体对自己负责,所以出现贫困时也被认为是个人原因导致的贫困问题,如个人惰性、个人失败等。随着福利国家的出现,政府开始承担对公民的福利责任,而不仅仅依靠家庭本身,去家庭化渐渐得到大多数国家的认同并予以实践,"二战"后至20世纪70年代是去家庭化发展的黄金时期。去家庭化的目的是减轻家庭的负担,让个体从对亲属、家庭的依赖中获得独立。举例来说,养老金让老年人在经济上逐渐摆脱子女获得独立,养老机构让老年人在照料上从子女家庭获得独立;对于子女来说,养老服务的保障在一定程度上也让其减轻了赡养父母的经济压力及照顾责任。所以在国家集体主义福利作用下,家庭个体化获得了制度保障。去家庭化顺利推行,使个体得到极大的解放,同时个体也面临着极大的风险与压力。去家庭化政策以市场为基础,多见于自由主义国家,如美国、英国等,即去家庭化福利大部分是通过市场或一小部分社会性志愿服务来提供的,所以公民个体的差异会导致福利阶级分化,有较高经济收入者才能享受这种去家庭化福利,而贫困者、弱势群体依然只能依靠家庭。[②]可见去家庭化政策对于家庭来说仍然没有什么支持,个体只能靠自身的努力去获得市场的福利保障,政策与家庭之间的关系是脱离的。这也是西方很多国家在福利危机后

---

① DALY M. Shifts in family policy in the UK under new labour [J]. Journal of European Social Policy, 2010, 20 (5): 433-443.

② 韩央迪. 家庭主义、去家庭化和再家庭化: 福利国家家庭政策的发展脉络与政策意涵 [J]. 南京师大学报 (社会科学版), 2014 (6): 21-28.

开始重新重视家庭,发展再家庭化政策的原因。

个人主义的价值观只允许"最小政府"的存在,即政府只能在最小范围内进行干预①,也就是所谓的最弱意义的国家、最低限度的政府等。在艾斯平-安德森的福利类型中,这被解释为自由主义福利体制。② 在这种体制下,家庭只能享受到国家提供的较小部分的现金补贴和福利保护,除非市场与家庭都难以保障家庭的基本生活才会对其有所救济,而且是在严格的家计审查制度下对家庭提供的补缺式救助。在这样的福利体制作用下,个人被视为福利责任的主体,承受着巨大的压力,只有在市场中不断地进行"商品化",获得更多的收入才能购买福利服务。无力承受的结果就是走投无路而去选择政府的救济,可见是多么无奈。蒂特马斯提倡用再分配的方式提供福利服务,坚决抵制通过市场的私营化方式。③ 此种福利模式对于某些社会支出所占比例较小的国家来说,其社会政策的去商品化效果较不明显,且会拉大收入差距,导致两极分化严重,社会不平等问题日益凸显,阶级矛盾尖锐,社会不稳定因素增加。因此,集权化与小众化会破坏社会福利的共享性,而且私营福利并不能提供选择的自由,反而对社会统合造成负面影响。④

从上述研究中可以发现,社会福利政策与家庭福利责任之间存在着三种不同的关系,有的紧密合作,政策直接以家庭为保障对象,共同分担家庭照料责任;有的两者之间分离,公共空间与私人领域的界限分明,以自我保障为主;也有的社会政策表现得较为含蓄,间接提供家庭保障。这三种不同的关系导致了家庭所承担的压力与面临的风险的差异。目前,中国的政府福利责任与家庭照料之间的关系属于间接保障模式。也就是说,相比于国外成熟的家庭政策,国内的家庭福利体系还没有被完全建构起来。社会政策的主要价值理念还是将抚养子女的责任交由家庭来完成的,希望家庭能够发挥重要作用,可现实是,像散居孤儿家庭这样组建起来的抚养家庭,矛盾性、风险性与复杂性让他们的家庭面临着特殊性而变得软弱无

---

① ZIMMERMAN S L. Understanding family policy [M]. London: Sage Publication, 1988: 28.

② 艾斯平-安德森. 福利资本主义的三个世界 [M]. 郑秉文, 译. 北京: 法律出版社, 2003: 21.

③ 蒂特马斯. 蒂特马斯社会政策十讲 [M]. 长春: 吉林出版集团有限责任公司, 2011: 25.

④ 武川正吾. 福利国家的社会学:全球化、个体化与社会政策 [M]. 李莲花, 李永晶, 朱珉, 译. 北京: 商务印书馆, 2011: 85.

第八章 散居孤儿社会救助中的政策与家庭

助。当然,国内也有很多学者在倡议、推动家庭政策的发展,那么对此社会工作者又可以做些什么呢?在此社会政策背景之下,本章在分析散居孤儿抚养家庭存在的问题与需求基础上,将通过社会工作者的介入来给予抚养家庭支持与帮助,提升抚养家庭的养育能力,有效发挥其福利作用,同时为推动国内家庭政策的发展贡献绵薄之力。

三、研究设计与项目描述

(一)研究思路与方法

儿童是民族的未来,各国对未来劳动力的投资是高度重视的。社会散居孤儿是儿童的一个特殊群体,其数量庞大,而且处境困难,需要更多的关注与投入。与福利院内孤儿不同的是,社会散居孤儿主要依靠抚养家庭来为其提供养育照顾,但不同于原生家庭,抚养家庭一般结构特殊,关系复杂,在现实情况中较难有效发挥像普通家庭那样的抚育作用。而目前国内在散居孤儿救助方面,政府强调发挥抚养家庭的基础性作用,主要把孤儿救助及养育责任寄托于监护人家庭,使"先天不足"的社会散居孤儿家庭很多时候面临着较大风险性却无法得到保护。其中最重要的原因是社会政策缺失了家庭视角,散居孤儿大部分的需求要依靠家庭功能的发挥来得到满足,所以建立完善的家庭福利政策体系才是治本的有效途径。正是认识到了这一点,社会工作者在给散居孤儿提供社会服务时引入了家庭视角,以弥补目前政策的缺失。在"社会散居孤儿社会工作帮扶"项目中,社会工作者运用结构家庭治疗模式为散居孤儿家庭提供专业服务,包括家庭辅导及"心家庭"模式的社会支持平台搭建。初期,社会工作者以正式身份进入抚养家庭,与家庭成员接触并且融入其中,观察各次系统之间的互动模式;多次接触并建立信任关系后,在充分观察和收集资料的基础上,社会工作者对案主家庭的互动模式及各次系统之间的边界做出判断,并绘制家庭结构图,具体分析家庭情况;与案主家庭共同制订服务计划,通过一系列的方法转变家庭内外原有的互动模式,促成案主家庭结构的转化,重新建立起更合适的家庭结构;同时通过结对的方式为散居孤儿家庭提供志愿者家庭的支持,形成"心家庭",让其获得情感联结、情感支持及家庭经验等。最后根据社会工作者的行动成效与反思,总结出可行的服务模式并提出政策建议，使实践经验上升到政策层面，用实际行动与实验研究为推动建立更符合中国本土的社会政策而努力。

本章研究采用的是行动研究法，这是一种集行动、反馈和研究于一体的方法。研究目标是为散居孤儿抚养家庭提供支持性辅导，调整其家庭结构，满足基本福利需求。将研究者与社会工作者相结合，运用观察法、访谈法及文献研究法评估抚养家庭在社会政策家庭视角缺失情境下所面临的问题及其需求，根据问题界定与需求评估制订服务计划，并且结合个性化需求，以最佳方案为导向进行调整，服务于实践。在行动实践过程中，运用个案研究法对散居孤儿家庭展开介入，同时运用参与式观察法，在交流互动的过程中把握案主的言语和非言语符号，从而更准确了解案主的内心世界，并在行动中时刻保持反思性。最后做好过程评估与效果评估，同时做好相关经验材料的收集。具体思路与方法如图8-1所示：

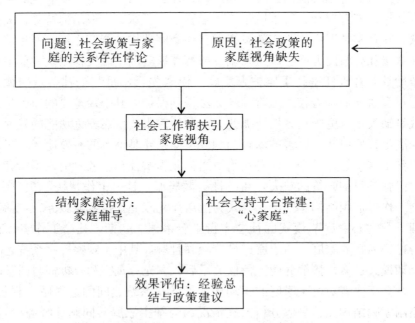

图8-1 散居孤儿社会救助的社会工作干预总体思路

(二) 项目描述

1. 项目理念

儿童、青少年时期是人一生中重要的转折期，需要特别的引导和帮助。在对C市散居孤儿生活状况的调研数据进行分析的基础上，我们发现孤儿在学习效能、心理层面、亲子关系、家庭照顾、社会支持等方面存在需求，而传统的孤儿救助模式在救助专业性、救助内容与成效等方面略显不足，无法从根本上满足孤儿"全人发展"的需求。因此，项目组以散居孤儿的家庭为项目支撑点，使社区志愿者家庭与散居孤儿及照顾者组建"心家庭"，完善家庭结构，并通过社会工作者的家庭辅导、家庭暑期营会以及家庭志愿服务等活动的开展，增进家庭生活，健全家庭功能，改善散居孤儿的家庭环境，进而促进散居孤儿的全人发展。同时为社会救助以及社会散居孤儿服务标准的建立准备大量实务经验与研究成果。

2. 服务对象

根据C市儿童福利院提供的散居孤儿名单，社会工作者进行了走访与需求评估调查，通过对年龄、需求、常驻地的筛选，最终确定了50名散居孤儿为服务对象。这些服务对象基本在心理、行为及学习方面存在需求，其抚养家庭成员关系复杂、结构特殊，具有极大的不稳定性与风险性。目前，大部分的散居孤儿家庭除了政府提供的孤儿补贴以外，并无其他福利享受，只能依靠邻里、亲属等非正式力量，但目前这些非正式力量也在慢慢减弱。项目中社工介入的家庭即本章行动研究的对象都是由亲属抚养散居孤儿的家庭，基本由祖辈或叔伯辈但任抚养角色。

3. 操作模式

社会工作者运用个案管理方法为散居孤儿提供服务，即以散居孤儿为中心，综合运用多种社会工作方法，实现从心理、行为等多方面的干预。具体目标是提高儿童的自我认同感，提升其自信、自尊及自我效能；提升儿童的学习效能，帮助儿童掌握有效的学习方法；优化儿童的亲子关系，调整家庭关系。具体有以下几个方面：第一，个案辅导。为散居孤儿开展个案咨询，帮助其更好地调试自我状态，增强自信，提高学习效能。第二，小组活动。开展与散居孤儿同龄的孩童小组，帮助散居孤儿增进与同伴的互动、交流与了解，助其得到平等对待，提升其人际交往能力。第三，家庭辅导。调整散居孤儿的家庭关系，促进交流沟通，增进散居孤儿与其抚养人的亲子关系。第四，社会支持平台建构。为散居孤儿建立"心家庭"，将城市志愿者家庭与其结对，每个月进行一次家庭会议，为散居孤儿提供持续性支持。第五，社区介入。在"心家庭"搭建的基础上，在相关村（社区）不定期地开展一些中型或大型的社区活动，目的在于在社区乃至社会上对孤儿形成具有包容性、接纳性的社会氛围。第六，政策倡导。在探索社会散居孤儿服务模式的过程中，不断进行反思与经验总结，倡导儿童福利、家庭福利等方面政策的完善与推进。

四、散居孤儿社会救助：政策与缺陷

（一）散居孤儿社会救助政策介绍

一直以来，我国大部分孤儿主要是由亲属或其他监护人抚养的，可称为社会散居形式，而由福利机构照料的院内孤儿相对较少。这与中国的传统文化思想有关，传统大家庭的互助精神与福利功能比较强大，尽管现在逐渐减弱，但是由于社会舆论和道德压力，一般亲属不会不管与自己有血缘关系的孤儿。所以政府将重心主要放于无亲属及监护人的院内孤儿，对于由亲属或社区监护人抚养的散居孤儿，主要养育责任仍在于其抚养家庭。

从表8-1关于孤儿救助的社会政策中可以发现，在2009年之前，国家主要出台了一些关于儿童福利机构建设及保障的政策，旨在发展院内孤儿的福利条件。在孤儿收养方面，有两个政策分别规范了中国公民、外国人的收养行为，同时在抚养家庭管理方面，政策起到了一个监督作用。直到2009年国家出台《关于制定社会散居孤儿最低养育标准的通知》，这意味着政府要开始为广大社会散居孤儿提供生活补贴，对散居孤儿的救助慢慢拉开了帷幕。《国务院办公厅关于加强孤儿保障工作的意见》（以下简称《意见》）于2010年出台，这是第一次国家直接通过现金补贴的形式为福利机构内外的孤儿提供制度性保障[1]，同时也标志着国家对孤儿基本生活的保障真正从院内扩大到院外，从以实物救助为主转向以现金救助

---

[1] 尚晓援. 中国儿童福利政策的重大突破与发展方向 [J]. 社会福利，2011（6）：5-6.

为主[①]。这一文件通过制定孤儿最低养育标准、将孤儿纳入城乡居民医疗保险与医疗救助、提供教育补助与生活补贴、为成年孤儿提供培训与职业介绍补贴,以及城市农村的住房保障计划予以孤儿保障等方式来保障孤儿的基本生活,但具体实施情况还是依据不同地方的发展程度而定。往后的几年时间里,在《意见》的基础上出台了关于孤儿基本生活费的规定,规范了孤儿保障范围,确保基本生活费及时、足额到位,同时在教育、儿童大病医疗等方面也出台了一些相关政策。但总体而言,在我国儿童福利提供方面,家庭一直发挥着主导作用,特别是在养育、照料、医疗、学前教育、高等教育方面。所以在散居孤儿救助中,政府始终在强调发挥亲属抚养的基础性作用,把孤儿救助及养育责任寄托于孤儿的亲属家庭或监护人家庭。

表 8-1 关于孤儿救助的社会政策[②]

出台部门(时间)	文件	主要内容
民政部(1999年)	《中国公民收养子女登记办法》	规范收养弃婴、儿童、孤儿行为
民政部(1999年)	《外国人在中华人民共和国收养子女登记办法》	规范涉外收养弃婴、孤儿、残疾儿童行为
民政部(1999年)	《社会福利机构管理暂行办法》	加强社会福利机构管理,促进社会福利事业健康发展
民政部(2000年)	《儿童社会福利机构基本规范》	规范各种为孤、弃、残儿童提供养护、康复、医疗、教育、托管等服务的儿童社会福利服务机构
民政部(2001年)	《儿童社会福利机构基本规范》	加强儿童社会福利机构管理

[①] 成海军,朱艳敏. 社会转型视阈下的普惠型儿童福利制度构建[J]. 学习与实践,2012(8):85-96.

[②] 裴指挥,张丽,刘焱. 从救助走向福利:我国儿童权利保护法律与政策的价值变迁[J]. 学前教育研究,2015(9):17-25.

(续表 8-1)

出台部门（时间）	文件	主要内容
民政部（2003年）	《家庭寄养管理暂行办法》	家庭寄养应当有利于被寄养儿童的抚育、成长，保障被寄养儿童的合法权益不受侵犯
民政部（2006年）	《关于加强孤儿救助工作的意见》	完善救助制度，使孤儿健康成长
民政部（2009年）	《关于制定社会散居孤儿最低养育标准的通知》	为广大社会散居孤儿提供生活补贴
国务院办公厅（2010年）	《关于加强孤儿保障工作的意见》	建立孤儿保障制度，使孤儿生活得更加幸福、更有尊严
民政部、财政部（2010年）	《关于发放孤儿基本生活费的通知》	建立健全孤儿保障制度，切实保障孤儿合法权益，促进孤儿健康成长，为全国孤儿发放基本生活费
民政部（2011年）	《关于继续做好孤儿助学工程的通知》	切实帮助广大孤儿接受高等教育，促使其成长成才，进一步造福广大孤儿
民政部（2011年）	《关于进一步完善保障孤儿基本生活有关工作的意见》	根据《意见》和《通知》精神，进一步完善保障孤儿基本生活有关工作
民政部（2016年）	《关于实施2016年孤儿高等教育助学工程有关工作的通知》	保障孤儿接受高等教育的权利，进一步做好2016年度孤儿助学工作

（二）散居孤儿救助中的家庭视角缺失及其后果

1. 物质主义取向

在以上社会政策中，关于散居孤儿的内容主要包括为社会散居孤儿提供基本生活费、提高孤儿医疗康复保障水平、落实教育保障政策、扶持就业等。这些政策保障主要以生活费补助、学费减免、学业资助、就业培训补贴等形式为孤儿提供帮助，可见在散居孤儿养育方面，政府正逐渐承担起主要的经济责任，但照料的责任还是由扩展家庭承担，救助政策体现出明显的物质主义取向，是一种事后补救型福利政策，很少能触及正处于重要发展时期的孤儿的心理。对于散居孤儿而言，物质的帮助很难真正让其生活变得更加幸福、更有尊严。首先，有限的物质救助很难让抚养家庭真正脱贫。在中国，无论是出于法律、道德约束还是情感关系，祖辈或亲属都是散居孤儿的第一抚养人，在本项目中，大部分都是由祖辈或叔伯辈抚养的散居孤儿。原本就丧失劳动力的祖辈主要依靠儿女抚养，收入甚微，而叔伯辈的家庭压力较大，家庭关系复杂，所以一般亲属抚养散居孤儿的家庭收入并不乐观，生活支出压力较大，抚养质量也相应较低。其次，社会政策的补助又基于家庭调查，是一种对弱势者带有浓重救济色彩、持怜悯心态的帮扶，所以孤儿作为公民在这个过程中并没有得到应有的平等与尊重的权利，反而是抱有羞耻感的受助者心态。物质主义倾向的救助政策主要依赖于家庭照顾能力的发挥，然而对家庭的支持极少，而且缺乏发展性视角，很难解决多层面、多面向的具体问题，无法满足孤儿的多层次需求，同时缺少避免孤儿陷入困境的预防性干预措施，不利于保障其身心健康发展。所以散居孤儿不仅需要物质方面的帮助，还需要心理、精神等方面的照顾，社会工作视角的散居孤儿帮扶就是以提供非物质的社会服务为主，同时链接资源提供一定的物质资助。

2. 个体主义取向

在所有关于散居孤儿救助的政策中，救助内容体现的都是针对孤儿本身的物质支持。对于抚养家庭，政府主要是承担监督者、审查者的角色，寄希望于家庭能够发挥基础性作用，在物质、精神方面都缺少对孤儿家庭的支持。可现实中，很多抚养家庭是散居孤儿的亲属家庭，其组成复杂、家庭结构特殊，并不能很好地发挥养育功能，导致散居孤儿的生活水平依然较低，家庭教育薄弱，总体养育情况不太乐观。众所周知，人类社会赖以生存的最基本单位就是家庭，家庭能提供其他机构或组织无法替代的资源与福利保障，也是儿童早期社会化的重要场所，家长通过言传身教将自己的价值观念和行为模式传给子女，家长的教育方式更是对孩子性格的形成有着重要的影响。而孤儿失去了自己的父母，转而由祖辈或叔伯辈照顾，这种角色的转变相对较困难，无论是情感、精力抑或是能力上，都很难做到真正的取代。孤儿面临着与爷爷奶奶等其他监护人之间的"代沟隔阂"等问题,而且孤儿本身就比较容易受到身份认同的影响而产生自卑、焦虑、孤独等心理问题,加上抚养者受到角色或能力限制,对孤儿的心理层面关注较少,家庭沟通并不顺畅,家庭关系也相比普通家庭不稳定,所以社会工作视角的散居孤儿帮扶就是以提供支持家庭发展的服务为主要目标,切实帮助家庭解决问题,使其功能得到良好发挥,提升其养育能力,以助散居孤儿在抚养家庭中获得正常发展。同时,倡导并鼓励开展社区服务、社区看护、早期项目,以及促进家庭支持的社会政策发展,最终惠及散居孤儿。

3. 碎片化特征

2009年2月,民政部下发了《关于制定孤儿最低养育标准的通知》(民办发〔2009〕4号),从保障社会散居孤儿基本生活出发,确定全国统一的社会散居孤儿最低养育标准。在这之前,社会散居孤儿主要依靠抚养家庭的五保或低保等救助方式得到生活保障,保障水平低,只停留在基本生活层面,且救助起步较晚。在政策梳理过程中不难发现,关于孤儿的保障政策较少,并且分散于各儿童福利政策之中,如社会保障政策、未成年保护政策、教育政策、妇女政策及残疾人政策等都有所涉及。整体而言,福利政策不集中,并未形成完整的散居孤儿福利政策体系,呈现碎片化状态,导致孤儿的福利难以得到切实保障,难以形成和发挥集中合力。

在行政管理方面,对政策的执行也比较分散,缺乏整合性和协调性。我国涉及儿童福利的行政部门较多,如民政、妇联、儿童少年工作协调委员会、财政、卫生、教育、司法等,这些部门在儿童福利的工作中都有所参与,但每个部门对儿童政策的目标与责任是不同的,所以在执行过程中容易出现重叠或遗漏的情况。当然,主要还是因为这些部门没有被整合起来,缺乏统一的行政机构进行管理和协调。国外拥有发达的社会政策体系,基本都配有专门负责儿童与家庭事务的部门,值得我们参考与借鉴。

另外,行政上的零散在一定程度上也受到了政策碎片化的影响,所以建立完善、系统的政策体系刻不容缓,重视与培养专门人才来进行专业管理与服务也是重中之重。社会工作的人才培养与专业服务将会为政策体系化和管理专业化提供一个新的方向。

第八章 散居孤儿社会救助中的政策与家庭

五、发展型社会工作的介入

(一) 散居孤儿家庭评估

1. 散居孤儿的基本情况与家庭结构

案主L9岁,小学三年级,学习成绩一般,出生6个月时由于家庭经济困难被母亲抛弃。母亲至今未联系案主,去向不明,所以案主几乎没有妈妈的概念。父亲因为一场车祸,脑部以下肢体都瘫痪,花费巨大,贷款欠下几十万元,之后不治身亡。当时案主年仅7岁,其父亲在离别前特别不放心案主。目前案主与爷爷、奶奶、叔叔一同居住在一幢二层高的农家小房里,楼房外表有点破旧。爷爷奶奶六七十岁,爷爷曾经得过肺结核,手术后身体较虚弱,几乎无劳动能力,奶奶在一个棉花厂打零工。家里的重担基本落在了叔叔身上。叔叔在工厂打工,休息时间较少,三班倒,经常不在家,而且叔叔还没有成家,所以目前家庭的经济状况堪忧,家庭成员压力较大。

社工进入案主家庭时,碰面较多的就是案主与奶奶,爷爷一般在床上或躺椅上休息,也不怎么说话,见过叔叔几次,叔叔工作忙,经常不在家。在建立专业关系及收集案主家庭情况的过程中,社工发现该家庭中角色模糊且分工失衡,导致家庭成员对案主的心理关注较少,家庭教育能力也比较弱。

初次进入该家庭时,案主较腼腆,不愿意多说话,社工要询问好几次,他才用极简单的话回答,比如一个词语或者直接不回答,但是会用大声喊的方式,中途会独自去院子里玩耍。遇到案主比较沉默的时候或是思考一下的间隙,奶奶会一边代替案主回答,一边用不懂事、没用等不太正面的词数落案主。同时奶奶会当着孩子的面向社工哭诉案主的身世,认为小孩子的性格变成现在这样,是因为没有爸爸妈妈教他。可见,奶奶一方面对案主的身世抱着悲观的消极心态,另一方面又对案主抱着很大的希望,希望案主表现出色、有好的前途,可以扬眉吐气。在照料方面,奶奶多次提到自己忙于打工,没什么时间照顾案主,周末、假期也时常把案主关在家里,案主就在家看一天电视。

我基本每天都会去厂里,没时间管他,我打工会给他买一些零食吃

吃。每次放学去接他，看到别的小孩有吃的，他也想买，我心里想他没有爸妈也挺可怜的，不想他被人看不起。（案主 L 的奶奶）

周末我把他锁在家里，不让他出去乱跑，路上不安全，村里小孩很皮的，我担心他变坏，也怕他被欺负。（案主 L 的奶奶）

奶奶的良苦用心以及无奈的心情让社工感受到了她对案主的疼爱，同时也发现其爱的方式有些不妥当。奶奶的教育方式是传统的喊骂，比较简单、直接，对于孩子来说，教育效果不明显，并容易产生厌烦等负面情绪。案主比较缺乏安全感，目前还是拉着奶奶的手睡觉，所以也一直没有分床，在情感上比较依赖奶奶，但是又不愿听从奶奶的管教，认为奶奶不识字，懂得也不多，两者角色身份混乱、界限模糊、情感纠缠。

案主与爷爷之间存在较大矛盾：一方面案主觉得爷爷对他有敌意，经常在扫地的时候用扫把打他，而且是无缘无故的，案主表示不理解，也不喜欢爷爷；另一方面，爷爷年龄大了，听力下降，别人要很大声说话他才可以听得到，而且平时爷爷在家里不爱讲话，也没什么发言权，所以案主也不愿同爷爷讲话。爷爷与案主之间很难正常交流，关系比较疏远，界限僵化，缺乏渗透性。

讲了也是白讲，爷爷听不到的，我很大声讲了，他都听不到。（案主 L）

奶奶表示知道爷爷与案主之间的问题，但是也搞不清楚他们的原因，所以并没有特别在意。据社工观察，当案主与爷爷发生冲突时，爷爷的确偶尔会打案主，这时奶奶会维护案主，案主与奶奶就形成了联合对抗，使爷爷与奶奶之间的关系也产生了疏离（如图 8-2 所示）。

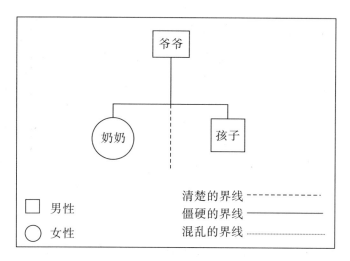

图 8-2 联合对抗型家庭结构

社工在与叔叔的沟通中发现,叔叔主要是关心案主的成绩情况,希望案主将来有出息。在经济方面,叔叔为案主的学习生活提供了主要的支持,叔叔的工资也是家庭收入的最重要来源。

我对他就一个希望,书读好,以后有出息,不要被别人看不起,所以只要是学习方面,我都是尽力给他好的,他成绩好,我都答应他。(案主 L 的叔叔)

在生活上,由于叔叔工作忙,因此与案主沟通交流不多,一般都是叔叔主动询问案主需要什么学习用品。但是案主在叔叔面前表现得有些胆怯,不会直接说要,一般通过奶奶转告叔叔,然后叔叔给奶奶钱去买。学习方面,如果案主询问难题且在叔叔能力范围内,他都会帮忙解答,但他也表示自己的文化水平有限,希望社工能够帮忙多辅导案主学习。案主表示自己一般需要家长签字才会主动找叔叔,如果想要买需求品就告诉奶奶。由此可以发现案主与叔叔之间是存在隔阂的。案主害怕叔叔,虽然叔叔关心案主,但是因为沟通不多且不深入,两者关系并不亲近,甚至有些疏远。奶奶是二者沟通的桥梁,这是一种三角缠的家庭结构(如图 8-3 所示)。

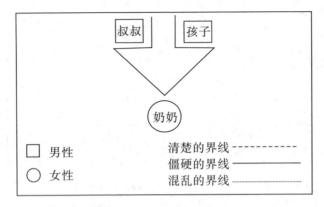

图8-3 三角缠型家庭结构

叔叔是家里的经济支柱，而且年轻力壮，在家中有较大的发言权，大事基本听从叔叔。奶奶作为家中的长辈，具有一定的劳动能力，且照顾家中大小，所以奶奶在家中的权力还是相对较大的。而爷爷身体和精神状态都较差，在家是属于被忽视的角色。关于案主的教育、健康等问题，奶奶一般也是与叔叔商量，而不是直接与案主交流。案主年纪小，其发言权就被忽略了。这不仅与家庭结构有关，也与家庭教育方式及家庭传统思想有关。这也是社工在介入过程中要做的重点内容之一。

对此可以总结出，案主家庭结构比较特殊及扭结，既有联阵对垒的互动特征，也具有三角缠的互动模式。一方面是多重角色导致的，而且角色转换并不清晰；另一方面是与家庭的权力关系及家庭价值观有关。

2. 服务计划

从上述对案主家庭关系、家庭结构的分析来看，在案主L的家庭中，奶奶承担了最多的责任角色，照料家庭，照顾体弱的丈夫、工作忙碌的小儿子、失去父母的孙子，不仅是妻子、妈妈，还是孙子的"爸爸"与"妈妈"，同时要替儿子分担一些经济压力。所以对于案主的奶奶来说，责任与角色过多，在忙忙碌碌中，对案主只能做到一般的照顾，很难达到生理与心理都兼顾的良好照料，不仅超出了其能力，而且也超出了其本身的角色范围，所以角色转换及明确分工在这个家庭中显得非常急需。同时，家庭教育的责任基本由奶奶来承担，对于其能力是一个挑战，她需要保持一定的开放性与通透性去接受外界新知识的灌输。叔叔在家中主要扮演经济支持角色与权威者，但是经济负担过重，对其今后的自身发展也有一定的障碍,所以在物质方面特别需要外界资源的链接。其实叔叔在家庭教育方面相比奶奶而言是更有能力的,但是其与案主的沟通不畅与角色身份尴尬导致其作用未能得到很好发挥。社工对家庭内部的介入主要运用家庭辅导方法,包括家庭会议、个体辅导与"亲子"活动三种方式,社工通过社会资源链接,以组建"心家庭"的模式给予抚养家庭支持(如表8-2所示)。

表8-2 社会工作服务计划

介入方法	时间	行动类型	工作内容	目的
家庭辅导	2016-05-08	个体辅导	对案主与主要抚养者进行面对面辅导。对主要抚养者提供情绪支持,帮助其分析对待孩子的一些行为、做法是否恰当,协助澄清教育方式的缺陷。帮助案主清晰认识自我,发掘自我潜能,培养良好的生活习惯、思维方式,锻炼能力	提升家庭教育能力;使案主及抚养者获得成长
	2016-05-15			
	2016-07-31			
	2016-08-06			
	2016-08-13			
	2016-10-15			
	2016-05-22	家庭会议	以家庭会议的方式讨论与案主息息相关的三个话题,并商定一个方案在后期实行,分析效果与分享感受,协助解决问题	促进家庭成员沟通;提升家庭解决问题的能力;改变家庭的看法和定义;改善家庭的结构;挑战家庭的世界观
	2016-06-05			
	2016-06-26			
	2016-07-13	"亲子"活动	在社工的组织下,案主与主要抚养者参与"亲子"活动,增进相互的了解,在合作与互动中发现对方的优点。与其他的抚养者家庭互动,彼此分享经验感受	促进"亲子"沟通;增进"亲子"情感;保持家庭边界的健康正常
	2016-07-14			
	2016-07-15			
	2016-09-10			
	2016-10-29			

(续表8－2)

介入方法	时间	行动类型	工作内容	目的
"心家庭"结对帮扶	2016－06－19	家庭探访	在征得案主家庭同意的前提下，社工带领志愿者家庭前往案主家庭进行结对，建立关系及情感联结，获取亲子经验，更新教育观念，获得精神支持。在项目结项后，"心家庭"依然可以互相联系，实现互助	使案主家庭获得精神支持；营造社会关爱氛围；保持家庭边界的健康正常
	2016－07－23			
	2016－09－25			
	2016－05－28	"心家庭"活动	社工组织"心家庭"集体活动，增进相互的了解与建立情感链接，体现合作与互助	增进"心家庭"融合；保持家庭边界的健康正常
	2016－10－23			
	2016－11－12			
	2016－11－20			

社工服务的任务目标是改变不良的家庭沟通模式，明确家庭成员之间的界限，改善家庭结构，为案主的成长提供有利的生活环境，提升抚养家庭的养育能力，增强家庭福利功能，满足案主的发展性需求。同时整合社会资源，搭建社会支持网络平台。过程目标是针对案主、抚养者及家庭三个方面的改变。对案主，锻炼其思维能力，如发散性思维、逻辑思维、辩证思维；协助其养成良好的习惯，如饮食习惯、学习习惯、作息习惯；改变其认知、态度及行为，如积极主动的学习态度，包括学校学习与生活能力学习，改变遇到困难就退缩逃避的认知，增强行动力与自制力；等等。对抚养者，主要是更新其教育观念及教养方法，改变沟通方式，适应角色改变等。家庭方面的介入包括家庭成员之间的关系改善及结构调整。

(二) 家庭辅导：家庭增能与环境改善

1. 提升家庭教育水平

社工在与家庭成员建立关系过程中，对案主 L 及其主要抚养者奶奶进行了 6 次个体辅导。目的是使案主能够依靠自己的能力学会独立，爷爷奶奶年事已高，叔叔的未来家室也未知，所以案主要有独当一面的能力去

第八章 散居孤儿社会救助中的政策与家庭

照顾好自己。而奶奶作为一名女性,是案主的主要抚养者,在生活和心理方面都要承担起案主"母亲"的角色,是一个对能力及情感都具有较大挑战性的转换,所以在教育理念、沟通方式上也要紧跟时代的步伐,才能满足案主的社会化需求。项目的另一位案主 Y 是由叔叔、姨娘抚养的散居孤儿,也是项目目前为止唯一一位上普高的学生,非常独立且有主见,深入了解后发现其姨娘很好地承担了"母亲"的角色,在心理方面给予了很多的关爱,在教育方面也比较注重方式方法,既可以让她有依靠,也让她学会独立。从这个正面的案例中受到启发,社工也坚定了要通过社会服务去改变案主 L 的养育现状,让其更好地成长的决心。

在 6 次辅导中,每一次都会有一个主题,紧紧围绕案主的自我认知、思维方式、习惯、能力及行为等关键词展开。自我认知是孩子对自己心理、行为等方面的一个认识与评价,帮助孩子正确了解自己,能够促进孩子的心理健康发展。在自我认知操作中,比较普遍的是自画像。当社工询问案主 L 用什么动物来形容自己时,案主马上表示肯定是一种好奇心很强的动物,犹豫再三后觉得猴子和自己比较接近。因为猴子活泼好动,案主表示在大家心中他很调皮。社工确认他自己的想法时,他觉得自己也是比较好动的。

社工:"那你觉得什么颜色可以代表现在的你呢?"
案主 L:"必须是很厉害的颜色。"
社工:"那是什么颜色呢?"
案主 L:"红色不可能,黄色有点可能,绿色也有点可能,黑色就更可能了。"
社工:"只能选一种呢?"
案主 L:"黑色。"
社工:"为什么是黑色呢?"
案主 L:"因为黑色又强壮又威武。"
社工:"为什么黑色是强壮威武的呢?"
案主 L:"因为黑色是很大一片黑色,黑夜就是黑色的化身,黑色很巨大,黑色很庞大,黑色很威武,(哈哈大笑)黑色很大力。"
…………

从案主用颜色及动物来形容自己的回答中可以发现，案主内心非常渴望得到他人的认可，而且希望自己强大。在接下来的几次会面中，社工有意识地去帮助案主获得一些认知，让他更好地认识自己，增强信心。

首先，在学习方面，社工借用纸牌与案主进行"24点"游戏，随机抽取4张纸牌，用加减乘除的方式得出结果"24"，这种寓教于乐的学习方法不仅能让案主在不知不觉中用一种容易接受的途径去学习口算，还能培养案主的发散性思维能力，运用多个方法去解决一个问题。在案主与社工互动过程中，抚养者奶奶也一起学习较新颖的教育方式，与案主一起成长。社工为培养案主的学习兴趣，从他喜欢的科目着手，表扬案主取得的好成绩，通过木桶原理告诉案主要平衡科目，对于不擅长的或不喜欢的科目可以多花时间去学习；让抚养者经常鼓励、表扬案主，多发现案主的优点，在案主取得进步的时候用正向激励法保持案主的学习热情。其次，在人际交往方面，奶奶一直不放心案主和村里的其他小朋友来往，觉得那些小孩子太调皮，会带坏案主，也怕案主遭到欺负，所以案主被要求周末待在家里。而案主的成长离不开朋辈群体，不去交往、接触是一个很消极的应对方式，在学校也需要和同学们友好相处，所以社工一边和奶奶解释其中的道理，尝试让奶奶跟着学习如何用合适的方法去教案主独立，而不是将案主封闭起来，一边教案主学会明辨是非，有了是非观念，就不会去做坏事，并学会保护自己，不受他人欺负。只有走出去多与他人互动，培养人际沟通能力，才能更好地认识自己。这对于孩子来说是成长的重要一课，奶奶的保护方式会让案主失去很多锻炼的机会。再者，在娱乐休闲方面，其实案主除了爱看电视，还喜欢做手工等，可是一个人做手工又很无聊。记得有一次，奶奶抱怨案主又浪费钱买了黏土，社工就陪案主一起拿出来玩。

案主L的奶奶："你看看，昨天又买了这些橡皮泥，之前的还没玩，浪费钱啊。"

社工："那我们一起拿出来玩吧。"

案主L："好的！"（案主很开心）

社工："奶奶，你看如果我们把买来的玩具用起来了就不浪费，之前的黏土时间久了，有点干了，所以L才想要买新的吧！"

案主L："嗯，那些玩不起来了，买来很久了。"

社工:"那你以后买了玩具就要利用起来好吗?不要只看电视,每天要控制看电视的时间,多看会影响视力,戴眼镜可就不美观了。"

案主L的奶奶:"他每天做完作业很晚了还要看电视,说他也不听,我说他再不听话告诉他老师去。"

社工:"奶奶,你看我现在陪着他玩,他很喜欢,可能你们平时很少陪他,所以他一个人很无聊,不愿意做这些。"

案主L:"他们陪我玩的时间很少很少,就星期天有的时候陪我一下下,除了小时候。"

社工:"回到小时候,大人们有很多时间陪你?"

案主L:"嗯,最好,陪我玩。"

社工:"奶奶,你看他很希望有人陪他,他其实挺孤独的。这些黏土啊,玩具啊,其实能开发大脑,培养孩子的创造能力、动手能力,只要好好利用起来,就不能算浪费钱。现在的孩子和以前的孩子不一样了,他们能够接触到的东西越来越多,而且多是一些新颖的玩具,而不是那些农具了,所以要锻炼他们的动手能力、开发大脑,就通过一些智力游戏。时代在变,我们的教育也要跟上。"

....

对抚养者奶奶的辅导,基本是与案主一起进行的。对待同一件事,案主与奶奶之间的代沟使他们往往会发生冲突,而奶奶的教育观念比较陈旧,教育手段也比较简单,所以教育效果并不好。社工在与案主进行沟通时用以身示范的方式给奶奶一些辅导,更新她的教育观念,以及教奶奶使用一些孩子更能接受的方法去教育,这样不仅能减少冲突,还能有效地教育孩子。

2. 促进家庭成员沟通

在案主L家庭中,抚养人有奶奶、爷爷与叔叔,他们对于案主来说是最亲近的亲人,他们之间的沟通如果存在障碍就会直接影响到他们之间的关系,对案主的成长也是不利的,还会影响家庭整体的和谐与发展。所以沟通是一个家庭最基本的互动,也是解决家庭问题的核心。沟通并不仅仅只是单纯的聊天、讲话,而是一种有效的交流,是一种有目的性的互动,其作用是消除误会、增进了解、增强共鸣、促进感情等。

奶奶除了打工、做家务,有时还要干点农活,一天下来也比较累,基本不怎么管教案主，没有时间，也没有精力，就只有口头上说说他，而且缺乏耐心，主要是以唠叨的形式，所以案主会觉得反感，也会大声吼着回应。有一次询问案主会不会发脾气，案主表示会因为奶奶太烦而发脾气，最大的心愿就是奶奶少唠叨他。

> 哎呀，你干吗不吃饭呢？你干吗不讲卫生啊？你干吗不把电视机关掉啊？快点啊，我们要睡觉了。（案主L模仿奶奶的神态与语气）

> 有时候奶奶还会大声吼我，我也无可奈何啊！（案主L）

奶奶也表示案主会嫌她唠叨，不听话。放学接案主回家路上，奶奶如果问案主学校里怎么样，作业多不多，案主有时会不理，还会抱怨奶奶烦。最让奶奶担心的是案主不爱吃饭，喜欢吃零食，长得瘦小。

> 每次吃饭我都要打他、骂他，如果他放学回来把做作业和吃饭这两件事情做好，我是一点都不会骂他的。可能也是因为没有爸爸、妈妈，奶奶的话是不会听的，我们农村里的小孩都是这样的。（案主L的奶奶）

由此可见，案主与奶奶之间的沟通是有障碍的，一方面奶奶关心案主的饮食、身体健康与学习，另一方面案主却嫌奶奶啰唆。对于叔叔，案主提得较少，奶奶表示案主有点怕叔叔。

> 像昨天晚上，他又看电视了，我说我们睡觉了，快点把电视关了，但他一定要看，又不听话。他叔叔听到我骂他就进我们房间了，他就马上关电视，看到他叔叔就很听话了。（案主L的奶奶）

根据对以上问题的聚焦，社工发现饮食和娱乐是抚养者与案主比较容易起争执的两个点。社工在与案主家庭商量后确立了三个主题，试图用一种家庭会议的方式去创建家庭沟通的平台，促进家庭成员之间正向、积极的沟通，改善家庭关系，划清次系统内部的界限，提升家庭成员的能力（如表8-3所示）。

第八章 散居孤儿社会救助中的政策与家庭

表8-3 家庭会议

主题	内容	目的	家庭作业
饮食	1. 讨论案主的饮食问题 2. 商议解决方案	1. 促进家庭成员沟通 2. 协助解决问题 3. 改变家庭的看法和定义 4. 改善家庭的结构	1. 共同制定一份菜单 2. 共同参与完成一桌菜 3. 品尝并记录过程 4. 总结与反思
娱乐	1. 如何看待案主的娱乐需求 2. 怎样丰富娱乐生活	1. 促进家庭成员沟通 2. 协助解决问题 3. 改变家庭的看法和定义 4. 改善家庭的结构 5. 挑战家庭的世界观	1. 共同制订案主的计划书 2. 记录每天的生活情况 3. 记录家人陪伴时间与内容 4. 分享感受
能力	1. 讨论能力类型 2. 能力培养的重要性 3. 如何去培养习惯及能力	1. 促进家庭成员沟通 2. 改变家庭的看法和定义 3. 改善家庭的结构 4. 挑战家庭的世界观	1. 每个成员完成一件力所能及的小事 2. 感受合作的力量 3. 尝试一周一次卧谈会

在三次家庭会议中，社工引导家庭成员分别针对饮食、娱乐、能力三个关键词进行讨论，并在讨论后布置家庭任务，在下一次会面时先回顾前一次的关键词，检查任务完成情况，分析效果。

在关于饮食的讨论中，社工作为主持人与观察者，带领家庭成员各自表达看法。

他很喜欢吃零食，尤其是甜甜的那些，什么饼干啦，蛋糕啦，就是不喜欢吃饭，从小就这样。（案主L的奶奶）

奶奶认为案主从小就是这样的饮食习惯，怎么说也没用，所以有时会用打骂的方式教育案主，逼案主吃饭。叔叔则认为案主如果吃饭吃得比较少，应该买他喜欢的零食给他，再怎么样也不能饿着孩子，所以有时回家也会买一些零食回来。爷爷由于听力问题一直沉默寡言，在社工的带动下，大家提升了音量，并且让案主解释给爷爷听，培养案主的耐心与责任意识。但是很快案主就没有了耐心，转达中显得有点烦躁。这时社工上前捂住了案主的双耳，然后在他耳边轻声说话。

　　社工："这样你还可以清楚地听到我的声音吗？"
　　案主L："啊，我听不见啊，有点轻。"
　　社工："那你感觉这样舒服吗？会不会难受？"
　　案主L："嗯，有点难受。"
　　社工："那你现在能明白爷爷的痛苦吗？我们每个人都会老去，听力下降也是迫不得已的。如果以后你老了，也像爷爷这样听不清，是不是特别希望有个人来帮帮你，而不是冷落你？"
　　案主L："嗯。"
　　社工："好，那我们从现在开始慢慢培养一下自己的耐心，大点声说话，让爷爷听到，然后帮爷爷一下好吗？"
　　案主L："好吧。"

　　社工通过创造亲身体验的环境让案主感同身受听力障碍的痛苦，并告知这是人的生理自然衰退现象，案主开始有点明白。同时也用示范的方式演示给叔叔、奶奶，用实际行动告诉他们如何运用恰当的方法去教育孩子，而不只是一种简单的教育方式。有时候孩子是有逆反心理的，并不十分愿意接受他认知范围外的东西。除了讲道理、摆事实外，还可以创设情境让孩子去感受，同理心也是一种换位思考的表现。要有意识地去培养孩子，没有哪个孩子一出生就懂，需要抚养者好好教导。

　　在家人的共同帮助下，爷爷简单说了一下自己对案主饮食方面的看法。

　　我平时吃得比较早，不和他们一起吃，也没注意，总听到他奶奶在骂他，饭不好好吃，像现在这样坐又没坐像，唉！（案主L的爷爷）

　　从爷爷的语气中，社工察觉到爷爷对案主似乎有偏见，觉得案主好像本就是这样一个不听话、不可教养的孩子。可是爷爷对案主很少关心，两

第八章 散居孤儿社会救助中的政策与家庭

人甚至很少交流,这其中一定存在着误会,社工进一步追问了爷爷如此感慨的原因。这时大家有点陷入沉默,爷爷看了一眼奶奶,又看了一眼案主,摇了摇头,欲言又止。社工见状,试图用贴心的方式替爷爷说出了想法。

  社工:"爷爷是觉得我在不方便说吗?还是觉得说出来会受到指责?"
  案主L的爷爷:"喏,这个说来也没事的。"
  社工:"那我们想听听您的想法,可以吗?"
  案主L的爷爷:"唉,他妈妈从小没有管过他,我们说他又不听,这孩子是管不好了,我们也管不好了。"
  案主L的奶奶:"这老头又是怪他妈妈,有本事你叫他妈妈来带啊,我倒要看看能有多好。"
  案主L的叔叔:"既然这样了,就不要多说了,孩子还在呢。"
  社工:"嗯,叔叔说得有道理,事实已经如此,我们就要尽量去接受,尝试去调整心态。所有的事情都会有解决的办法与途径,就看我们是否用积极的心态去面对。如果抱着悲观的消极态度,非但解决不了问题,还会影响到你们一家人的感情,这真的是得不偿失。每个人都有改变的潜能,刚才您孙子帮您耐心讲解,他也是在努力改变自己对您的看法,他之前觉得您是故意不理他,还无缘无故打他,所以他刚刚在尝试理解您,对吗?那作为长辈是不是也可以尝试去多发现他的优点,多一些表扬呢?比如他今天一直在认真听我讲话,就应该表扬一下,我们一起给他鼓个掌吧!"

  社工试图去引导家庭成员改变消极的心态与思想,看到事物正在朝好的方向变化,提升信心。案主在听到鼓励、表扬后,又重新坐正了,并表达了自己不爱吃饭的原因。

  案主L:"奶奶烧的菜咸,她逼我吃肉,那个肉软软的,我不喜欢吃,她还让我吃。"
  社工:"那你在学校里吃饭吃得多吗?"
  案主L:"嗯,学校的菜我吃。"
  案主L的奶奶:"学校里老师的话他很听的,他怕老师。"(奶奶忍不

住插了一句）

社工："那你是觉得奶奶做的菜不合你口味是吗？还是你觉得零食比较好吃？"

案主L："奶奶做的不好吃，零食比较好吃。"

社工："那你自己决定吃什么菜，然后写下来给奶奶，包括你要什么味道，好吗？"

案主L："那好吧。"

社工："那你们每个人写一个菜，完成一个菜单，每个人参与完成一桌菜，不管是买菜、洗菜，还是切菜、烧菜，都行，怎么样？下次我们再来看看你们的完成情况。"

…………

在第二次讨论前，社工发现作业完成情况良好、有分工，案主也表示很喜欢自己选的菜，每个人分享了自己的感受。在这个过程中，家庭成员有了分工合作的意识，奶奶虽然在过程中会抱怨一些细节做得不好，但是看起来似乎很开心，也很享受这个过程。

在关于娱乐与能力的讨论过程中，相比于第一次，大家更主动积极了，随着关系建立的深入，也更愿意在社工面前自如地表达自己了。在娱乐方面，案主除了喜欢看电视，也很喜欢做手工，如做黏土，但是因为在家无人陪，所以案主只能一个人看电视。每次社工前往，都会陪伴案主做手工。在布置任务时，社工也会倾向于让家人多一些陪伴，促进交流，增进情感。关于能力培养，家人主要是希望案主的学习能有所提高，但是社工打破了家庭的保守观点，提出生活能力的重要性，要加强锻炼孩子的社会能力，让孩子能够学会独立。家庭是孩子进行社会化的重要场所，如果家长始终不"断奶"，孩子就很难获得成长的机会。所以社工也更新了抚养者的教育理念，不能一味追求学习、成绩，在生活中培养案主的习惯与能力也是非常重要的，爱也是一门学问。最后社工给抚养者及案主布置了卧谈会的家庭作业，通过睡前的卧谈增进相互的了解与情感的交流。

3. 改善"亲子"关系

项目组为服务对象及其抚养者组织了"亲子"活动，在互动中促进双方关系。在为期三天的夏令营"亲子"活动中，做蛋糕受到了很多小朋友的欢迎，但是对于他们来说，这比做手工困难，抚养者的优势就适时得到了发挥,合作完成的蛋糕美观又美味。案主 L 看到完成的蛋糕手舞足蹈,社工借机夸赞了案主和奶奶的手艺,同时让案主去发现奶奶的优点,消除对奶奶的误解。

社工:"你看,奶奶的手艺很赞吧,是不是有你可以学习的地方?奶奶不是什么都不懂吧?"

案主 L:"嘿嘿,嗯。"

……

通过这样的活动,案主有机会看到抚养者的优势与能力,一方面让案主认识到奶奶虽然文化水平不高,但是在生活中也有案主可以学习的地方,另一方面激励案主不仅要学习好,生活能力的学习也很重要。在参观博物馆与观影过程中,社工也为案主及抚养者提供了更多的交流机会,丰富案主的历史文化知识,与奶奶一起学习。观看儿童电影能让抚养者了解案主的喜好与内心世界,增进对儿童认知的理解,提升对新时代教育理念与方式的理解程度与接受能力。

我们以前都没空带他出来玩,什么博物馆啊,电影院啊,都不知道,小孩子都很喜欢,没想到这样也可以教育孩子。(案主 L 的奶奶)

观影后的分享大大促进了案主的思维能力,从人物到情景都深深地记录在脑海中,影片中的道理也能讲出一二,这样的学习方式,案主表示很新颖,也很乐意去学习,这也给予了抚养者对教育方式的反思。结合服务对象的需求,项目组还邀请了专业的学习技能老师,用生动的课堂教学形式、新鲜的教学方法教给服务对象记忆法、学习放松法等,丰富了抚养者的教育知识,共同帮助服务对象在学习方面有所提升。

案主 L:"姐姐,你看一下吧,这是我做的手工艺品,你喜欢的话可以买一个吗?"

路人:"不好意思,我有点急事。"

案主 L 在抚养者与社工的鼓励下,终于鼓起勇气迈出了第一步。并不是所有的第一次都会那么幸运,案主L遭遇了拒绝、冷漠与无视,想退缩放弃,但是奶奶一直陪着案主,鼓励他"去吧,勇敢一点",最后案主完成了任务。这是一个感恩服务活动,案主与抚养者共同完成一个手工艺品,通过义卖的方式获得少许资金就可以购买项目组提供的暖冬物品。在这个过程中,要考验案主的动手能力、语言表达能力与胆量,并且通过劳动换取所需物品,感受劳动过程中的种种不易,懂得只有付出才能有回报,而且有时付出了也不一定会有回报。但是在付出中能力得到了锻炼,知识得到了积累,又何尝不是一种收获呢?

"亲子"活动的参与者都是散居孤儿及其抚养者组成的特殊"亲子"。随着活动参与次数的增加,孩子们之间越来越熟识,友谊也渐渐升温。这个平台不但增加了他们参与活动的积极性,使他们变得更积极主动,而且帮助他们找到了人生的知己。他们有共同的兴趣爱好,一起玩乐与打闹,分享喜怒哀乐,在陪伴中懂得付出与感恩,共同成长。抚养者们也因为相似的经历会相互倾诉与聆听,获得理解与支持,相互安慰,彼此分享养育经验。每一次的"亲子"活动,社工的角色就是组织者、协助者,并不过度介入"亲子"关系,更多的是通过组织"亲子"的互动、交流,去令散居孤儿与抚养者共同适应角色变化,经过学习、磨合,不断去演练、操作"亲子"相处模式,使关系变得更好。活动的意义也是因人而异,有收获友谊的,有收获知识的,有学会分享的,有锻炼胆识的,等等。对于案主L来说,他自身的认知有了很大的变化,不再一遇问题就退缩,能够独立地完成任务,没有那么害羞腼腆了,和奶奶之间的交流似乎也主动了很多。这些成长,社工和抚养者都看在眼里,也记录在案主的成长过程中。

由于项目的时间是有限的,社工的陪伴也只能是短暂的,因此社工在整个家庭服务过程中,十分注重案主的自身能力培养,使他有能力独自应对未来的种种挑战,对抚养者奶奶,也是注重其养育方式与能力的建设,与案主共同成长,促进家庭抚养能力的提升,同时改善家庭结构,让案主健康快乐地成长成才。

(三)"心家庭"结对帮扶:社会支持网络的建构

项目组通过志愿者家庭或高校志愿者与服务对象家庭结对形成"心家庭"的形式为服务对象的家庭提供资源链接。在自愿原则的前提下,案主L家庭与高校志愿者H家庭、志愿者X家庭、志愿者S家庭、志愿

第八章 散居孤儿社会救助中的政策与家庭

者Z家庭在"很高兴遇到你"的"心家庭"组建活动中进行了结对,志愿者们参与了家庭探访及"心家庭"活动。"心家庭"成员在深层互动中建立了深厚的情感,案主家庭获得了精神支持,并且使散居孤儿的抚养者获取了"亲子"经验,更新了教育观念,抚养家庭的边界也变得健康、有弹性。

1. 建立情感连接

在征得案主L家庭的同意下,高校志愿者H前往案主家中,离第一次见面已经过去一个月了,案主L对高校志愿者H表现得有些生疏,H又主动介绍了自己一次,轮到L自我介绍时,他却害羞地跑到了院子里,坐在爷爷的三轮车上。H见到院子里的小狗很欢喜,就借机与L聊起了小狗,终于打破了沉默,L愿意主动表达了。案主的数学成绩不太理想,叔叔希望H能多教教L,H就帮L检查了作业,并耐心地指导L如何去解答关于时间的数学题。教学中,L有些浮躁,听得漫不经心,奶奶忍不住说教了L一通,社工见状,上前给了L一个手表,让H根据手表上的秒针、分针来讲解,L就认真地"研究"起手表来。生动的讲解加上实物演练,L终于学会了"时间"算术题。

社工:"那你现在会看手表了吧,时间就是在这一分一秒中消逝的,所以我们应该懂得珍惜时间,好好安排一下自己的作息,不要让它白白溜走了哦。"

案主L:"可是我没有手表啊。"

社工:"家里的时钟也可以利用起来。重要的是,现在需要制订一个时间安排表来规划你的时间,比如你平时要花多少时间写作业,然后监督自己尽量按时去完成,不要因为拖延而耽误了时间,这样你就有更多的时间去阅读感兴趣的书,或者复习、预习书上的知识。"

案主L:"嗯,没错。"

在社工与高校志愿者H的帮助下,L完成了一个比较清晰、简单的任务安排表,接下来的实施就需要个人自觉与家庭抚养者的监督了,社工也会在辅导时了解执行情况,起到监督、引导的作用。H用自己的知识、思维方式去影响L,帮助L养成良好的思维习惯,学会答题步骤与技巧。H的耐心与陪伴是给L最大的礼物,是他人生前进的促进者。

在一次"微笑行动"中，高校志愿者 H 是 L 的小帮手，他们需要共同完成折纸百合花及樱花的任务，然后去社区里进行赠送。折个纸飞机之类的倒是简单，可是折纸花对于小男生来说有相当大的困难，花朵小，需要做得精细，而且需要耐心，一步一步地做。L 一开始没有想做的欲望，H 就跟随着步骤先学，然后边演示给 L 看边讲解，细声细语，十分温柔。L 拿起纸开始尝试，可没多久还是半途放弃，把"烂摊子"丢给了奶奶，奶奶年纪大也没能明白怎么做，两个人眼巴巴地看着 H 做。奶奶看到作品很喜欢，渐渐有了兴趣，H 就手把手教奶奶，奶奶在自身的努力与志愿者的指导下，终于有了自己的作品，很是高兴。在每一次的相处过程中，志愿者的温暖、柔情就无声地滋润着案主 L 与奶奶，情感就在一次次触碰中升温。

2. 获取"亲子"经验

志愿者 X 家庭有一对可爱的双胞胎，分别是大 Z、小 Z，他们比案主小三岁，还在上幼儿园，他们活泼懂事。一来到 L 家中，他们就分享了自己的零食给 L，L 开心地接受了。小朋友们就开始玩耍起来，下飞行棋、踢毽子，不过调皮的他们没一会儿就厌倦了，把玩具丢到了一边，开始寻找新的玩具。志愿者 X 女士与奶奶在一旁交谈，奶奶向 X 倾诉家中的遭遇与困难，X 耐心聆听，不时地安慰奶奶，并用自己的所见所闻宽慰奶奶往积极的一面去看待，让奶奶试着去接受过去，展望未来，活在当下，当下最重要的责任是照顾、教育好 L，使他顺利、健康成长。另一边，孩子们因为一个变形金刚而起了争执，奶奶赶忙跑过去制止案主 L，教育 L 要让着弟弟，而志愿者 X 则先将他们手中的玩具放到了桌上，然后紧紧地握着孩子们的手耐心地讲述关于分享的故事，通过故事的寓意让他们明白分享的意义。分享不一定是一方的行为，也可以是相互的，所以不一定要大的孩子让着小的孩子，这是一种美德、一种精神，无关年龄与性别。孩子们听后沉默了，志愿者 X 建议大 Z 和小 Z 给 L 演示一下平时练的拳法，让 L 一起跟着学。在欢声笑语中，孩子们忘记了之前的争执与不愉快，也不再惦记着抢夺玩具。奶奶在旁观看，很是佩服，意识到自己的教育方式有些落后，而这也是 L 不愿意听奶奶话的原因。

你们年轻人真是厉害，懂的也多，小孩也教得好，我们教的小孩都不听话。（案主 L 的奶奶）

志愿者 X 比较敏锐地发觉奶奶的教育方式的确有待改进，建议奶奶多鼓励、表扬 L，而且在她看来，和其他小孩子比起来，L 算是一个比较听话的小孩，建议奶奶多发现 L 的优点，也就是要用优势视角去看待孩子。奶奶也虚心接受了，希望志愿者 X 以后多教教她，只要是为 L 好，她都愿意去做。奶奶的爱与勇气也让志愿者 X 很受触动，离别的时候，奶奶与志愿者 X 紧紧地握着手，互相留了联系方式，期待着下次会面。奶奶热情地邀请他们常去做客，也十分感谢志愿者家庭给他们冷清的家带去的热闹与温暖。

3. 更新教育理念

志愿者 S 的女儿 G 与案主 L 同年级，都是小学三年级，了解到 L 与女儿同级，S 会经常带一些女儿的课外书或者其他的学习用品与 L 分享。在 G 与 L 的相处中，G 比较主动积极，勇敢且热情，L 则显得有些不好意思。有一次，社工组织他们两个进行答题比赛，一开始基本都是 G 在回答，L 回答的时候稍稍晚一些，不过社工依然表扬了他们。

社工："你们各有优点，女孩子答题快一点，男孩子细心谨慎一些，都很棒，我们继续加油！"

案主 L："好嘞！"

到后面，L 的优势就展现出来了，G 的答题开始卡壳了，而 L 虽然有些不自信和犹豫，但还是缓缓报出了正确答案。社工表扬 L 的聪慧，鼓励他多一些勇敢和自信，也抚慰有些不稳定的 G 多一些耐心，先好好听题再回答，不要急于作答。在一来一往中，两人都渐入佳境。另一边，志愿者 S 与奶奶也聊得不亦乐乎，一起在院子里晒玉米。G 看到家长们在晒玉米，也跑过去帮忙，奶奶担心 G 被晒到就连忙阻止，但志愿者 S 表示 G 在家里也经常帮忙做家务，多给予孩子锻炼的机会能培养他们的能力，在以后生活中才能真正独立。志愿者友善地提醒奶奶，家庭教育除了要教育孩子学会做人以外，还要学会做事，每个人都是要独立长大的，长辈也只能陪伴一小段人生。奶奶也明白其中的道理，但是一直不忍心，看到与 L 同龄的 G 可以做得这么好，她很受启发，尝试让 L 也从一些力所能及的家务开始做起。

由于现在教育政策提倡为学生"减压"，因此一般假期里不会布置很多作业。奶奶不了解情况,也没有为案主购买练习册,而志愿者S帮女儿G准备了一些习题来提升成绩。奶奶恍然大悟,在她看来,学习的事她不懂,也就不会过多去过问,学习由学校老师来教育就可以了,所以作业到底有多少她没有在意,只关心L作业完成了没有,不要被老师批评。志愿者S的提醒让奶奶发现,原来在学习方面家长的教育也很重要,需要配合学校一起教育。志愿者S还建议奶奶培养案主的阅读习惯,每晚睡前可以阅读一篇文章,不仅可以锻炼阅读速度与理解能力,还可以加快识字过程,丰富知识,对写作也很有帮助。简单的一次家庭探访,让抚养者奶奶收获颇多,尤其是这位志愿者家长的教育观念给了她启发。

4. 获取精神支持

志愿者Z的儿子W是在"心家庭"活动中与案主L熟识的。W是一个很直率、热心的男孩子,只比L大两岁。在一次活动中,由于L晚到现场,W误以为L不参加,就动情地哭了起来,一见到L就好了。志愿者Z也和奶奶经常在活动中边观看孩子们玩耍边聊天,志愿者Z像奶奶的女儿一样,会用当地的方言与奶奶相互谈心。志愿者Z希望项目结束后还能与奶奶见面,奶奶也一直让她有空就去家里玩,社工就带着志愿者Z一起去L家探访。有段时间,L特别叛逆,奶奶很生气,也很无奈,不知道该怎么去应对。看到志愿者Z带着儿子一起到家里做客,奶奶很高兴,正为孙子L的事头疼,刚好志愿者Z的到来可以让她倾诉一下。志愿者Z表示自己的儿子也很调皮,不听话,有时候很难管教,不过调整心态是她最常用的方法,让自己积极乐观看待生活,包容对待孩子,孩子也会慢慢改变,这是一个漫长的影响过程。在社工看来,他们现在的互动就是一个互相影响的过程,缓缓的、暖暖的,潜移默化中寄托了相互之间的信任与情感。社工看到他们的浓浓情感,能做的就是记录他们甜蜜、美好的每一刻,远远观望与祝福。

精神的寄托并不是那么容易实现的,人与人之间要有足够的信任与默契才能让他们彼此心灵相通。这也是志愿者与抚养对象之间支持的难能可贵,对于任何人来说都是值得珍惜与感恩的。项目的开展是有期限的,社工的服务也是短暂的,但是"心家庭"之间的情感、支持可以长长久久。这也是社工愿意看到的一幕,人间的温暖不正是应该这样传递吗?项目的结束不是终点而是爱的起点,可以让这份精神流传下去。

第八章 散居孤儿社会救助中的政策与家庭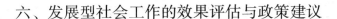

六、发展型社会工作的效果评估与政策建议

(一) 家庭辅导的成效

家庭辅导是以社工介入为主开展的服务形式,包括个体辅导、家庭会议及"亲子"活动。个体辅导的目的是提升抚养家庭的养育能力,满足案主在成长过程中的心理需求、能力培养需求等。家庭会议则有利于改变不良的家庭沟通模式,明确家庭成员之间的界限,改善家庭结构,为案主的成长提供有利的生活环境。"亲子"活动主要是让特殊的"亲子"关系适应目前的角色转换,使抚养者与案主之间更加亲密,满足案主的发展性需求。

在与案主 L 多次会谈后,社工与 L 建立了良好的信任关系,他从一开始的沉默、害羞到后来的放松、自如,让社工渐渐靠近他。虽然 L 不喜欢打招呼,当着社工的面几乎没有喊过社工,奶奶也会向社工抱怨 L 不懂事,没有礼貌,但是社工知道在案主的心里已经无数遍喊过自己,因为奶奶说过 L 经常会在家惦记着社工,时常盼望着社工的电话问候,等待周末的会面。当然,过分亲密的情感关系会造成案主对社工的依赖,所以在会谈中社工会经常跟案主强调独立,有意识地培养案主的习惯与能力。让社工感动的是,L 在离别的时候亲手做了一张感谢卡片,卡片上的内容是这样的:

社工姐姐,你好!感谢你教给了我学习以外的知识,让我在学习上的知识点更多了。你们让我感到快乐,不寂寞,谢谢你们!

相聚虽短,社工的介入与服务也仅仅只有几个月的时间,但是每一次的交谈与教导 L 都深深记在心里,他明白社工的付出与善意,他虚心接受了,也懂得感恩,把满满的心意送给了社工。在后期评估访谈中,叔叔感觉 L 好像比以前长大了,有些道理也慢慢懂了。

如果我心情不好,家里有钱我也不会开心的,因为有些东西是用钱买不到的,友情啊,人情啊。(案主 L)

这是在最后几次会谈中，与案主谈到家庭经济情况时他的真实回答。这是从一个9岁男孩口中说出的话，社工感叹不可思议的同时也感受到了案主的渐渐成熟。而奶奶最大的变化则是心态的转变，最开始奶奶时刻处于忧虑、担心中，逢人就说案主L的可怜身世，表示很替案主的未来担心，害怕自己老了没有能力再去照顾案主。社工对奶奶教育观念、教育方式的辅导以及对案主的教导让奶奶开始明白要趁自己还有体力的时候把案主的能力培养起来，让他以后能独当一面，真正的爱不是把孩子抱在怀里，捧在手心，而是教会他生存的本领然后放手。紧张、担忧的心情无法解决问题，只会耽误教育孩子的时间，所以现在奶奶开始勇于面对过去。正如案主安慰奶奶一样，"爸爸妈妈的那些事情已经过去，这是事实，世事难料"。对于案主的需求，奶奶还是会尽力去满足，但是她也开始注重方法，而不是简单的说教，比如一顿安静的午饭就足以说明介入有效了，不知不觉中，家庭的氛围也已经在改变了。

一开始的时候，社工问过案主他与奶奶、叔叔及爷爷的关系，他说有点好也有点坏。当时社工不太明白，后来融入家庭中才渐渐了解。经过家庭会议的方式，家庭成员之间有了沟通，很多误会也消除了，尤其叔叔会多与案主进行一些心理方面的交流，真正地走进了案主的内心。长辈们也意识到案主的陪伴需求，尽量安排一些时间来陪伴案主，比如打个乒乓球、踢个毽子等。爷爷在家的时候，也会让案主帮忙做一些事，让案主不再因为感到孤单而沉迷于电视。偶尔的卧谈会让案主更了解长辈们的用心良苦，也缩短了每晚必看电视的时间，案主的作息也改善了不少。

你们以后还有这样的活动吗？（案主L的奶奶）

在最后的结案会谈时，案主L的奶奶有问过社工是否以后还会有这样的活动，奶奶表示这样的活动很利于案主的成长，案主也很开心，对于他们家来说也觉得很庆幸能被服务。社工问到如果以后村里也有类似的服务，她希望能够提供哪些方面的帮助，奶奶希望学校能够在教育方面提供一些补助，让其顺利就学，还希望能够有像社工这样耐心、善良的工作者在周末、假期的时候帮她陪伴、教导案主，让其获得更多支持或帮助。方面，奶奶认可了社工介入的效果，另一方面，案主的养育的确需要很多的照顾与帮助。

第八章 散居孤儿社会救助中的政策与家庭

综上所述，社会工作者对抚养家庭的介入服务起到了一定的效果，尽管在物质方面抚养家庭并没有大的改变，但是案主的成长及家庭的养育能力与福利功能有了正向发展的趋势。首先，不良的家庭沟通模式有所改善，促进了案主与长辈之间的对等交流，消除了误会，拉近了情感；其次，明确了家庭成员之间的界限、责任与分工，及时调整了家庭结构，为案主的成长提供了较为良好的生活环境；再次，通过对抚养者的指导、演示，改善了教育方式，提升了其养育能力；最后，对案主自身习惯、思维方式、能力的培养与锻炼也使其对未来的生活有了具体的目标，对自己也慢慢了解，渐渐树立了信心。

(二)"心家庭"模式的经验

"心家庭"是以志愿者家庭与抚养家庭互动为主的服务形式，社会工作者是平台搭建、资源链接的中介。在项目开展过程中，社工服务的家庭接受了组建"心家庭"的邀请。"心家庭"活动通过家庭探访等形式促进了志愿者家庭与服务对象家庭的交流、互动，他们彼此之间建立了长久的情感联结，在精神上对抚养家庭给予了一定的支持。同时社工提倡志愿者的能力建设，希望在项目结束后，即使脱离了社会工作者的组织，他们依然能有效地为抚养家庭服务。

志愿者Z："您家里有具体的地址吗？比如门牌号之类，只有一个村名怕找不到。"

案主L的奶奶："我们村里没有门牌了，你到村口，我出来接你们吧，你要过来，就提前打个电话给我。"

社工："我们还有一次家庭探访，您可以和我们一起过去，这样下次自己过去就认得了。"

志愿者Z："好的，这样最好了，一定要记得叫我哦。"

社工："嗯，好。"

这是一位与奶奶关系很好的志愿者，他们在"心家庭"的活动中相识，为便于项目结束后还能见面，他们互存了联系方式并留了家庭地址，像朋友一样期待长久的来往。

我很喜欢和 W、双胞胎弟弟一起玩，他们会和我一起做手工，玩机器人，我和他们在一起的时候很自由，开心得要飞起来了。我们是很好的朋友，和亲兄弟一样，我们约好以后还要一起玩。（案主 L）

案主与志愿者家庭的小朋友们也建立了深厚的友谊，为童年的生活又画上了浓重的一笔，这是他一生中宝贵的财富，值得今后好好品味。在相处的过程中，他们也在相互传递着正能量，学会分享，学会鼓励与关心，学会取长补短，在重要的年龄阶段拥有了最好的成长机会。

很感谢这个平台，不仅让我有机会去帮助他人，而且更重要的是让我和孩子收获很多。我更清晰地认识了自我，战胜了自己的某些弱点，不断去反思，我的孩子也收获了友谊，学会了爱与尊重。今天的结项不是结束，而是一个新的开始，是大爱传播的起点。（志愿者 X）

这是其中一位与案主 L 结对的志愿者，她最终克服了发言恐惧，在结项仪式上作为志愿者家庭代表发言。她的真实感受与收获让社工欣喜于志愿者能力建设的成功，更感动的是看到"心家庭"的融恰与温馨。他们从素不相识到现在的惺惺相惜，朴实的情感发挥了强大的作用，使服务对象的精神面貌得到了改善，感受到人情与社会的温暖，他们对待生活也更加积极乐观。

"心家庭"组建后，案主家庭即与四个不同的志愿者家庭结对并建立关系，其中有定期进行家庭探访的，也有在"心家庭"集体活动中共同参与、互相帮助的。对于案主家庭来说，他们不仅多了几个朋友，更与外界保持了通畅的来往与交流，使家庭界限具有适当的厚度与通透性，这对其具有很重要的影响。首先，"心家庭"的成立使每位参与其中的成员收获了精神支持，有了挚友，有了倾诉的对象，有了一起分享、共同承担的情感支柱，拥有胜似一家人的感情。其次，抚养者之间可以互相分享亲子经验，共同学习如何更好地养育孩子，进而在教育过程中注重方式方法，与孩子平等地进行沟通交流。尤其对于祖辈抚养者来说，可以更新教育知识与技巧，了解现代教育的内容与途径，更贴近孩子的真实内心。孩子们收获了友谊与乐趣，在分享与打闹中快乐成长。最后，"心家庭"平台的搭建使爱得以传播，是一种正能量的传递，感染着身边的人，温暖着社会。

第八章 散居孤儿社会救助中的政策与家庭

(三) 政策建议

1. 专业化的家庭服务应当得到重视

家庭是社会的最小单位,家庭的福利作用是强大的,重视家庭的作用,帮助家庭实现福利功能的有效发挥是福利政策的重要任务之一。因此,社会福利散居孤儿救助政策需要引入家庭视角,倡导为特殊群体提供一些免费或优惠的家庭福利服务,而不单单是针对个人的物质帮助。社会工作的家庭服务介入用行动成果印证了引入家庭视角的有效性,使家庭的抚育功能得到了较好的提升,对个人的福利保障也有所增强。社会工作者在介入过程中不仅证明了家庭视角引入的重要性,同时也根据调查研究发现了抚养家庭存在的一些潜在需求,希望可以通过社会政策的具体规定来实现满足。

我在工厂里工作不安心,边干活边想着L,担心他往外跑不安全或者受村里的孩子欺负,就把他关在家里,他就在家看一天电视。他也很喜欢拆东西,那些都是带电的,很危险,我不让他弄。我去厂里了又没人管他,他爷爷年纪大了,走路都不太好走了,没办法管他。把他带去厂里吧,棉花厂灰尘很多,他又跑回家了。所以暑假我宁愿花点钱让他去上补习班,虽然费用太高了,但是这样我放心点。(案主L的奶奶)

这是一个抚养者的原话。政府若能建立、完善家庭政策,这种无助的情况就会得到改善。首先,对于抚养者来说,受家庭经济因素的影响,他们经常忙于生产劳动而缺少照顾儿童的时间,把孩子留在家中,又因其无人看管而无法安心工作,孩子的生命健康也存在着较大的隐患。如果抚养者能够享受照料补贴或是获得一定的带薪照料假期,那么抚养者在很大程度上就不会因为工作忙而无法照料儿童。在(村)社区层面,加强对社会工作者、社区工作者的人才培养,建立"四点半学校"、社区儿童照顾等公益服务,有利于缓解困难家庭的照料压力。其次,关于学校组织的暑期补习班费用高的问题,如果政策能在教育方面除正常教学外给予一些课外教育补贴或优惠,或者学校能承担起一定的帮扶困难学生的责任,那么像L一样的困难学生也能有更多的机会与其他学生一样接受课外补习。另外,也可以结合社区内的儿童公益服务,在照顾儿童的同时合理开展服务活动，例如对学习困难的儿童进行课业辅导，培养学习兴趣等。最后，碎片化的社会政策给行政管理也带来了很大的影响，管理部门交叉导致责任不明，公民的权益不能得到很好的保障，所以制定统一完善的家庭政策、建立专门的家庭福利服务部门才能有效帮助家庭提升福利功能。目前政府救助政策呈现物质主义与个人主义取向，而忽视了非物质层面的支持，无法满足个人与家庭的发展需求，因此注重专业人才的培养、开展家庭服务有利于特殊群体及其家庭的能力建设，使个人、家庭、社会正常发展。

2. 倡导非正式力量的作用

都说"远亲不如近邻"，自传统社会以来，非正式力量一直是重要的福利资源之一，好的邻居不仅可以相互帮忙，还像亲人一般可以依靠，然而目前（村）社区及邻里的帮扶作用正在大幅度减少。

> 现在村里基本都是一些老人，年轻人要么出去打工，要么有钱的去市里发展了。我平时工作忙，经常上夜班，我妈也去做小工，邻居也没人可以帮忙带孩的，有些也不愿意，怕万一出事还惹了麻烦，所以我就让我妈少去外面干活。小孩在家也不安全，我爸身体不好，也没办法照看他。（案主L的叔叔）

案主家庭目前就面临着这样的困难，而"心家庭"的结对帮扶使案主家庭与外界建立了更多的联系，受益于非正式关系的帮助。因此，重新发挥社区、邻里等非正式关系的福利功能十分重要。政府需要加大（村）社区文化建设，增强（村）居民的归属感，营造融洽、互助的良好社区氛围，为（村）社区的家庭搭建彼此沟通的平台，促进情感交流，发扬互帮互助的传统美德。

社会互动是人类的基本需求。由于有些家庭特殊，与外界沟通交流甚少，获取信息的频率与速度较慢，家庭思想、观念的更新也不明显，因此社会支持网络的打造有利于活跃家庭氛围，调动家庭正向发展的积极性。政府在为特殊群体或家庭提供救助服务时，可以搭建合适的关系网络来促进其积极发展，满足其多层次需求。

3. 重返家庭社会政策

不成熟的家庭政策是影响散居孤儿家庭困境的原因之一。目前的散居孤儿救助政策的确承担了一定的经济责任，但是这种物质主义与个体主义

第八章 散居孤儿社会救助中的政策与家庭

倾向的政策是一种消极的扶持、救助，散居孤儿个人及其家庭的发展需求还存在着较大的缺口。同时，散居孤儿家庭在经济、教育、就业、心理、社会等方面存在着信息咨询与问题解决的需求，但是现有的家庭政策、法规呈现零散化特征，各管理部门之间也是独立发展，总的来说，缺乏以家庭为基础的政策安排，缺少系统性、综合性的家庭福利政策。因此，家庭福利制度与家庭政策建设迫切需要转型。

从效果评估中可以明显发现，社会工作者对抚养家庭的介入是有作用的，在帮助家庭提升抚养能力的同时，也锻炼了散居孤儿的自主能力，为满足家庭及孤儿的发展性需求提供了帮助。此外，抚养家庭对补充性和支持性的服务是存在强烈需求的，他们渴望在家庭教育技能与心理上得到长久的支持与指导。

综上所述，社会救助政策存在着明显的不足，同时社会工作对抚养家庭的介入具有一定的效果，再次印证了家庭政策的重要性，所以在此倡导重返家庭政策，重视家庭功能并且支持家庭，增强家庭应对风险的能力。首先，在政府层面，需要建立统一、综合的儿童福利及家庭政策，保障散居孤儿及其家庭的合法权益，完善相关法律法规。明确国家是儿童福利、家庭福利的主要责任体，确立家庭政策的重要地位，制定明确的政策与法规，具体详尽且贴近公民实际需求，增强实际可操作性。建立或合并相关部门，统一管理与开展服务，真正将政策落到实处。其次，在国家政策的号召与支持下，工作单位为职工提供带薪儿童照料假期或薪酬补贴，让抚养者可以有更多的时间与精力照顾孩子，在儿童最重要的成长期多给予一些陪伴与教育，使其今后更好地发展。最后，重点发展以社区为基础的家庭服务，充分利用社区的资源，改变社区单一的服务形式，增强社区的服务作用，培养专业社区工作者，提供专业化的家庭服务，帮助发挥家庭功能。以政府投资的方式在社区建立家庭服务站，定期走访社区内的家庭，了解、关心家庭成员的需求并建立家庭档案，针对不同需求进行家庭辅导、开展团体工作、组织社区活动等。如开展社区讲座，进行家庭教育的培训与辅导；成立社区儿童日托服务中心，替工作中的家长分担一些照顾责任；组织一些亲子活动，促进家长与孩子之间的互动与沟通，改善家庭关系；增强社区内的非正式关系，引导发挥邻里的互帮互助精神；等等。总之，要发挥国家、社区、家庭的力量，共同承担儿童养育责任，最重要的是回归家庭，帮助家庭正常发挥福利功能。

第九章 贫困地区留守儿童学业表现以及发展型社会工作的介入[①]

一、引言

2013年全国妇联课题组《全国农村留守儿童城乡流动儿童状况研究报告》称,经由第六次人口普查数据推算,全国有农村留守儿童6102.55万,占农村儿童的37.70%,占全国儿童的21.88%。[②] 结合我国目前的经济发展形势,留守儿童的人数在短期之内不会大幅度削减。根据目前已有的调查研究结果,中国农村留守儿童现象的产生主要来源于家庭和社会两个方面:家庭方面,经济贫困迫使孩子的父母不得不选择离开农村到全国各个城市务工赚钱;社会方面,中国长期的城乡二元体系松动造成我国农村大量剩余劳动力向城市转移,从而产生了"制度孤儿",加上社会在户籍、入学等各方面对外来务工人员不公平的待遇,使广大农民没有办法和能力带着孩子一起生活在工作的城市。

在此背景下,留守儿童虽然有父母,但是他们依然不得不接受与父母分离的现实,他们时刻处在强烈的思念与精神饥渴中。他们缺乏亲情关爱,缺少自信心,行为受到管束,总有被遗弃、孤独、紧张的感觉。并且,留守儿童作为一个弱势群体,因长期与父母分离,加上代管人多为家中老人,隔代教育中的溺爱现象比较严重,因此,这些孩子在学习上、思想上、行为上、心理上可能存在偏差。

[①] 2019年3—11月,李棉管组织了以岳鹏燕、顾强强、卢玲君、李柯昀和单妙妙为主要成员的课题调研小组,对云南省大姚县的留守儿童展开了问卷调查和实地访谈。上述五位研究生参与了课题调研和部分内容的写作,由李棉管完成了总报告的写作。本章即是总报告的节选。

[②] 全国妇联课题组. 全国农村留守儿童、城乡流动儿童状况研究报告[J]. 中国妇运,2013 (6):30-34.

第九章　贫困地区留守儿童学业表现以及发展型社会工作的介入

本章以云南省大姚县为案例集中探讨贫困地区留守儿童的教育困境，尤其聚焦于留守儿童内部教育表现的差异性。云南省大姚县是国家扶贫开发工作重点县（2019年4月摘除"贫困县"帽子），经济状况较为落后，外出务工人员较多，有大量的留守儿童。之前的学术研究和社会调查已经充分证明留守儿童的教育成就显著低于非留守儿童[1]，说明留守儿童的教育问题是一个突出的社会现象。问题的关键是，西方学术界已经论证儿童的贫困持续性与教育表现之间存在着紧密联系[2]，研究贫困地区留守儿童的教育表现对精准扶贫和精准脱贫的总体战略具有重要的政策意涵。本章在这个总的分析视角之下选择了一些更具体的研究问题：留守儿童内部的教育表现差异是如何生产出来的？什么样的政策和服务干预能够提高留守儿童整体政策教育表现并对持续性脱贫有所贡献？

本章关注留守儿童内部学业表现差异较大的现象，即同为留守儿童，为什么有的儿童学业表现良好，而有的儿童学业表现较差？是什么因素导致留守儿童内部学业表现差异如此之大？各影响因素之间有什么样的联系与互动？以此为问题意识，本章研究拟采用问卷调查和访谈进行实地研究，以大姚县的留守儿童及其相关监护人、教师、村干部为调查对象，了解该贫困地区留守儿童学习表现的整体状况，对影响留守儿童学习表现的相关因素进行探究。以抗逆力理论为解释框架，分析影响留守儿童学业表现的内在保护因素、外在保护因素、风险因素以及三者之间的相互作用关系，试提出缩小留守儿童学习差异的可行性策略。

二、文献回顾

留守儿童问题并非自古存在，其产生发展是一个社会建构的过程。从学术建构的过程来看，留守儿童在2000年左右才真正走入学者的视野，

---

[1] 段成荣，吕利丹，王宗萍. 留守儿童的就学和学业成绩：基于教育机会和教育结果的双重视角［J］. 青年研究，2013（3）：50-60；马晓凤. 农村留守儿童的教育关怀：甘肃省通渭县S中学调研个案［J］. 当代教育与文化，2015（2）：86-93.

[2] FERTIG M, TAMM M. Always poor or never poor and nothing in between? Duration of child poverty in Germany［J］. German Economic Review, 2009, 11（2）：150-168; HARRELL R, RODGERS J, LEE P. Child poverty in the American states: the impact of welfare reform, economics, and demographics［J］. The Policy Studies Journal, 2007, 35（1）：1-21.

从此留守儿童研究出现井喷。关于留守儿童的研究颇多，但绕不开的是对留守儿童学业表现的研究，不同研究范式、不同理论视角的研究为我们客观、全面地认识留守儿童学业表现提供了不同的思路。

关于留守儿童的定义，学界存在争议。究其根本，留守儿童的界定需要确定三个基本要素：外出父母的数量、孩子的年龄和父母外出的时间长度。[①] 三个要素的界定不同，使学者们的界定出现差别。本章采用《国务院关于加强农村留守儿童关爱保护工作的意见》中对留守儿童的界定，即留守儿童是指父母双方外出务工或一方外出务工，另一方无监护能力，不满16周岁的未成年人。

（一）留守儿童学业表现研究的研究范式之争

研究范式反映了研究者看待社会现象的不同方式或不同观察角度。梳理留守儿童学业表现的研究可以从研究范式的角度划分为问题范式研究、反思范式研究和比较范式研究三种。这三种范式不存在绝对的好与坏，只是在看待留守儿童学业表现时站在了不同的角度与立场来思考。

问题范式的最大特点是认为留守儿童由于留守而在学业成绩上面临各种各样的挑战，因此学业表现差，存在一些问题。甘肃省通渭县S中学调研发现，留守儿童父母在经济低收入与家庭教育间博弈失衡，致使留守儿童学业与身心发展陷入双重不利境地。留守儿童的父母抱着要为留守儿童改善教育条件的目标进城务工，但进城务工后的低收入使父母没有精力再顾及孩子的教育，致使留守儿童面临经济与教育双重困境。[②] 类似的研究也证明，留守儿童的亲子教育缺失导致其家庭环境的恶化，继而使留守儿童的人格出现一些不良特质，家庭环境的恶化是形成其不良人格特点的重要原因，也是留守儿童学业不良和行为问题的重要原因。[③]

问题范式在留守儿童研究中过分夸张留守要素对留守儿童学业的影响，留守儿童学业表现被污名化，留守儿童群体也被打上了问题标签。但是，正是这种夸张渲染使留守儿童问题得到了更多的关注，使留守儿童的

---

① 郝振，崔丽娟. 留守儿童界定标准探讨［J］. 中国青年研究，2007（10）：40-43.
② 马晓凤. 农村留守儿童的教育关怀：甘肃省通渭县S中学调研个案［J］. 当代教育与文化，2015（2）：86-93.
③ 范方，桑标. 亲子教育缺失与"留守儿童"人格、学绩及行为问题［J］. 心理科学，2005（4）：855-858.

第九章 贫困地区留守儿童学业表现以及发展型社会工作的介入

学业问题被重视起来。问题范式的弊端在于把留守儿童的困境等同于留守儿童的问题，忽视了留守儿童在面对困境时的抗逆力，忽略了留守儿童群体内的差异。

反思范式的最大特点是承认留守儿童面临的困境，并从客观的角度出发认识留守儿童的学业表现。反对问题范式将留守儿童学业困境泛化的观点，反对污名化、标签化留守儿童，主张客观公正地看待留守儿童的学业问题。反思范式中的代表观点是留守的"负正效应"，负效应即父母短时间外出会使孩子的学习表现变差，因为父母外出减少了对留守儿童的生活照料和学习监督，其他监护人的照顾不能替代父母给留守儿童带来的安全感，儿童无法安心学习；正效应为父母外出一段时间后带来的经济收入能为留守子女接受教育提供必要的经济保证，并减少留守子女的劳动压力，此外，父母外出接触到更多的信息和机会，提高了对教育回报率的预期，从而有助于农村留守儿童的学习。①

反思范式的优势在于摒弃了问题视角一刀切的观点，采用去问题化的视角，反思究竟是什么因素影响了留守儿童的生活。在反思范式看来，留守儿童自身的行为偏差不是主观行为，而弱势特征是由社会建制所客观建构的，只有极少数的留守儿童存在主观偏差行为，因此总体上看，留守儿童并不是问题儿童，只是弱势儿童。②

比较范式的最大特点是在其他参照群体的对比下得出关于留守儿童的研究结论。心理学的研究是比较范式的主力，通过微观视角对留守儿童微观系统进行分析，探讨留守儿童学业问题的微观因素。最常见的是比较留守儿童与非留守儿童在某些方面的差异，再得出有关学业表现的相关结论。姚庆海通过对比留守儿童的学业自我概念、师生关系和学校态度等学业心理特点，认为非留守儿童的学业心理状况表现良好，明显高于留守儿

---

① 高玉娟，白钰，马跃，等. 正负效应的先来后到：父母外出对留守儿童学业表现的影响研究［J］. 劳动经济研究，2018（3）：97-113；郑磊，吴映雄. 劳动力迁移对农村留守儿童教育发展的影响：来自西部农村地区调查的证据［J］. 北京师范大学学报（社会科学版），2014（2）：139-146；段成荣，吕利丹，王宗萍. 留守儿童的就学和学业成绩：基于教育机会和教育结果的双重视角［J］. 青年研究，2013（3）：50-60.

② 邓纯考，周谷平. 农村留守儿童研究范式：问题与超越［J］. 教育发展研究，2017（18）：78-84.

童。① 而薛海平等人则直接从课外补习的影响中得出了非留守儿童的学业成绩优于留守儿童的结论。② 段成荣的研究发现在成绩较好的儿童中,留守儿童和非留守儿童没有明显差异,而在成绩较差的儿童中,留守儿童的成绩比非留守儿童更好些。③ 除了群体间的比较外,群体内的比较也成为趋势,从不同抚养方式、父母亲外出模式、学段、性别、区域等对留守儿童分类,研究不同留守状况下的留守儿童学业问题。如,姚计海发现父母都外出的留守儿童的学业心理状况好于父母单方外出的留守儿童,父母单方外出留守儿童的学业心理状况表现不佳,尤其是仅母亲外出的留守儿童学业心理状况最为不佳。④

比较范式相对问题范式和反思范式,非常强调参照群体的作用,认为关于留守儿童的研究须在比较中得出相关结论,打破了对留守儿童学业问题研究的刻板印象。但是,比较范式在注重比较的同时,对社会建构的影响有忽视的嫌疑,过于将关注点放在群体间的差异或群体内的差异而忽视了宏观社会环境对留守儿童学业问题的影响。

综上所述,以上三种对留守儿童的研究范式是从不同的角度与层面进行的,为我们认识留守儿童学业表现提供了不同的思路。但是这三种研究范式也在不同层面存在着不足,有必要从综合的角度,吸收不同理论范式在研究中的优势和长处,采用多元的视角进行研究。

(二) 留守儿童学业表现的影响因素研究综述

国内对留守儿童学业表现的影响因素研究,可以按照影响因素对留守儿童发挥作用的层次,分为内部影响因素和外部影响因素。内部影响因素主要指的是留守儿童自身在留守环境中形成的一些认知、自我概念、抗逆力等内在心理要素。而外部因素更多是指在留守儿童学业表现环节中涉

---

① 姚计海,毛亚庆. 西部农村留守儿童学业心理特点及其学校管理对策研究 [J]. 教育研究, 2008 (2): 33 – 38.
② 薛海平,王东,巫锡炜. 课外补习对义务教育留守儿童学业成绩的影响研究 [J]. 北京大学教育评论, 2014 (3): 50 – 62, 189 – 190.
③ 段成荣,吕利丹,王宗萍. 留守儿童的就学和学业成绩: 基于教育机会和教育结果的双重视角 [J]. 青年研究, 2013 (3): 50 – 60.
④ 姚计海,毛亚庆. 西部农村留守儿童学业心理特点及其学校管理对策研究 [J]. 教育研究, 2008 (2): 33 – 38.

第九章　贫困地区留守儿童学业表现以及发展型社会工作的介入

的同辈、家庭、学校、社会方面的支持因素。

留守儿童面对留守环境时的内在心理要素与学业表现有着重要联系。心理资本作为个体一般的、积极的心理状态或能力①，是非常重要的内在因素。范兴华等学者（2018）在对湖南省两所中学进行问卷调查时发现，留守儿童心理资本对学业表现有促进作用，学业自我概念作为学业心理的重要方面，影响着学业表现。② 姚计海对西部10个省区市儿童进行调查，针对不同类型儿童的学业自我概念进行测量，结果发现父母双方都外出的留守儿童学业自我概念良好，而父母一方外出特别是母亲外出的留守儿童在学业自我概念方面表现较低③，但是该研究没有解释影响不同类型留守儿童学业自我概念的要素，也没有阐述学业自我概念如何影响学业表现。范兴华等人在此基础上提出，心理资本通过提升学业自我概念来促进学业成绩，同时也考虑了社会支持对学业自我概念的促进。④

留守儿童在学业方面拥有的外在支持因素也影响着其学业表现。传统上认为，父母监护的缺失使留守儿童失去了最重要的外部支持，但已有的研究打破了人们对父母监护缺失的刻板印象，替代性监护在弥补父母监护缺失上确实发挥了作用。段成荣在分析人口抽样数据后提出，照顾留守儿童的祖父母并非年老体弱，在教养方面不能作为，他们在某些方面也能为留守儿童提供指导。⑤ 高亚兵通过比较研究发现，同辈监护下的留守儿童在心理状况方面与非留守儿童存在较小的差异。因此，我们可以将替代监护看作应对父母监护缺失的外在应对因素，但如何发挥留守儿童替代监护的作用，从而有效提高其学业表现尚须进一步论证。⑥ 除此以外，同伴接纳能够有效减少留守儿童学业违纪行为，对留守儿童的学业表现有积极作

---

① LUTHANS F, AVOLIO B J, AVEY J B, et al. Positive psychological capital: measurement and relationship with performance and satisfaction [J]. Personnel Psychology, 2007, 60: 541-572.

② 范兴华，周楠，贺倩，等. 农村留守儿童心理资本与学业成绩：有调节的中介效应 [J]. 中国临床心理学杂志, 2018 (3): 551-556.

③ 姚计海，毛亚庆. 西部农村留守儿童学业心理特点及其学校管理对策研究 [J]. 教育研究, 2008 (2): 33-38.

④ 范兴华，周楠，贺倩，等. 农村留守儿童心理资本与学业成绩：有调节的中介效应 [J]. 中国临床心理学杂志, 2018 (3): 551-556.

⑤ 段成荣，杨舸. 我国农村留守儿童状况研究 [J]. 人口研究, 2008 (3): 15-25.

⑥ 高亚兵. 不同监护类型留守儿童与普通儿童心理发展状况的比较研究 [J]. 中国特殊教育, 2008 (7): 56-61.

用；反之，同伴拒绝则对其学业表现有负面作用。① 课业方面的其他外部支持，如课外补习则有助于学校质量较高、成绩较好的留守儿童缩小其与非留守儿童的成绩差距。②

综上所述，现有关于留守儿童学业表现影响因素的研究具有以下特点：第一，采用的调查方法多是问卷、量表等量化方法，采用质性方法的研究较少；第二，关于留守儿童学业表现影响因素的研究，从单因素分析走向多因素分析，综合看待影响留守儿童学业的各个因素成为一种趋势；第三，近年来的研究开始考虑不同影响因素之间的交互作用，采用系统的观点分析各种因素如何影响留守儿童学业表现，但是目前相关研究还比较少。

纵观留守儿童学业表现的研究，采用综合的研究视角已成趋势。本章试图在充分吸收反思范式与问题范式的基础上，通过问卷法、访谈法收集的资料了解大姚县留守儿童学习表现的整体状况，对影响留守儿童学习表现的相关因素进行探究。以抗逆力理论切入，分析影响留守儿童学业表现的内在保护因素、外在保护因素、风险因素以及三者之间的相互作用关系，并据此提出相关政策建议。

三、研究设计

（一）研究思路

本章研究的指导理论是抗逆力理论，而抗逆力理论起源于优势视角。在社会工作诸多理论视野中，优势视角是相对于问题视角而言的。问题视角往往聚焦于服务对象的问题，且往往在个体层面进行归因。因此，在问题视角下，个体的动机、价值观和行为模式的负面评价也往往成为个体问题的原因解释，这样一种归因解释不可避免地给服务对象贴上负面标签。

正是基于对问题视角的反思，社会工作服务领域中的优势视角获得了广泛的重视。与问题视角相反，优势视角采取非批判的方法聚焦服务对象

---

① 赵景欣，刘霞，张文新. 同伴拒绝、同伴接纳与农村留守儿童的心理适应：亲子亲合与逆境信念的作用 [J]. 心理学报, 2013 (7): 797-810.

② 薛海平，王东，巫锡炜. 课外补习对义务教育留守儿童学业成绩的影响研究 [J]. 北京大学教育评论, 2014 (3): 50-62, 189-190.

的优势、潜能和环境中的资源。该理论相信，每一个服务对象都是完整的、充满潜能的人，每一种环境也都拥有着资源；社会工作的服务要充分发掘出这些潜能和资源，以优势来解决困境。抗逆力理论是将优势视角操作化之后的理论视角和操作模式。抗逆力理论将影响服务对象困境的因素从两个维度划分为四个方面（如图9-1所示）。

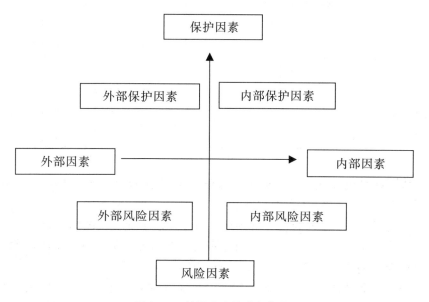

图9-1 抗逆力理论分析框架

本章将运用图9-1中的抗逆力理论分析框架分析贫困地区留守儿童的学业差异和学业困境，内部保护因素、内部风险因素、外部保护因素和外部风险因素建构成本研究分析的四个方面。

（二）因变量、自变量

本章的因变量是贫困地区留守儿童学业表现的内部差异。严格来说，学业可以有多种表现形式，但本章研究采用最简单也最常见的操作化方法，即考试成绩。本章的研究目标是解释贫困地区留守儿童学业表现的内部差异，因此，我们对内部差异进行了操作化。为了测量内部差异，我们将留守儿童的学习成绩划分为五个等级：班级排名前20%被界定为"很好"，班级排名20%～40%被界定为"比较好"，班级排名40%～60%被界定为"中等"，班级排名居于60%～80%被界定为"比较差"，班级排名居后20%被界定为"很差"。样本中的调查结果如表9-1所示：

表9-1 贫困地区留守儿童学业表现的内部差异（因变量）

成绩排名情况	人数	占比
很好（排名全班前20%）	82	19.8%
比较好（排名全班20%～40%）	84	20.3%
中等（排名全班40%～60%）	177	42.8%
比较差（排名全班60%～80%）	47	11.4%
很差（排名全班后20%）	21	5.1%
缺失	3	0.7%

为了统计的简便性，我们将"很好"和"比较好"两个层次合并为"学习成绩好"，将"中等及以下"三个层次（缺失值不参与分析）合并为"成绩差"。于是因变量"贫困地区留守儿童学业表现的内部差异"被操作化为一个二分变量。根据统计学原理，当因变量为二分变量的定类变量时，合适的统计模型为二元Logistic回归模型。

根据前面的研究思路，本章研究的自变量体系包括内部保护因素、内部风险因素、外部保护因素和外部风险因素四个方面。但是，由于内部风险因素往往是内部保护因素的反向表达，所以我们将这两个因素合并起来，共同构成个体因素。外部保护因素和外部风险因素具体操作化为家庭因素、朋辈因素和学校及社会因素三个方面。自变量体系的具体操作化方法如表9-2所示：

表9-2 自变量体系

一级变量	二级变量
个人因素	学习习惯 自我认知

(续表9-2)

一级变量	二级变量
家庭因素	家校联系 父母外出情况 家庭经济状况 外出父母教育观念 外出父母与孩子的互动情况 兄弟姐妹关系
朋辈因素	朋辈关系 朋辈互动
学校及社会因素	师生关系 师生互动 社会政策

(三) 调查与抽样

本章研究的调查点是云南省楚雄彝族自治州大姚县。在调查开展期间（2019年1—3月），大姚县仍属于国家扶贫开发工作重点县，满足本章贫困地区研究的设计和需要。大姚县位于楚雄彝族自治州西北部，下辖8镇4乡，境内居住22个民族，少数民族占比31.7%，其中彝族占总人口比重为29.0%。当地的经济发展条件和环境的限制使外出务工收入构成大姚县重要的家庭收入来源。庞大的外出务工人员数量导致出现大规模的留守儿童，当地的中小学学生中大部分是留守儿童。

课题组根据前期了解，采用整群抽样的方式，以大姚县所有的适龄（10～16周岁）留守儿童为总体，通过相关资料制定出大姚县所有中小学的抽样框，采用随机抽样的方式抽取出M学校和S学校作为分群。在两所学校发放了留守儿童问卷450份，回收有效问卷414份，有效回收率为92.0%。其中，男生200人，女生214人；初一年级155人，初二年级131人，初三年级128人。样本的分布基本反映了两校的学生结构。

四、研究发现

根据因变量二分变量的属性,我们采用二元 Logistic 回归模型分别检验了个人因素、家庭因素、朋辈因素、学校及社会因素对贫困地区留守儿童学业表现内部差异的影响。

(一)个人因素对学业表现的影响

按照研究设计,我们从两个方面考察个人因素对贫困地区留守儿童学业表现的影响:一方面是学习习惯(如表9-3所示),另一方面是自我意志。

表9-3 模型1:学习习惯对学业表现的影响

一级指标	二级指标	优势比(系数)	p 值($Sig.$)
学习习惯	预习习惯 · 几乎每次都预习 · 偶尔预习 · 几乎不预习	1.876 0.535 0.062	0.005 0.278 0.900
	从不抄袭别人的作业 · 非常同意 · 比较同意 · 比较不同意	0.343 0.624 0.749	0.616 0.311 0.222
	会做其他课外作业 · 非常同意 · 比较同意 · 比较不同意	0.293 0.612 0.497	0.618 0.170 0.268
	上课认真程度 · 非常认真 · 比较认真 · 比较不认真	0.677 1.455 0.730	0.406 0.034 0.292
	上课不开小差 · 非常同意 · 比较同意 · 比较不同意	0.089 0.430 0.463	0.901 0.473 0.439

第九章 贫困地区留守儿童学业表现以及发展型社会工作的介入

（续表9-3）

一级指标	二级指标	优势比（系数）	p值（Sig.）
学习习惯	回答课堂提问 ·非常积极 ·比较积极 ·比较不积极	1.848 2.235 1.107	0.035 0.000 0.071
	向老师、同学请教问题 ·非常同意 ·比较同意 ·比较不同意	0.333 0.034 -0.250	0.595 0.952 0.667
	先做作业再干别的事 ·非常同意 ·比较同意 ·比较不同意	0.159 0.138 0.650	0.830 0.842 0.348
	作业总能又快又好地完成 ·非常同意 ·比较同意 ·比较不同意	0.641 1.448 0.997	0.490 0.076 0.218
	有自己的学习计划并执行 ·非常同意 ·比较同意 ·比较不同意	0.538 -0.051 -0.225	0.422 0.926 0.672
	主动学习程度 ·非常主动 ·比较主动 ·比较被动	1.664 0.892 -0.049	0.040 0.195 0.943
	课外辅导作业 ·经常做 ·偶尔做 ·很少做	0.293 0.612 0.497	0.618 0.170 0.268

如表9-3所示,在学习习惯方面,"预习习惯""上课认真程度""回答课堂提问"以及"主动学习程度"通过了显著性检验,说明学习习惯对留守儿童的学业成绩存在显著影响。与那些"从不预习"的同学比较起来,"几乎每次都预习"的同学的学习成绩要更优秀,并通过了显著性检验(优势比为1.876,$p=0.005$)。与"上课不认真"的同学比较起来,"上课比较认真"的留守儿童的成绩显著要好(优势比为1.455,$p=0.034$)。课堂参与程度也显示了显著的作用力量,那些积极参与课堂讨论和比较积极参与课堂讨论的留守儿童比从来不参与课堂讨论的留守儿童成绩要优秀。与此同时,留守儿童学习的主动程度也通过了显著性检验,那些自觉而主动学习的留守儿童比其他同学有更优异的学业表现。有意思的是,在城市教育中被赋予重要期待的"课外辅导作业"并没有通过显著性检验,意味着在本章研究中,"课外辅导作业"对贫困地区留守儿童的学业表现并没有产生显著影响。我们认为这可能反映了城乡差异和经济社会环境的影响,在贫困地区的农村,课外辅导的机会和资源都非常有限,因此在资源获取方面,留守儿童的内部差异并不显著。

表9-4证明,在自我认知方面,留守儿童应对困难的态度对其学业表现产生了显著影响。那些积极面对困难并积极寻找解决办法的留守儿童与那些逃避困难的学生比较起来,其学习成绩显著要好。这充分说明了抗逆力的重要作用。由于特殊的生活环境,留守儿童无论在学习中还是在生活中总面临一些特殊的困难,而直面困难并尝试寻找解决办法本身就是发现潜能和资源并提升能力的过程。顺利完成这一过程的留守儿童不但部分地解决了问题,而且提升了学业表现。

表9-4 留守儿童意志力与学业表现的交互分类

	成绩较差	成绩较好	总计
积极面对困难:非常同意	72(54.1%)	61(45.9%)	133(100.0%)
积极面对困难:比较同意	111(57.5%)	82(42.5%)	193(100.0%)
积极面对困难:比较不同意	37(69.8%)	16(30.2%)	53(100.0%)
积极面对困难:非常不同意	22(75.9%)	7(24.1%)	29(100.0%)
总计	242(59.3%)	166(40.7%)	408(100.0%)
卡方值=9.224 $p=0.026$			

第九章　贫困地区留守儿童学业表现以及发展型社会工作的介入

(二) 家庭因素对学业表现的影响

在家庭层面，一方面，家庭经济状况可能会对留守儿童的学业表现产生影响；另一方面，留守儿童不得不面临长时段的亲子分离，而亲子分离不但会影响亲子关系，还会对留守儿童的学业监督和教养方式产生影响。基于以上分析，我们对家庭因素对贫困地区留守儿童学业表现的影响进行了检验（如表9-5所示）。

表9-5　家庭经济状况与留守儿童学业表现的交互分类

	成绩较好	成绩较差	总计
建档立卡贫困户	10 (29.4%)	24 (70.6%)	34 (100.0%)
非建档立卡贫困户	141 (42.2%)	193 (57.8%)	334 (100.0%)
总计	151 (41.0%)	217 (59.0%)	368 (100.0%)
卡方值 = 2.091　　$p = 0.102$			

表9-5表明，留守儿童的家庭经济状况与其学业表现之间并不存在显著相关性。尽管统计结果显示，生活在建档立卡贫困户中的留守儿童的学习成绩较差的发生概率要高出非贫困家庭约13个百分点，但是这种差异没有通过显著性检验（$p = 0.102$）。因此，家庭经济状况影响贫困地区留守儿童学业表现这一假设没有获得充分的数据支持。

表9-6的统计结果表明，家长对学生发生的事情的关注程度与其学业表现之间高度相关。生活在对子女学校事务非常关注和比较关注的家庭中的留守儿童取得较优秀学习成绩的比例约为50%，而生活在对学校事务完全不管不问的家庭中的留守儿童取得优秀学习成绩的比例仅为14.9%。这一差异通过了显著性检验（$p = 0.001$）。家长对学校事务的关心可能通过以下两个方面促进留守儿童的学业表现：一方面，家长对学校事务的关心起到了学习监督的作用，并强化了留守儿童的学习意识；另一方面，家长对学校事务的关心也是家校联系的起点，而更频繁的家校联系有助于形成教育的合力。

表9-6 亲子关系与留守儿童学业表现的交互分类

	成绩较差	成绩较好	总计
母亲经常和我讨论学校发生的事：非常符合	84（55.6%）	67（44.4%）	151
母亲经常和我讨论学校发生的事：比较符合	76（52.8%）	68（47.2%）	144
母亲经常和我讨论学校发生的事：比较不符合	38（66.7%）	19（33.3%）	57
母亲经常和我讨论学校发生的事：非常不符合	40（85.1%）	7（14.9%）	47
总计	238（59.6%）	161（40.4%）	399
卡方值 = 17.660	$p = 0.001$		

表9-7表明，在教养方式层面，与责骂式的教养方式比较起来，鼓励型的教养方式会显著提高孩子的学习成绩。当儿童的成绩出现波动时，父母通过鼓励的方式更能提升孩子的自信，从而激发其学习的动机。相反，责备或怒斥的亲子沟通方式可能会获得适得其反的教育效果。

表9-7 教养方式与留守儿童学业表现的交互分类

	成绩较差	成绩较好	总计
成绩下降时母亲是积极鼓励的：非常符合	87（52.4%）	79（47.6%）	166
成绩下降时母亲是积极鼓励的：比较符合	85（60.3%）	56（39.7%）	141
成绩下降时母亲是积极鼓励的：比较不符合	34（65.4%）	18（34.6%）	52
成绩下降时母亲是积极鼓励的：非常不符合	33（78.6%）	9（21.4%）	42
总计	239（59.6%）	162（40.4%）	401
卡方值 = 10.592	$p = 0.014$		

（三）朋辈因素对学业表现的影响

由于学习阶段和家庭环境的特殊性，朋辈群体往往是留守儿童主要的接触群体，因此，朋辈关系有可能会对留守儿童的学业表现产生重要影响。我们将朋辈群体的影响从两个方面展开分析：一是从参照群体理论出发，分析朋辈学业比较关系的影响；二是分析朋辈交往关系对学业表现的影响（如表9-8所示）。

第九章 贫困地区留守儿童学业表现以及发展型社会工作的介入

表9-8 模型2：朋辈因素对学业表现的影响

一级指标	二级指标	优势比（系数）	p值（Sig.）
朋辈学业比较	在学习方面要做好朋友的榜样 ·非常同意 ·比较同意 ·比较不同意	1.698 1.702 0.842	0.000 0.000 0.059
	好朋友热爱学习 ·非常同意 ·比较同意 ·比较不同意	0.415 0.538 0.161	0.413 0.286 0.769
朋辈互动	在学校没被欺负过 ·非常同意 ·比较同意 ·比较不同意	0.439 0.633 -0.213	0.223 0.091 0.638

如表9-8所示，在朋辈群体层面，只有"在学习方面要做好朋友的榜样"这一个指标通过了显著性检验，其他指标对贫困地区留守儿童学业表现的影响并不显著。这一统计结果表明，一方面，朋辈之间的良性竞争关系有助于塑造留守儿童的学习意识，进一步促进部分学生学业表现的提升。另一方面，"好朋友热爱学习"对留守儿童学业表现的影响并不显著，在一定程度上说明朋辈之间的示范效应在本研究中没有得到足够的数据支撑，其中的原因还有待后续研究来揭示。

（四）学校和社会因素对学业表现的影响

作为留守儿童学习的主要场所，学校各因素可能会对其学业表现产生重要影响。本章研究主要考察师生关系、师生互动方式和教学水平评价等方面，从而分析学校因素对留守儿童学业表现的影响（如表9-9所示）。除此以外，随着我国教育投入的增加和普惠型福利的推进，留守儿童受到越来越多的社会政策的关注，包括营养午餐、经费减免等，我们也将检验相关的社会政策对留守儿童学业表现的影响。

表9-9 模型3 学校因素对留守儿童学业表现的影响

二级指标	优势比(系数)	p值(Sig.)
老师非常关心我的生活		
·非常同意	19.378	0.998
·比较同意	19.149	0.998
·比较不同意	19.945	0.998
老师非常关心我的学习		
·非常同意	1.027	1.000
·比较同意	0.782	1.000
·比较不同意	0.252	1.000
自己与老师的关系十分融洽		
·非常同意	20.781	0.998
·比较同意	20.451	0.998
·比较不同意	19.215	0.998
老师中有自己学习的榜样		
·非常同意	0.844	0.592
·比较同意	1.125	0.474
·比较不同意	0.765	0.630
老师对自己的态度十分和蔼		
·非常同意	0.400	0.727
·比较同意	0.422	0.705
·比较不同意	1.130	0.308
老师经常给自己帮助		
·非常同意	18.320	0.998
·比较同意	18.743	0.998
·比较不同意	18.630	0.998
自己十分听老师的话		
·非常同意	0.834	0.313
·比较同意	0.386	0.629
·比较不同意	1.241	0.144

(续表9-9)

二级指标	优势比（系数）	p值（Sig.）
老师对自己的学习期望很高		
·非常同意	2.865	0.034
·比较同意	2.174	0.105
·比较不同意	1.291	0.341
对任课老师整体水平满意		
·非常同意	19.169	0.999
·比较同意	19.418	0.999
·比较不同意	19.427	0.996

表9-9证明，在学校相关的因素中，只有"老师对自己的学习期待很高"这一指标通过了显著性检验，其他指标均没有通过显著性检验。这一统计结果表明，教师对留守儿童所投入的期待对其学业表现存在显著影响，那些被投以更多关注的留守儿童获得了强烈的心理感知，而这一心理感知又进一步激发了其学习动力和意识。这一统计结果在一定程度上证明了抗逆力理论的一个重要方面：外在的正向期待对解决服务对象的困境有着重要的价值和意义。

表9-10和表9-11检验了营养午餐和经费减免两项社会政策对贫困地区留守儿童学业表现的影响。统计结果表明，这两项社会政策对留守儿童学业表现的影响均没有通过显著性检验，即没有明确的证据表明这两项政策对留守儿童学业成绩有显著的提升效果。但是，我们绝不能据此否定社会政策对留守儿童生活和学业的重大作用。在很大程度上，包括这两项政策在内的扶贫助学的政策体系在保障贫困地区儿童的受教育权利和身心健康发展等方面发挥了不可替代的作用。

表9-10 营养午餐与留守儿童学业表现的交互分类

	成绩较差	成绩较好	总计
有营养午餐	202（59.2%）	139（40.8%）	341（100.0%）
无营养午餐	42（60.9%）	27（39.1%）	69（100.0%）
总计	244（59.5%）	166（40.5%）	410（100.0%）

卡方值=0.063 $p=0.456$

表9-11　经费减免与留守儿童学业表现的交互分类

	成绩较差	成绩较好	总计
有经费减免	44（58.7%）	31（41.3%）	75（100.0%）
无经费减免	200（59.7%）	135（40.3%）	335（100.0%）
总计	244（59.5%）	166（40.5%）	410（100.0%）

卡方值=0.027　　$p=0.484$

五、发展型社会工作的干预设想

（一）从发展型社会政策到发展型社会工作

发展型社会工作（developmental social work）的提法近20年才出现在社会工作的学术文献中，无论从词义上还是内容上，发展型社会工作都与发展型社会政策（developmental social policy）有直接的关联。发展型社会政策的重要创始人米奇利也是发展型社会工作的重要提出者之一。发展型社会工作从其产生之初便受到国际社会工作界的极大关注，该模型的重要倡导者帕特尔也意识到发展型社会工作的提法注定会引起学术界的质疑。这种质疑主要在于社会工作本身就是一种"助人自助"的专业和职业，它本质上具有发展取向和未来取向，从概念上强调发展型社会工作似乎没有必要。但是，社会工作的发展史清晰地呈现出另一番情景：无论是在社会工作历史上还是现状中，各种微观层面矫正或治疗倾向的社会工作无疑居于主流地位，服务对象增能或生活环境改善的诉求往往只存在于教科书或纯粹理念当中。为了扭转社会工作的历史和现状中对发展取向的偏离，发展型社会工作提出了以下三项主张。

第一，将社会工作与更宏大的社会政策连接起来。过往的社会工作与社会政策的关系往往是两种形态：要么分离，要么附属。分离表现为社会工作重点关注那些被社会政策"抛出来"的社会群体，社会工作着重对社会政策无法关照的群体提供帮扶；附属表现为社会工作仅仅作为社会政策的执行手段之一，失去了对社会政策完善的反思。发展型社会工作强调社会工作应当成为社会政策的重要参与者、评估者和监督者，社会工作应当在社会发展、社会公平等领域坚持自己的专业特色。

第九章 贫困地区留守儿童学业表现以及发展型社会工作的介入

第二，社会工作应该参与经济社会发展的核心议题。长期以来，社会工作只针对经济社会发展中"附带出现的问题"而展开研究和干预，将与经济社会发展本身相关的核心议题自觉让渡给其他学科，这种自我设限的学科取向导致了社会工作的自我边缘化。发展型社会工作认为，社会工作可以参与经济社会发展核心议题的讨论中，着重在人力资本投资、社会资本和市场机会开发等领域发挥社会工作的专业贡献。

第三，建构多层次的社会工作发展取向模型。发展型社会工作毫无疑问更强调对宏观社会要素的关注，但这绝不意味着发展型社会工作只能在宏观层面进行政策倡导。事实上，发展型社会工作可以在个体、家庭、社区和社会政策等各个层面均发挥作用。问题的关键是在各个层面，社会工作都需要将发展取向融入服务和干预之中。研究者以一个遭受家庭暴力的女性为案例，详细地分析了通过对受暴妇女的增权和将个人境遇与环境改善相联系的干预策略来体现发展型社会工作的应用和价值。

（二）留守儿童学业表现的发展型社会工作干预

我们的研究发现，尽管贫困地区留守儿童在学业上面临诸多困难，但还是有些个人潜能和环境资源能够帮助他们取得更理想的学业表现的。在个人潜能方面，良好的学习习惯和自主对抗逆境的意识和毅力与其学业表现存在显著的相关性。在环境资源方面，外出父母的高度关注、鼓励型的教养方式、朋辈之间的良性竞争和教师的合理期待对留守儿童的学业表现有正向的促进作用。正是基于以上研究发现，我们进一步提出发展型社会工作的干预设想。

首先，在个体层面，帮助贫困地区留守儿童建构良好的学习习惯和培养其抗逆力意识是十分重要的人力资本投资。在传统的社会工作干预模式中，无论在青少年社会工作领域还是在学校社会工作领域，社会工作似乎只做学校教育和家庭养育剩下来的工作，而对青少年或学生最重要的人生任务缺乏必要的关注。对于青少年或学生来说，通过学习而进行的人力资本投资状况奠定了其未来人生的基调，但是传统社会工作服务却对"学习"二字避而远之，这是社会工作专业和社会工作服务典型的自我边缘化。从发展型社会政策出发，社会工作服务就是要介入涉及个人发展的核心要素的积累中，主动参与个人发展的主要方面，而不是仅做边角性的修补工作。学习习惯从表面上来看是外在的行为表现，但更深层次是学习意识驱动的结果。从发展型社会工作的立场来看，仅仅通过行为矫正来建构暂时的行为模式，恐怕并不是建构良性学习习惯的长效途径。因此，通过人本主义方法，发掘服务对象改变自身的动机和意识，在此基础上才能建构长期有效的良好学习习惯。在这个意义上，学习动机和学习意识的激发可能比学习习惯的强行改变更有意义。

其次，在环境层面，家庭因素、朋辈因素、学校及社会因素对贫困地区留守儿童学业表现的影响不可忽视。本章研究已经证实，紧密的家庭关系和包容鼓励型的教养方式对提升留守儿童的学业表现有重要作用。因此，对于留守儿童而言，家庭社会工作的核心内容是帮助留守儿童加强与其父母的联系，强化外出父母对留守儿童学业的关注。尽管距离分割是不可否认的现实，但现代通信技术的发展可以在一定程度上减少距离带来的沟通障碍，因此，服务的关键是引导外出父母的沟通意识和关注意识。而包容鼓励型教养模式的建立更是一个需要培育的过程，通过专业社会工作的干预帮助父母转变教养观念应当是留守儿童社会工作服务的重要内容。在学校层面，教师对学生学业的合理期待是提升留守儿童学业成绩的重要因素，因此，社会工作者需要与教师合作，为留守儿童提供充满期待的教育环境。最后，发展型社会工作还是一种政策倡导型社会工作。尽管当前已经有许多社会政策在为贫困地区的留守儿童提供社会保护，但是这些政策的保护和发展力度还需要进一步加强。比如，教育资源不平衡问题长期困扰贫困地区的教育发展，对于这一问题的解决可能需要政策、技术和组织方式等各方面的综合反思。

第十章　乡村振兴战略与农村老年人服务的新议题
——发展型社会工作的视角

党的十九大首次提出了"乡村振兴"战略，并以"产业兴旺、生态宜居、乡风文明、治理有效、生活富裕"20个字明确了乡村振兴的总要求。乡村振兴战略的提出既回应了新时代我国社会基本矛盾已经转化为人民日益增长的美好生活需要和不平衡不充分发展之间的矛盾，又为国家建设提出了新的战略方针。一方面，"不平衡的发展"首先表现为城乡之间的不平衡，"不充分的发展"突出表现为乡村发展的不充分[①]；另一方面，新型城镇化和新的发展战略不是"消灭农村"，而是要改变乡村凋敝和衰落之势，通过振兴乡村走向城乡协同之路。[②]

乡村振兴不但在政策上对农村发展产生根本性影响，而且注定会成为一个持续性的学术热点。虽然关于乡村振兴的研究才刚刚起步，但一个重要的研究趋势已经呈现，即将产业发展作为乡村振兴的核心突破口，甚至是唯一的建设重心。经济增长固然是乡村振兴十分重要的建设内容，但是片面强调产业发展恰恰扭曲了乡村振兴多元繁荣的本意[③]，而且容易脱离现阶段农村社会的人口、资源和环境的现实。本章摆脱经济至上的维度，将农村视为生产生活的综合场域，并结合农村老龄化和空心化的现实，在分析农村老年人现实需求及其影响因素的基础上，试图引入专业社会工作服务来助力乡村振兴。

[①] 罗必良.明确发展思路，实施乡村振兴战略[J].南方经济，2017（10）：8-11.
[②] 王佳宁.乡村振兴视野的梁家河发展取向[J].改革，2017（11）：16-18.
[③] 王佳宁.乡村振兴视野的梁家河发展取向[J].改革，2017（11）：16-18；詹国辉，张新文.乡村振兴下传统村落的共生性发展研究：基于江苏S县的分析[J].求实，2017（11）：71-84.

一、乡村振兴的老年人维度

农村是一个集生产与生活于一体的综合场域,农业生产与日常生活交织在一起,共同建构了农村的社会形态。因此,乡村振兴应该是一种综合战略,将生产发展与生活改善同时包容进来。而要实现这一综合战略的目标,就必须要从农村社会的现实基础出发。从目前的农村社会现实考察,两大因素应该被纳入乡村振兴战略的考虑中:第一,大量青壮年劳动力外出务工导致农村社会快速老龄化和空心化;第二,国家公共政策对农村老年人的照料虽有所加强,但仍较为不足,导致农村老年人的生活满意度总体难以提升。这两大因素都意味着,乡村振兴战略需要纳入老年人维度的视角,它不但是现阶段乡村振兴的关键议题,而且事关乡村振兴战略的全局。

(一) 农村老龄化与乡村振兴

我国已经进入快速老龄化阶段。据统计,2015年,中国65岁及以上老年人占总人口的比重达到10.5%,远高于联合国所提出的7%的人口老龄化标准;同时城乡之间的差异也十分突出,农村地区65岁及以上老年人口占总人口的比重达到11.52%,而城市地区相应的数据为8.88%。[①]如果以60岁作为老年计算标准,农村人口老龄化程度早在2009年便已经达到城市老龄化程度的2.3倍。[②]更为重要的是,大量的青壮年劳动力常年外出务工已经使基于户籍登记制度的人口老龄化计算方法失去了政策意义。国家统计局的报告显示,2016年,超过2.8亿名农村青壮年劳动力在城市务工[③],如果将这些候鸟式的、只在春节期间短暂回乡的青壮年务工人员扣除出统计基数,事实上常年在农村生产和生活的人口的老龄化程度可能会远远高于现有的统计结果。在广大的中西部地区,老年人、妇女

---

① 项继权,周长友."新三农"问题的演变与政策选择[J]. 中国农村经济,2017(10):13-25.
② 我国农村老龄问题研究课题组. 积极构建城乡统筹的社会保障体系[N]. 人民日报,2011-04-29.
③ 国家统计局. 2016年农民工监测调查报告[EB/OL]. (2017-04-28)[2018-01-07]. http://www.stats.gov.cn/tjsj/zxfb/201704/t20170428_1489334.html.

第十章 乡村振兴战略与农村老年人服务的新议题

和儿童是农村的主要人口已是不争的事实①,从而引发了关于"农村空心化""乡村过疏化""农业边缘化"和"农民老龄化"等各种重大议题的讨论。②

人口结构的变化给农村的生产和生活方式带来了重大影响。尽管有学者认为"老人农业"有效率③,多数学者还是更关注农村老龄化带来的消极影响。这些消极影响包括:"农民荒"④、粮食安全和土地利用效率问题⑤、农业生产效率问题⑥、乡村治理困境和农民组织化问题⑦,以及日益年老的身体与繁重的农业劳动的矛盾所带来的健康问题和生活质量下降问题等⑧。

由此可见,农村老龄化已经成为影响农村经济社会发展的关键问题之一。从长期来看,通过资本下乡、技术下乡和市场拓展来盘活农村的产业,进而吸引并留住青壮年劳动力在农村就业,毫无疑问是解决农村老龄化问题的正确途径,也是实现乡村振兴的必由之路。但是,农村老龄化的现实决定了目前更紧迫的任务是如何通过政策和服务来解决农村老年人在生产和生活中的现实难题。

---

① 田毅鹏. 乡村"过疏化"背景下城乡一体化的两难 [J]. 浙江学刊, 2011 (5): 31 - 35; 刘祖云, 武小龙. 农村"空心化"问题研究: 殊途而同归: 基于研究文献的理论考察 [J]. 行政论坛, 2012 (4): 82 - 88.

② 项继权, 周长友. "新三农"问题的演变与政策选择 [J]. 中国农村经济, 2017 (10): 13 - 25; 田毅鹏. 乡村"过疏化"背景下城乡一体化的两难 [J]. 浙江学刊, 2011 (5): 31 - 35; 周祝平. 中国农村人口空心化及其挑战 [J]. 人口研究, 2018 (2): 45 - 52.

③ 贺雪峰. 老人农业有效率 [EB/OL]. (2012 - 07 - 03) [2018 - 01 - 07]. http://www.snzg.cn/article/2012/0703/article_29418.html.

④ 陈池波, 韩占兵. 农村空心化、农民荒与职业农民培育 [J]. 中国地质大学学报 (社会科学版), 2013 (1): 74 - 80, 139.

⑤ 胡雪枝, 钟甫宁. 农村人口老龄化对粮食生产的影响: 基于农村固定观察点数据的分析 [J]. 中国农村经济, 2012 (7): 29 - 39.

⑥ 陈锡文, 陈昱阳, 张建军. 中国农村人口老龄化对农业产出影响的量化研究 [J]. 中国人口科学, 2011 (2): 39 - 46, 111.

⑦ 徐勇. 挣脱土地束缚之后的乡村困境及应对: 农村人口流动与乡村治理的一项相关性分析 [J]. 华中师范大学学报 (人文社会科学版), 2000 (2): 5 - 11.

⑧ 刘志甫. 农村养老与医疗保障: 中国老龄化问题的重心 [J]. 求索, 2016 (8): 22 - 26; 余央央, 封进. 我国老年健康的动态变化及对健康老龄化的含义 [J]. 世界经济文汇, 2017 (3): 1 - 16.

(二) 老年人服务需求与乡村振兴

通过政策和服务解决农村老年人的现实困境绝不是权宜之计，而是具有长期效应的，任何忽视农村老年人生活状况的做法都不符合乡村振兴的本意。大量的研究证实，农村老龄化不但是农业生产中的突出问题，更是对农村老年人的日常生活产生了深刻的影响。

利用1991—2009年中国营养与健康调查（CHNS）的面板数据，研究者发现，经济发展水平、营养状况和健康知识等方面的城乡差距使农村老年人的健康状况与城市老年人比较起来显然更令人忧虑，尤其在慢性病和健康风险指标两个维度上，农村老年人的健康水平正逐年与城市老年人拉开距离。① 事实上，农村老龄化带来的更为紧迫的问题是老年照料问题。长期以来，农村老年人主要依靠自我养老和家庭养老两种模式度过老年生活。调查证实，60～64岁的农村老年人中有62.7%从事农业生产，47.6%的65～69岁的农村老年人从事农业生产，即便在70～74岁年龄组中，仍然有近三成的老年人在从事农业生产②，农村男性老人中有约55%的老人主要生活来源是务农劳动收入③。繁重的农业劳动与原本就堪忧的健康状况叠加在一起，使农村老年人自我养老模式难以持续。不仅如此，由于青壮年劳动力大量外出，农村老年人在繁重的农业劳动之外，还得承担起隔代抚养的职责，而老年人通过隔代抚养获得的收入回报却相当微薄。④ 更为重要的是，青壮年劳动力的外出务工，从根本上挑战了家庭养老模式的有效性和及时性。受制于时空约束，农村空巢老人往往无法依靠远在异地城市的青壮年子女提供及时的日常照料。

上述判断在中国社会科学院社会学研究所组织的"2011年中国社会状况综合调查"中得到了证实，农村老年人普遍反映，在医疗支出、住房条件、经济收入和日常消费等各个方面存在较为突出的问题（如表10-1所示）。

---

① 余央央，封进. 我国老年健康的动态变化及对健康老龄化的含义 [J]. 世界经济文汇，2017（3）：1-16.

② 周祝平. 中国农村人口空心化及其挑战 [J]. 人口研究，2008（2）：45-52.

③ 参见邬沧萍，杜鹏，等. 中国人口老龄化：变化与挑战 [J]. 北京：中国人口出版社，2006.

④ 周祝平. 中国农村人口空心化及其挑战 [J]. 人口研究，2008（2）：45-52.

表 10-1 农村老年人生活中存在的主要问题

问题描述	存在该问题	不存在该问题
物价上涨快，消费困难	442（61.4%）	278（38.6%）
家庭收入低	335（46.5%）	385（53.5%）
医疗支出大	318（44.1%）	403（55.9%）
住房条件差	237（32.9%）	483（67.19%）

数据来源：根据"2011年中国社会状况综合调查"数据库计算而来，括号中的数字为频率

表 10-1 显示，超过六成的农村老年人受访者表示自己的收入应对物价上涨存在困难，而有大约半数的受访者表示家庭收入低和医疗支出大是当前比较突出的生活难题，另有 1/3 的受访者认为自己的住房条件急需改善。

农村老龄化和农村老年人生活多重困境的叠加现实给乡村振兴提出了紧迫的要求，乡村振兴战略如果不能回应老年人已经成为乡村社会人口主体的现实，并且不能在改善农村老年人生活状况方面有所作为，则它至少不是完整意义上的乡村振兴。尽管新型农村养老保险制度和新型农村合作医疗制度在缓解农村老年人的养老和医疗问题方面已经取得了不少的成就，但是总体而言，农村老年人的健康需求和养老需求问题仍然十分突出。① 研究者已经非常敏锐地指出了乡村过疏化和快速老龄化给公共服务带来的两难困境：一方面，农村快速老龄化必然要求更多的公共服务投入其中，公共服务的需求端急速扩大；另一方面，由于乡村人口过疏化，人口密度的降低又意味着公共服务的效率下降，这在一定程度上又影响公共服务供给端扩大的正当性。② 解决这一两难困境的可行办法之一是在乡村振兴战略中引入专业社会工作服务，在宏观的公共服务和差异化、个体性的服务需求之间搭建一座新的桥梁。

---

① 刘志甫. 农村养老与医疗保障：中国老龄化问题的重心 [J]. 求索, 2016（8）: 22-26.
② 田毅鹏. 乡村"过疏化"背景下城乡一体化的两难 [J]. 浙江学刊, 2011（5）: 31-35.

二、研究设计

在论证了乡村振兴战略引入老年人视角和维度的必要性和紧迫性之后,一个重要的研究任务是识别影响农村老年人生产和生活质量的具体原因,并在此基础上尝试引入专业社会工作服务。

本章研究所使用的数据来自中国社会科学院社会学研究所组织的"2011年中国社会状况综合调查"(CSS2011)。根据问卷的特点,我们将同时满足"户籍类型为农业户口"和"年龄在60岁以上"这两个指标的调查对象界定为"农村老年人口",样本容量为722人。本章研究的因变量是农村老年人生产和生活满意度,因为调查问卷中没有针对老年人生产和生活满意度的问题,我们选择受访者对自己社会经济地位的主观评价作为因变量的操作化问题。主观的社会经济地位评价是调查对象生产和生活满意度的综合体现,既是与他人或其他社会群体的比较的综合体现,也是调查对象自我评估的集中呈现。当调查对象认为自己的社会经济地位在当地身处上层或中上层时,既表明了他相对于其他社会群体的主观优越感,也体现了他对自己综合生活状况有较高的满意程度。根据我国社会调查中受访者普遍出现的中庸和"谦逊"的回答倾向,我们将自我评价为"上层""中上层"和"中层"的回答都界定为"较为满意",而将"中下层"和"下层"的回答界定为"不满意"。

大量的文献表明,老年人生产和生活满意度与诸多因素相关。因此,本章研究也试图建构起一个多层次的因素分析框架。

首先,在农村老年人个体层次上,老年人的身体状况有可能会影响到老年人的生产效率,更可能直接影响到老年人的生活满意度。此外,如表10-1所示,老年人的经济收入是困扰老年生活的一个突出难题,对于农村老年人来说,收入需要区分个人收入和家庭收入两种类型。个人收入是老年人能直接支配的收入,而家庭收入则有可能惠及老年人,也有可能与改善老年人生活状况无关,这取决于家庭支持关系的状况,因此,在个体层次上,我们提出两条基本假设:

假设1:农村老年人健康状况越好,其生产生活满意度越高。
假设2:农村老年人个人收入越高,其生产生活满意度越高。

其次,在老年人家庭支持层次上,如果家庭成员能够在日常生活照料、生活费用来源和情感关怀等方面对老年人有更多的投入,则可能会显著提高农村老年人的生产生活满意度。而家庭支持又与家庭结构、居住状况、家庭经济状况和子女对老年人经济支持程度等因素相关,因此,在家庭支持层面上,我们提出以下三条假设:

假设3:与独居(空巢)老人比较起来,非独居(空巢)老人的生产生活满意度更高。

假设4:家庭经济收入越高,老年人的生产生活满意度越高。

假设5:子女对老年人生活费用的支持越多,老年人的生产生活满意度越高。

最后,在社会政策①层次上,社会福利和社会保障的获取情况可能会影响到老年人的生产生活满意度,因为农村老年人最突出的生活负担就是老年生活中的日常开支和发生疾病后的医疗开支。而对于农村老年人来说,最重要的社会保障制度是养老保险和医疗保险。因此,在社会政策层次上,我们提出以下两条假设:

假设6:与没有被新型农村社会养老保险制度覆盖的老年人相比,参与了新型农村社会养老保险制度的老年人生产生活满意度更高。

假设7:与没有被新型农村合作医疗制度覆盖的老年人相比,参与了新型农村合作医疗制度的老年人生产生活满意度更高。

按照研究惯例,我们将一些常用的人口统计学指标设计为控制变量,主要包括:性别、政治面貌、教育程度和婚姻状况。因为本章研究的因变量——农村老年人生产生活满意度——被操作化为"比较满意"和"不满意"两个选项,是一个二分变量,所以本研究将采用二元 Logistic 回归分析模型。在对各个因素显著度和影响方式分析的基础上,我们试图引入专业社会工作的干预策略。

---

① 刘志甫. 农村养老与医疗保障:中国老龄化问题的重心 [J]. 求索, 2016 (8): 22 - 26.

三、农村老年人生产生活满意度及其影响因素

据以上研究设计，我们首先对因变量、自变量和控制变量进行了统计描述分析，更直观地呈现了农村老年人生产生活满意度的总体情况以及各个变量的分布情况（如表 10-2 所示）。

表 10-2 因变量、自变量和控制变量的统计描述

变量	频数/人	频率/%	变量	频数/人	频率/%
生产生活满意度 · 比较满意 · 不满意	322 384	45.6 54.4	个人收入	数值型变量	数值型变量
性别 · 男 · 女	334 388	46.3 53.7	居住状况 · 独居 · 非独居	418 304	57.9 42.1
政治面貌 · 中共党员 · 非中共党员	59 663	8.2 91.8	家庭收入	数值型变量	数值型变量
教育程度 · 初中以下 · 初中及以上	622 100	86.1 13.9	生活费用来源 · 有子女支持 · 无子女支持	369 347	51.5 48.5
婚姻状况 · 有配偶 · 无配偶	511 211	29.2 70.8	新型农村社会养老保险 · 参加了 · 没参加	266 455	36.9 63.1
健康状况 · 比较健康 · 比较不健康	232 490	32.1 67.9	新型农村合作医疗制度 · 参加了 · 没参加	651 71	90.2 9.8

表 10-2 显示，超过半数（54.4%）的农村老年人对自己当前的生产生活状况总体评价是"不满意"，这一统计结果与表 10-1 和其他相关学者所分析的农村老年人的生产生活困境形成了呼应①，充分地说明了乡村振兴战略引入老年人视角的必要性和紧迫性。农村老年人的健康状况是一个值得关注的重要问题，超过 2/3 的老年人自我报告结果为"不健康"，其中包括部分"生活不能自理"的评估结果。老年人的独居比例较高，近六成（57.9%）的老年人处于"空巢"生活状态，且有近半数（48.5%）的受访者报告他们并没有得到子女对其生活费用的支持。农村老年人参加新型农村合作医疗制度的比例较高，达到 90.2%，但是在调查年份（2011 年），参加新型农村社会养老保险的比例却只有 36.9%。

根据本章研究的研究设计，我们采用二元 Logistic 回归模型来分析个体层次、家庭支持层次和社会政策层次的因素对农村老年人生产生活满意度的影响，以检验研究设计部分所提出的 7 条研究假设（如表 10-3 所示）。

表 10-3 农村老年人生产生活满意度的二元 Logistic 回归分析

变量类型	变量	B	S.E.	Wald	DF	p 值（Sig.）
控制变量	性别 ·男	-0.163	0.188	0.751	1	0.386
	政治面貌 ·中共党员	-0.198	0.334	0.352	1	0.553
	教育程度 ·初中及以上	-0.232	0.276	0.707	1	0.401
	婚姻状况 ·有配偶	-0.230	0.206	1.240	1	0.265

---

① 陈锡文，陈昱阳，张建军. 中国农村人口老龄化对农业产出影响的量化研究 [J]. 中国人口科学，2011（2）：39-46，11；李旻，赵连阁. 农业劳动力"老龄化"现象及其对农业生产的影响：基于辽宁省的实证分析 [J]. 农业经济问题，2009（10）：12-18，110；刘志甫. 农村养老与医疗保障：中国老龄化问题的重心 [J]. 求索，2016（8）：22-26；余央央，封进. 我国老年健康的动态变化及对健康老龄化的含义 [J]. 世界经济文汇，2017（3）：1-16.

(续表10-3)

变量类型	变量	B	S.E.	Wald	DF	p值（Sig.）
自变量：个体层次	健康状况 ·比较健康	-0.420	0.196	4.582	1	0.032*
	个人收入	0.000	0.000	11.584	1	0.001***
自变量：家庭支持层次	居住方式 ·独居	0.248	0.196	1.593	1	0.207
	生活费用支持 ·有子女支持 ·有子女支持	-0.354	0.198	3.185	1	0.044*
	家庭收入	0.000	0.000	6.062	1	0.014*
自变量：社会政策层次	新型农村社会养老保险 ·参加了	-0.259	0.185	1.968	1	0.161
	新型农村合作医疗制度 ·参加了	-0.950	0.367	6.713	1	0.010**

注：***$p<0.001$，**$p<0.01$，*$p<0.05$

统计结果表明，作为控制变量的四个变量均没有通过显著性检验（$p>0.05$），说明性别、政治面貌、教育程度等因素均没有对农村老年人的生产生活满意度产生显著影响。因此，关于农村老年人生产生活满意度的差异需要寻找别的解释因素。

首先，表10-3的统计结果证明，个体层次上的两个变量均对农村老年人生产生活满意度产生了显著影响。老年人的健康状况对其生产生活满意度影响显著，与身体状况欠佳的老年人比较起来，身体状况良好的老年人获得生产生活满意状态的发生比为4.582，且通过了显著性检验（$p=0.032$），这充分地说明农村老年人的健康状况是影响老年生活状态的核心要素之一。① 个人收入状况对老年人生产生活状况满意度的影响也通过了显著性检验（$p=0.001$），个人收入越高，其生产生活满意度也越高。这一研究发现的政策意义在于保持经济独立性是老年人生产生活满意度的重要途径。本章研究的假设1和假设2均得到了证实。

其次，家庭支持层次上的三个变量的统计结果产生了分化。统计结果表明，是否独居或空巢并不是影响老年人生产生活满意度的关键因素，老年人的居住方式这一变量并没有通过显著性检验（$p=0.207$）。这一统计结果可能与社会的常识性认知有所差异。按照常识性观点，独居或空巢老人常常面临情感和日常照料的空缺，生活满意度因此受到影响。事实上，这一与预设常识不甚相符的统计结果可以从农村生活常态得到解释。在农村社会，子女成家或成年后分家是一种常态。但是无论是否分家，也无论老年人是否跟子女居住在同一幢房子里，青壮年子女外出务工都使大量留守老人成为事实上的"空巢老人"。因此，老年人生活状况的好坏并非取决于是否独居，而是取决于分家后子女家庭是否能够为其提供经济援助和照料支持。这一尝试性解释在后面两个变量的统计中得到了证实。子女是否对老年人提供生活费用支持对老年人生产生活满意度产生了显著性影响（$p=0.044$），证明了家庭养老在农村空心化的背景下虽然变得越来越难以维系，但是子女对老年人的经济支持仍然是非常重要的生活资源。而整体家庭（包括老年人家庭和子女家庭）的收入状况直接决定了子女能够为老年人提供经济支持的额度，它对老年人的生活满意度也有重要影响（$p=0.014$）。总之，在家庭支持层面上，不是老年人的居住方式，而是子女所占有的资源量以及子女对老年人经济支持的意愿对农村老年人生产生活满意度产生了重要影响。因此，假设3被证伪，而假设4和假设5得到证实。

最后，社会政策层次上两个变量检验结果的差异值得反思。是否参与新型农村合作医疗制度对老年人的生产生活满意度产生了显著性影响（$p=0.010$）。与没有参与新农合的老年人比较起来，参与了新农合的农村老年人获得生活满意状态的发生比为6.731。但是，统计结果同时表明，是否参与新型农村社会养老保险对农村老年人的生产生活满意度并没有显著性影响（$p=0.161>0.05$）。这一看似悖论的统计结果恰恰反映了两种

---

① 刘志甫. 农村养老与医疗保障：中国老龄化问题的重心［J］. 求索, 2016（8）: 22-26.

社会保险制度在农村的现实。通过参与政策实践，农民越来越感知到新型农村合作医疗制度带来的现实性好处，农民从过去政府动员式参与转变为自主性参与，这种制度信任是制度实践的结果。① 虽然新型农村社会养老保险制度也是国家和政府为农村老年人设计的社会福利，但是其政策实效暂时还没有给农民带来深刻的感知。在广大的中西部地区，农村老年人所享受的基础社会养老金较为有限，虽然比"完全没有"有所改善，但确实也难以让农民感知到其重要性。总之，统计结果证伪了假设 6，同时证实了假设 7。

四、发展型社会工作与农村老年人服务创新

乡村振兴的发展取向与发展型社会工作具有天然的契合性，引入发展型社会工作来应对农村老年人发展和生活中的需要，既具有必要性，又具有现实性。本章第三节的统计结果已经证明，影响农村老年人生产生活满意度的因素包括个体、家庭和社会政策等多个层次，而发展型社会工作在这些层次均可发挥其专业价值。

（一）微观个体维度

统计发现，老年人的健康状况与其生产生活满意度显著相关。从发展型社会工作的角度思考，老年人健康服务需要实现思维方式转变，从"疾病治疗"转变为"健康管理"。② 尽管年老与体弱之间似乎具有天然联系，但是通过健康管理，仍然可以为老年人争取更优质的生活状况。农村老年人健康状况相对于城市老年人来说更为低下，与农村老年人的健康知识、健康意识和农村的医疗可及性等因素相关。③ 社会工作服务于农村老年人健康管理的过程中，需要在老年人健康意识的培育、健康知识的普及以及健康档案的建立和管理等方面有更多的关注。在"健康老龄化"

---

① 房莉杰. 制度信任的形成过程：以新型农村合作医疗制度为例 [J]. 社会学研究，2009 (2): 130 - 148, 245.
② 房莉杰. 制度信任的形成过程：以新型农村合作医疗制度为例 [J]. 社会学研究，2009 (2): 130 - 148, 245.
③ 余央央，封进. 我国老年健康的动态变化及对健康老龄化的含义 [J]. 世界经济文汇，2017 (3): 1 - 16.

的道路上，专业社会工作完全可以有所作为。

表10-3证明，老年人个体收入状况对其生产生活满意度影响巨大。这一研究发现原本并无令人惊喜之处，它原本就符合一般的社会常识，但是，一旦联系到本章的研究对象是农村老年人，该发现就具有一定的政策意义。尽管农村老年人仍然是农业劳动的重要参与者，但是一般来说，老年人往往被视为逐渐退出直接生产领域，需要家庭和社会供养的群体。我们的统计证明，个人经济状况的自由度会显著地影响老年人的生活满意度。这一研究发现的核心政策价值在于如何通过政策干预和专业服务来延长老年人对自己经济状况的控制，拓展其个体收入的自由度。社会工作的专业实践证明，寻找并发展适合特定对象身体和资源状况的产业对于服务对象摆脱对他人的依赖而获取经济独立具有重要的意义。尽管部分社会工作实践是针对女性服务对象而开展的①，但其操作思路对维持老年人经济独立和财务自由仍然具有重要的启发价值。

（二）家庭与社会支持维度

尽管社会常识认为老年人是否独居是影响老年人生活满意度的重要因素，但是我们的统计证明，对农村老年人生活满意度影响更大的因素是家庭成员对老年人的支持程度。社会工作特别重视直接支持环境对服务对象的影响，因此社会工作发展出多种对家庭关系、家庭结构干预的方法。专业社会工作所采取的联合家庭模式和结构式家庭治疗模式等多种方法，已经被反复证明是有效调节家庭结构和家庭关系的方法。问题的关键是，目前这些方法虽然在城市家庭的干预中偶有体现，然而基本被农村社会工作忽视。因此，在乡村振兴中引入专业社会工作，为农村老年人建构更具包容性和支持性的家庭环境是十分必要的。

老年人逐渐退出劳动力市场或许难以避免，但老年人在有生之年都不会退出社会，他们始终是社会成员中不可或缺的力量。"积极老龄化"将老年人视为社会资源而不是拖累，试图发挥出老年人的优势和潜能，以实现更具包容性的老龄社会。在社会工作实务中，一些类似于"时间银行"或"爱心银行"等促进老年人互助的社会工作模式已经取得了一些初步

---

① 张和清，杨锡聪，古学斌.优势视角下的农村社会工作：以能力建设和资产建立为核心的农村社会工作实践模式［J］.社会学研究，2008（6）：174-193，246.

成绩①,其基本思路是将老年人的互助时间积累起来并兑换服务和实物,以此实现老年人互助的制度化和网络化。这些社会工作实践本质上具有社会资本投资的价值,但是目前仍然存在着制度化程度不高和持续性困境等问题,这就要求地方政府在老年人互助模式中发挥更为积极的作用。

(三) 社会政策维度

中国老龄化的重心在农村,而农村老年人最突出的需求是日常养老需求和健康维护中的医疗需求,因此,怎样强调养老保险和医疗保险在农村老年人生活中的重要性都不为过。

表10-3的统计发现,新农合对农村老年人生活满意度产生了显著影响,与那些没有参与新农合的农村老年人比起来,得到新农合覆盖的老年人的生活满意度显然更高。这就说明随着福利制度的推进,农村老年人的医疗风险在一定程度上得到了制度化化解。但同时我们需要看到的是,新农合也存在一些需要进一步完善和规范的地方,比如,不同层次的医疗机构的报销比例与医疗水平之间的倒挂现象,以及一些医院存在出于经济利益而将新农合扭曲操作的问题,等等。需要重视的是,表10-3的统计证明,参与新型农村社会养老保险对老年人的生活满意度似乎并没有显著提升。这一结果绝不能证明养老保险是一项可有可无的社会政策,而是当前新型农村社会养老保险的现状决定了养老保险并没有发挥出其制度功能。

针对新型农村合作医疗制度和新型农村社会养老保险制度存在的问题,发展型社会工作应该发挥政策倡导的功能,在消除医疗保险和养老保险的多重分割方面,社会工作者应当在调查研究的基础上发出自己的声音。社会工作者还可以在社会保险制度的运作中起到监督和建议的作用,通过对各种政策执行中的扭曲性操作的关注来切实维护农村老年人的权益。更为重要的是,社会工作者可以在宏观制度与个体需求之间架构起一座桥梁,解决农村老年人制度可及性问题,比如政策宣传和讲解、政策意见收集和传达、承担农村老年人涉及社会保险程序性事务的委托等。

---

① 陈友华,施旖旎. 时间银行:缘起、问题与前景 [J]. 人文杂志,2015 (12):111-118.